专著出版特别感谢"湖北省知识产权培训（襄阳）基地"的资助
专著为"湖北文理学院省级重点（培育）学科——政治学学科资助成果"

性骚扰及其
法律规制法理研究

邓喜莲 著

图书在版编目（CIP）数据

性骚扰及其法律规制法理研究／邓喜莲著. —北京：知识产权出版社，2019.6
ISBN 978-7-5130-6241-1

Ⅰ.①性… Ⅱ.①邓… Ⅲ.①性犯罪—法律—研究—中国 Ⅳ.①D924.344

中国版本图书馆 CIP 数据核字（2019）第 084252 号

责任编辑：刘 睿 刘 江　　　　　　责任校对：王 岩
封面设计：张国仓　　　　　　　　　责任印制：刘译文

性骚扰及其法律规制法理研究

邓喜莲　著

出版发行：**知识产权出版社** 有限责任公司		网　　址：http：//www.ipph.cn	
社　　址：北京市海淀区气象路 50 号院		邮　　编：100081	
责编电话：010-82000860 转 8344		责编邮箱：liujiang@ cnipr.com	
发行电话：010-82000860 转 8101/8102		发行传真：010-82000893/82005070/82000270	
印　　刷：保定市中画美凯印刷有限公司		经　　销：各大网上书店、新华书店及相关专业书店	
开　　本：720mm×1000mm　1/16		印　　张：15.5	
版　　次：2019 年 6 月第一版		印　　次：2019 年 6 月第一次印刷	
字　　数：228 千字		定　　价：64.00 元	

ISBN 978-7-5130-6241-1

前　言

性骚扰在现代社会不被任何文化所容忍，因为它违背了包括尊严、平等和自由在内的社会基本价值。20 世纪下半叶，蓬勃发展的女权主义运动，为研究性骚扰相关问题提供了坚实的理论基础，人们认识性骚扰的视角逐渐从道德主义转变为平等主义理念；它不仅是道德上孰对孰错的问题，更是关乎女性的相对地位和权利问题。即性骚扰不再是个人的冒犯，而是存有性别差异，侵犯了女性这个特殊性别群体的权益。性骚扰与性骚扰规制，既是社会问题，又是法律问题。以法律为视角，对性骚扰和性骚扰规制，既要研究性骚扰行为的构成、性质和法律制裁等内容，又要研究性骚扰法律规制的构建，后者的价值和意义更重要。纵观世界各国的性骚扰规制的历史沿革，可以发现存在反性别歧视和维护个人尊严两种基本模式，其理论中心是以保护工作场所的劳动者和以保护个人的私权利两个方向发展的。本书从女权思想、社会性别及法治思想等多元化角度理解性骚扰，通过探讨国内外性骚扰法规范形成的社会需求背景及历史成因，思考我国法规范的建构模式，进而诠释我国现行有关性骚扰法律规范目的、法条释义应用中的不足与完善路径。

本书具体从以下六个方面进行探讨。

第一章界定性骚扰的内涵。这个问题看似简单，实则极为复杂。"性"是人类最原始的欲望，却也承载了最复杂的理论争议与社会规制；因而，如何界定"性骚扰"颇为关键，这也是本书主要论证的内容之一。目前，世界各国尚无统一、明确的概念，就世界各国的研究成果而言，关于性骚扰的法律概念主要有美国式反性别歧视和欧盟式维护个人尊严这两种界定模式，两者各有优势也存有不足。近些年，我国法学界和社会学界对性骚扰概念的界定等领域做了大量有价值的研究，但时至今日，我国法律没有明确对性骚扰概念的界定。因而，我国如通过立法界定性骚扰，应充分吸取世界各国法律之精华，并紧密结合我国文化传统和社会现状，强调维护公民人格尊严，并意识到强大的"权力"作用已影响了女性群体的权益；只有这样，才能够准确对性骚扰内涵作出界定，正确理解性骚扰的本质特征，从而为公权力介入性骚扰规制问题提供切入点。为了使规制性骚扰的法规能适用于不同文化背景的群体，又能跟上时代潮流，有必要使性骚扰的概念保持相对弹性（原则性与灵活性相结合），使法官在具体案件中有其一定自由裁量权。因此，我国在界定性骚扰概念时采用以列举为主概括为辅，将性骚扰行为进行规定，其后设置概括性条款，并赋予司法人员一定自由裁量权，能使今后出现的新情况有法可依。据此，可将"性骚扰"概括表述为"违背当事人的意愿，实施一切与性有关的、侵犯他人的性自主权，造成他人损害的言行"。

第二章以女权理论、人权理论、法治理论和社会学理论等观点为依据，对规制性骚扰的理论支撑进行评析，以期对我国未来完善性骚扰法律制度奠定更坚实的理论基础。女权主义思想家对工作场所性骚扰问题做出了杰出贡献，提出的"社会性别"概念是极有意义的概念，奠定了反性骚扰的性别理论基础；妇女人权的保障理论为反性骚扰的法律规制提供了权利资源；法治的有效运行涉及立法、守法、执法和司法等各个方面，是反对性骚扰并确认和保护人权的重要手段；要认真对待反性骚扰问题，提高立法主体的社会性别意识，关注女性的性别利益。总之，性骚扰规制在以上多元理论基础上才能正确诠释现行法律体系下的定位，寻求更完善的解决途径，由此达到两性在各领域平权的理念；这是本章所要追求的宗旨。

第三章对国内外性骚扰案件及司法应对策略进行分析评论。主要是针对美国联邦各级法院、我国台湾地区的相关案件判例的发展趋势以及我国大陆地区几起具有典型性的性骚扰案件进行法律分析。在所有工业先进的国家中应对性骚扰案件有着最为丰富经验的当属美国，从早期视为纯粹个人行为发展到视其为性别歧视，再到对此有足够重视阶段的经验过程，值得世界各国参考借鉴。由于性骚扰案件的复杂性和多样性，也出现了许多新型的、复杂的疑难法律问题，案例判决逐渐向有利于受害女性的方向发展，逐渐强调雇主负有事前预防和事后防范的责任和义务。而我国性骚扰案例，经历了从立案难到败诉再逐渐转向胜诉的结果，体现了我国对性骚扰的重视。尽管现实中仍存在许多问题，但法官有效利用自由裁量权与法律给予的技术支持成为案件胜诉的坚实后盾。性骚扰理论上常划分为交换利益性骚扰和敌意环境性骚扰；它对受害女性的伤害不仅表现在身体上，更多的是心理上。

第四章对性骚扰发生的原因及其发生场域和侵犯的客体进行研究。发生在不同场合的性骚扰行为，具体情形具有多样性，其各自侵犯的客体也不尽相同。一般的性骚扰，即工作场所以外发生的性骚扰，其侵犯的直接客体是性自主权；而发生在工作场所或与工作有关的职场性骚扰，基于存续的雇主与雇员之间的劳动权利义务关系，性骚扰侵犯的客体是复杂客体。因而，不能笼统地讲性骚扰侵犯了何种客体，须具体案件具体分析。所以，研究性骚扰是需明晰何为性骚扰侵犯的客体；这是性骚扰问题的基础，也是本章研究的意义所在。

第五章对国外及我国台湾地区性骚扰规制的相关规定进行分析。尽管许多国家对性骚扰受害者未能提供完备的法律保护，但世界各国家和地区并没有停止探索以有效的法律制度实现对性骚扰的法律规制，有些国家和地区也针对某些类型的性骚扰行为制定某种形式的法律保护方法，具体方式因国家或地区选择不同而异。美国已制定保障公平就业机会法律，来处理导致性别歧视结果的性骚扰案件，联邦宪法和普通法规定了有关规制性骚扰的主要法律制度；欧盟成员国在推动两性平等理念和性骚扰规制问题上取得很大成效，以英、法、德为代表，这些成员国制定了雇主法律责任的范围、惩戒及补偿制度、申诉或控诉程序等相关法律。相对我国而言，这些国家不仅在文化背景、经济基础等领域存有差异，而且所实施的相应政策并不一定完全符合我国的需求，但至少可以指出问题的症结所在，因而，仍具有参考撷取的价值。我国台湾地区近年来非常重视女性的人身安全：随着性别意识的增强、女性组织的努力推动，制定了各类防治性骚扰的规定，其中有三部相对完备的规定使台湾地区在性骚扰规制方面成为全世界投注最多心力和资源的地区之一。尽管三部规定各有不同的制定目的，但在保护受害人与防治性骚扰的立场上是一致的。为防治性骚扰事件，使性骚扰的受害人权益得到确实的保障，如何依据有关规定设立配套措施，落实性骚扰防治规定的规范精神，仍将是台湾地方政府机关以及民间团体所应共同努力的重大目标。本章的分析表明，不同国家和地区规制性骚扰的法规制度各不相同且各有利弊，对我国起草性骚扰防治的法律具有重要启示作用。

第六章对我国大陆地区性骚扰规制体系的法律构建进行分析。我国性骚扰法律规制起步较晚，相关法律规范中法律责任不明确，使得性骚扰事件处理不力的问题屡有发生；因此，亟须从立法、司法角度对反性骚扰的法律保障体系予以完善。随着近年来性骚扰案件的不断增多，早年出台的《妇女权益保障法》可操行性很弱，法律实效性不强，立法时侧重将女性视为弱者去保护，而不是予以更多赋权。民众对制定专门的"性骚扰防治法"的呼声逐渐增强，我国特色的反性骚扰规范应以个人私权利的保护为重心。而国际公约更倾向于赋权实现权利，真正的"赋权"则需要法律明确，用人单位应承担事先预防和事后救济义务，事后救济付出的成本高低取决于事先预防的履行程度。因此，我国应在专门的"性骚扰防治法"中建构健全的雇主责任制度。此外，我国性骚扰立法中社会性别敏感度相对较弱，性骚扰的立法视角具有一定的局限性，而国际社会更注重社会性别视角的导入与强化。在执行相关国际公约中，有关部门观念比较落后，导致相关法律不能有效跟进。一部法案的通过与实施会为女性提供权利保护的依据，但其能否真正落实于司法实务，仍有待进一步观察，并需要明确的司法举措保证落实。总之，以法律手段为主导，遏制性骚扰行为是一项社会综合治理的系统工程，需要构建反性骚扰的法治社会网络，以此奠定维护女性权益的坚实法律基础。

目　录

导　　论

一、研究的缘起和意义

（一）研究的缘起

性骚扰行为直到 20 世纪下半叶才逐渐受到世人的重视。由于世界各国越来越多的女性因各种原因走出家门参加工作，而多数女性不得不承受工作中的额外负担，仅仅因为是女性导致她们得到并不需要的关注，并因此受到伤害。社会对性骚扰的态度是复杂的、有争议的，因为它触及社会的基本价值观，如文化、宗教、人际交往、经济、政治和法律。从本质上说，它不为当今社会任何一种宗教或文化所容忍，因为性骚扰行为是对人权的一种侵犯，也是对人的尊严的故意冒犯。近年来，世界各工业先进国家的经济快速发展，激增的女性就业人口比例、不断增强的女性主义意识，使得因性骚扰所引起的各种争议，在世界各国都已成为瞩目的课题。几十年前，性骚扰不仅被误认为只是女性问题，而且认为其不过是偶然现象，人们认为性骚扰仅仅是受害者自己的事，常发生在那些涉世未深的、没有做好准备与男性在工作中进行交流的女性身上。事实上，现实存在的情况要远比此现象复杂。

2013 年韩国前总统朴槿惠就前发言人尹昶重在访问美国期间涉嫌性骚扰一事向公众道歉："我为这一令人厌恶的事件感到抱歉，一名公务人员原本不应卷入这类事件……这件事令公众非常失望。我向那名女学生及其家长和海外侨胞诚挚道歉，"并承诺，"要彻查这一事件，我们将采取一切必要措施并积极配合美方调查。那些牵扯其中的人必须积极配合调查并承担应有责任，将借此机会重新树立青瓦台工作人员的工作纪律"。时任青瓦台秘书室室长、即朴槿惠的幕僚长许泰烈也召开新闻发布会，向国民致歉，称性骚扰事件"非常不光彩、难以接受"。尹昶重的直属上司、时任青瓦台首席新闻秘书李南基也表态，准备在陪同总统朴槿惠结束访问回国后辞职。5月11日，朝鲜中央通讯社播发报道，批评韩方官员性骚扰，把事件解读为朴槿惠访美的污点。❶ 这起国际政治交往中发生的性骚扰丑闻一时轰动全球并持续引起社会关注，让性骚扰问题再一次成为世界各国人们谈论的话题。

2012年6月，上海地铁二运公司发表了一则微博："乘坐地铁，穿成这样，不被骚扰，才怪。"其言论引起社会的大讨论，配图是一名身着黑色薄纱裙女子的背面，由于面料薄透，致使旁人能轻易看到该女子内衣；与此相关的是此前一周的2012年6月13日，一名男子在地铁里涉嫌猥亵，掏出生殖器在一位女乘客大腿上留下"体液"，被站台保安抓获，但随后该男子趁乱逃脱。《女声报》官方微博"女权之声"对此进行了驳斥："性骚扰可是犯罪，地铁公司不管自己的安全责任，反而替罪犯找理由指责受害者？"❷ 呼吁女性应拥有身体自主权并反对性骚扰。《南方都市报》对此认为："从女权的角度，女性穿什么去哪里，都是个人权利，容不得他人置喙。"❸ 因此，上海地铁的"善意"提醒实则触及民众的私人领域，即要求女性应该如何穿着，此倾向具有危险性，也有推脱其监管责任的嫌疑。如果地铁等公共设施方面真正重视性骚扰问题，则应考虑投入相关预算从事性别平等以及反性骚扰的教育。

2016年广州性别教育中心发起的《中国大学在校生和毕业生遭遇性骚扰状况调查》显示：在性骚扰的实施者中，半数为同学及校友，学校上级

---

❶ 韩国总统府发言人性骚扰女实习生遭撤职［EB/OL］.［2013-05-10］. http：//news. sina. com. cn/w/2013-05-10/120127083959. shtml.

❷ 上海地铁呼吁女乘客穿衣自重引网友争议［EB/OL］.［2012-06-25］. http：//society. people. com. cn/n/2012/0625/c1008-18374313. html.

❸ 地铁防狼教育才是关键［N/OL］. 南方都市报，2012-06-26. http：//gz. ifeng. com/bobao/detail_ 2012_ 06/26/233147_ 0.shtml.

占 9.1%（以人次计算）。其中，经历过性骚扰的人，有 12.4% 感到严重影响人际关系和交往，1.9% 有过自残或者自杀的倾向或行为。性骚扰行为极具隐蔽性，更糟糕的是，很多受害者在他们成为性骚扰对象的时候还会受到备责❶或侮辱而选择沉默，这种沉默的氛围对于个人、职场以及社会都是有害的。因此，无论发生在公共场合、还是工作场所的性骚扰行为，实则都需人们正视。目前，对于我国法院受理性骚扰案件的总数暂无权威统计数据，但是引起社会关注并被媒体披露的事件已有数十起，❷ 这些案件大多发生在工作场所，它不仅侵犯到女性人格尊严，危害女性身心健康，还妨碍女性平等就业权的实现。学界对性骚扰的研究显示，性骚扰是一个范围广泛的问题，在公共场所，遭到性骚扰的个人感觉到尊严受损，大多选择沉默或走开以此躲避；在工作场所，遭到性骚扰的个人感觉到迫于压力，不得不默许这种行为以保住饭碗或得到晋升。国际劳工组织认为，性骚扰侵犯了员工的基本权利，它属于安全问题、健康问题、歧视问题，也是劳动者所不能接受的一种工作条件，更是一种主要面向女性的暴力。如今，世界各地已相继召开关于性骚扰问题的各种专题研讨会，这也是值得我们关注的一个进步。

　　在中国，古代类似性骚扰的行为被视为"非礼"，近代以来的相当长一段时期则称为"耍流氓"。我国 1979 年制定的《刑法》也使用"流氓罪"规制社会中男性对女性实施与性有关的侵犯行为，自 1997 年刑法修订后，此罪名被取消。可以说，女性反性骚扰的维权行动和诉讼是先于立法行动的，"性骚扰"一词在中国的传入和被公众认知是在 20 世纪 90 年代，这与当时发生在西安的"中国第一例性骚扰诉讼案"紧密相关，❸ 尽管以败诉告终，但这起案件掀开了"性骚扰"的神秘面纱。2003 年又发生了两

---

❶　中国高校性骚扰调查的研究者：看到黑暗，是为了光明的路［EB/OL］.［2018-05-11］. http：//www.sohu.com/a/231272841_ 99897658.

❷　如 2001 年西安女职员诉总经理案、2002 年贵阳女职工诉局长案、2003 年北京女职员诉原公司部门经理、2005 年重庆小学女教师诉校长案以及北京女模特诉美术学院学生案、2010 年深圳女职员诉山木集团老板性侵害案等。

❸　此案在本书第三章第二节有详细阐述。

起轰动全国的性骚扰诉讼案件：北京女职员诉上司性骚扰案和武汉女教师诉教研室副主任性骚扰案胜诉，❶ 这两起案件在新闻媒体的关注下，不仅使性骚扰成为当时备受瞩目的话题，也促使立法机关加速其立法行动。2005 年 8 月，"禁止对妇女实施性骚扰"第一次写入我国《妇女权益保障法》修正案中，这一法律改革成为开启性骚扰立法的里程碑，自此，性骚扰被认为属于道德问题提升到人权和法律层面问题的高度。

我国对性骚扰法律规制的问题的因应，可说是在萌芽阶段。所幸的是在过去几年里，我国各级法院在处理性骚扰问题时，已逐渐出现令人欣慰的判决，为未来处理性骚扰法律问题提供了正确的方向。2005 年，全国人大代表罗益锋提出制定专门立法禁止性骚扰，尽管议案被搁置但在当时也成为热点话题；2008 年，中国法学会反对家庭暴力网络与中国社会科学院法学研究所性别与法律研究中心分析研究了相关国家和地区在性骚扰防治上立法和司法经验等相关资料和研究成果，草拟了一份《人民法院审理性骚扰案件若干规定》的司法解释专家建议稿，希望最高人民法院尽早制定相关防治性骚扰的法律规范，使法院在法律适用时有法可依，受害人的权利得到更好保护，建立起安全和谐的工作环境与社会环境。❷ 因此，针对性骚扰现状，根据现行刑法和治安管理处罚法，制定专门的反性骚扰法，已是经济转型期间完善法律制度的重要内容。而从目前立法的背景思考，在目前反性骚扰法立法条件不成熟的情况下，制定和推动有关制止工作场所性骚扰的立法有其可行性，能够让男、女两性在同一立法框架下得到法律保护。

（二）研究意义

世界各国已深刻意识到，性骚扰已阻碍了男女平等的实现，纵容了性暴力，损害国家的经济、政治和文化的发展以及民族的兴旺。这需要各国法律有坚决抵制性骚扰行为的态度，采取有效的法律措施进行规制，因此，

---

❶ 此案在本书第三章第二节有详细阐述。

❷ 尚绍华委员. 发黄段子属性骚扰 应尽快立法界定 ［EB/OL］. ［2008-03-13］. ht-tp：//news. qq. com/a/20080313/000214. htm.

加强性骚扰及其法律规制的研究具有重大的理论和实践意义。

1. 理论意义

性骚扰是一个世界性的社会问题和女性问题，在性别领域中被广泛接纳和应用后，到 20 世纪下半叶才逐渐受到世人的重视。作为一种复杂性侵害行为，性骚扰是对多重利益、多元价值的复合型侵害，它阻碍了男女平等的实现，纵容了性暴力，损害了国家的发展和民族的兴旺。那些相对于传统理论的诸多特性决定了性骚扰及法律规制研究的理论及制度安排难以满足当下社会发展的现实需求，故而性骚扰及法律规制研究一直成为学术界关注的重点。因此，深入研究我国的性骚扰及法律规制，不仅凸显我国重视性骚扰的规制，也足以激励社会正在持续进行的各种努力，同时我国在性骚扰法律规制方面的发展，也符合国际主流趋势。本书拟从性骚扰受害者权益的保障为价值依归，借鉴国内外性骚扰防治理论研究成果，探析性骚扰防治中的基本理论问题与制度建构，从而丰富性骚扰研究理论体系。性骚扰及法律规制研究是新形势下防治性骚扰面临的重大理论课题之一，对其研究具有十分重要的理论价值。

2. 实践意义

党的十九大报告指出，建设富强民主文明和谐美丽的社会主义现代化强国。在我国，性骚扰普遍存在且有日益扩大和严重化的趋向，尤以工作场域和对女性侵害为甚，因性骚扰引发的诉讼案件也呈迅速增长的态势，并成为影响社会和谐稳定的重要因素。与此同时，越来越多的人认识到性骚扰是工作场所中的一种危害，也是对人权的违背，它严重损害男女两性机会和待遇的平等，因而亟须建构和完善性骚扰防治立法体系和救济制度，以解决性骚扰防治的立法缺陷问题。因此，一方面，本书将为防治性骚扰建构完善的立法体系提供不可或缺的法律制度资源，以弥补因性骚扰理论之不足所造成的受害者得不到及时、公平救济的实践困境；另一方面，落实职场性骚扰规制各方的法律责任，如雇主责任、三方合作的监管责任约束，将雇主、工会、职工代表的工作安全保障责任落到实处，推动其职场监管和职场风险管理水平的提升。性骚扰及法律规制问题是构建社会主义和谐社会和性别平等的紧迫实践问题，对其研究具有显著的实际应用价值。

二、国内外研究现状与述评

（一）国外研究现状述评

国外的"性骚扰"一词由美国女权主义法学家最早提出，但其内涵在国外立法和学术上尚无定论，这源于性骚扰现象的新颖性和复杂性。目前世界各国中，对性骚扰问题的认识和解决有着最为成熟的制度和经验的当属美国。尽管美国社会中普遍存在性骚扰问题，美国法律最先规范的是工作场所性骚扰，嗣后慢慢扩及教育、租屋、执照许可以及其他场所发生的性骚扰事件，❶ 但其所累积的丰富处理经验仍有很多可取之处，值得借鉴采纳。在过去几十年间，美国的专家学者、政府机构、司法机构及公私企业等为维护人类文明，维护当事人的合法权益作出很多努力。在性骚扰的法律理论研究中，主要有大陆法系和英美法系两大法系对有关性骚扰的法律概念、立法模式等方面存在较大争议，这些焦点主要集中在美国式的反性别歧视和欧盟式的维护公民人格尊严的两种观点中。

在性骚扰法律概念的界定上，比较有代表性的观点有：凯瑟琳·麦金侬认为性骚扰是有关权力的问题，它是一个人对另一个人不公平不道德的权力行使；❷ 南莲·哈斯贝尔则认为性骚扰是对人权的一种侵犯，是对人性尊严的一种故意冒犯。❸ 但国际上使用最广泛、最具权威性的概念大多采用基于性别歧视理念而提出的关于职场性骚扰的概念。20 世纪 90 年代后期，随着人们对性骚扰问题的认识逐渐深入，对建立在性别歧视基础上的立法模式凸显的缺陷进行反省，很多国家和地区在界定性骚扰时发生了

---

❶ Carrie N. Baker, Sexual Extoution Criminalizing Quid Pro Quo Sexual Harassment [J]. 13 Law and Inequality, 1999 (217).

❷ Catharine A. Mackinnon, Sexual harassment of Working Women: A Case of Sex Discrimination [M]. New Haven: Yale University Press, 1979: 172.

❸ 南莲·哈斯贝尔等. 拒绝骚扰——亚太地区反对工作场所性骚扰行动 [M]. 唐灿，等译. 长沙：湖南大学出版社，2003: 14.

变化，大多采取较为广义的界定方式，倾向于性骚扰是侵犯人格尊严基础上的行为、重视强化对被害人救济的观点，这种界定更符合社会发展的立法模式，同时，对性骚扰研究也不再仅局限于工作场所，逐渐走向普遍意义上的性骚扰研究。

在性骚扰本质的理论与分析上，美国女权主义者认为，性骚扰不再是道德上孰是孰非的问题，而是关乎女性这个特殊的性别群体的相对地位和权利问题；❶ 女性主义学者林·法雷认为，在"父权制"的微观政治框架内，性骚扰行为是在工作关系中男性对女性的控制，以往男人制定了所有与性有关的所有对错标准，男性推崇性统治观念，此核心则是认为女性有让男性感到满足的作用；❷ 麦金农认为，男性对女性的性骚扰，本质是男权社会结构中的性别歧视与权利的不平等，实为男、女两性地位的不平等，男性在两性关系中对女性的权力控制，职场性骚扰行为使女性的职业功能隶属于女性的性角色，职业女性为保全经济或维持生存而不得已接受带有强迫性质的性代价。❸ 而欧盟国家则有不同观点，各成员国认为性骚扰是侵犯人性尊严，更多将性骚扰行为看作职场员工之间的滥用职权或冲突事件。

在性骚扰的理论类型划分上，美国女权主义法学家麦金农开创性地将性骚扰的类型分为交换性骚扰和敌意环境性骚扰两种，逐渐成为世界各国法律规定下性骚扰的两种基本形态。❹ 弗兰克·J. 提尔（Frank J. Till）将性骚扰划分为五种类型：性别骚扰、性诱惑行为、性贿赂、性胁迫、性侵

---

❶　Mackinnon, C. Siegel, R. Directions in Sexual Harassment Law [M]. Yale Univ. Press, 2004.

❷　Farley, L. Sexual Shakedown: The Sexual Harassment of Women On the Job [M]. New York: McGraw-Hill, 1978: 14.

❸　Catharine A. Mackinnon. Sexual harassment of Working Women: A Case of Sex Discrimination [M]. New Haven: Yale University Press, 1979: 326.

❹　Catharine A. Mackinnon, Sexual harassment of Working Women: A Case of Sex Discrimination [M]. New Haven: Yale University Press, 1979: 175.

害,❶他认为这种分类方式便于辨析性骚扰的行为方式,更加明辨其他与性相关的违法犯罪行为的异同。这五种类型中的性贿赂和性侵害不属于我国大陆地区性骚扰类型的范畴。一般认为,性贿赂是女性自愿的行为,属于道德调整的范围;性侵害侵犯了公民的人身权利并触犯刑法,属于刑法调整的范围。这种类型的划分并未得到我国法学界的采信,而多将性骚扰分为交换性骚扰和敌意环境性骚扰两种。

性骚扰的后果和危害一直是包括法学界在内的社会各界争论的问题。南莲·哈斯贝尔从受害人个人、公司、社会三个层面阐述了性骚扰的后果;❷性骚扰行为对个人的影响,包括心理、精神、身体、自杀、怀孕以及失业、辞职等;对公司的影响,如导致工作关系紧张,破坏团队的凝聚力和协作;对社会的影响,如妨碍两性间的平等,妨碍经济和社会的发展等;而福特(Foote)认为大部分的女性感到焦虑、恐惧、自我怀疑、窘迫、无助和压抑,她们会觉得羞辱,好像她们该对此骚扰行为负责一样;❸克莱尔·A. 埃奥(Claire A. Etaugh)认为性骚扰实际上剥夺了女性的个人尊严,因为受害者的痛苦是受到鄙视、纠缠、猥亵、欺辱,由此感到痛苦和恐惧。❹世界各国一致认为,性骚扰行为带给受害女性的并不仅仅表现在人身权利、身心健康上的损害,甚至也不仅是对其人格尊严和名誉权的直接损害,它的伤害往往更多表现为受害女性在被骚扰后的种种不安、受惊的心理状态,或不愉快、不安全的环境。

在规制性骚扰行为的措施中,国外所采取最有特色之一是强调雇主的

---

❶ Till, Frank J. Sexual Harassment: A Report on the Sexua Harrassment of Students, Washington: Nali [J]. 19 Advisory Council on Woment's Educ. Programs, 1980 (32).

❷ 南莲·哈斯贝尔等. 拒绝骚扰——亚太地区反对工作场所性骚扰行动 [M]. 唐灿, 等译. 长沙: 湖南大学出版社, 2003: 22.

❸ Foote, W. E., Goodman - Delahunty. Evaluating sexual harassment: Psychological, social and legal considerations in forensic examinations [J]. Washington, DC: American Psychological Association, 2005 (28).

❹ [美] 克莱尔·A. 埃奥. 女性心理学 [M]. 苏彦捷, 译. 北京: 北京大学出版社, 2003: 220.

法律责任。雇主不仅要责成各事业单位除要采取各项预防措施以外，更要设置各种内部和外部的申诉渠道，希望能通过各种申诉机制来解决性骚扰发端的争议。凯思林·内维尔认为，美国通过制定各项相关公平就业机会的法律，联邦及各州法院判例的诠释、劳资双方经由集体谈判交涉所缔结团体协约的保障，雇主所主动采取的各项预防及补救措施以及劳工法与劳资关系学者的鼓吹等，已经使得相关问题的研究，成为美国就业歧视法域中的一门独立学科，使得世界各国竞相模仿美国的法律模式。❶ 由于性骚扰事件所涉及的争议具有多样性，容易造成联邦下级法院判决歧异的情形，这有待联邦最高法院扮演统一诠释的角色。美国各大企业发表的书面禁止性骚扰的政策声明条款，雇主除定期将其张贴在公布栏外，并在新进人员在接受认识环境课程时，即会由人事部门或平等就业机会部门发放这些资料，并做详尽解读。除此之外，为防范性骚扰事件发生，最重要的是首先要建构一套有效的申诉程序，并通过团体协约、平等就业机会委员会，如工会组织、劳动仲裁等寻求救济之道。又如澳大利亚、菲律宾等的反性骚扰法中许多反性骚扰措施是由雇主、工会和职工代表三方合作提出和实行的。性骚扰事件所引起的法律责任范围的问题之所以重要，主要是因为如果雇主的法律责任得以确定，则被害人将有更多机会得到经济上的损害赔偿。强调雇主责任的观点现已经常被我国法学界研究性骚扰问题时所采纳，在几次的立法提案中均有提及，学者一致认为雇主对实施性骚扰的受雇者具有财力约束的权限，以此对受害者进行损害赔偿。

除了美国式性别歧视理念的性骚扰研究，作为另一具特色的欧盟式人格尊严理念的立法模式，其欧盟各成员国对性骚扰问题各采取不同的法律对策，但比较之仍可发现许多相似的重要特质，从某种程度上说，这正反映出各国文化态度的差异、法律传统上的歧异。我国台湾地区学者焦兴铠认为，主要有四种类型的法律可以在规制性骚扰问题上进行适用：平等机

---

❶ [美] 凯思林·内维尔. 内幕：职场权力滥用与性骚扰 [M]. 董煜韬，译. 北京：中央编译出版社，2004：219.

会法、劳工法、侵权行为法以及刑法。❶ 但欧盟各成员国呼吁，应在最理想的情况下最好是能够采用一套范围广泛的制定法制定，将性骚扰概念、有关雇主及被控从事性骚扰活动者的法律责任范围、各种惩戒及补偿制度、申诉或控诉程序等方面加以明确界定，对性骚扰事件被害人所能提供的各种机构性援助等，也应尽量设法予以扩大实施。

在对性骚扰受害人的补偿制度方面，美国等国家多依赖法律法规的手段，受害人一般通过诉讼来解决问题；而欧盟国家多依赖政府政策的手段，受害人一般选择折中办法，要求各成员国强化保护个人合法权益的同时，又非常依赖法团或社团来落实性骚扰防治法律。如德国依赖"法令和法团"，认为雇主和工会签订集体协约规制性骚扰，但这种办法又忽视了女性主义的内涵，因为女性组织在该种模式中还没有太多功能。瑞典学者尼尼·哈格曼（Nini Hagman）向国际劳工组织提交的研究报告指出，欧盟各国主要有两种形态的补偿制度：经济性损害赔偿、法院裁定雇主或从事性骚扰活动者停止该项引起正式控诉的活动。❷ 前者是最普遍的补偿制度，它是用来弥补实际所遭受的经济性伤害以及非物质性损害，而在许多法律制度中，这些损害通常被称为补偿性损害；后者如意大利、荷兰等国对违反平等机会制定法行为的主要补偿方式，会明示该项歧视性雇用措施自始没有法律效力。但第二种补偿制度对性骚扰方面的正式控诉效果十分有限。

至于对性骚扰实施者的惩戒方面，维维安·埃克尔（Vivianne Ecker）认为欧盟各国最常见的形式是由雇主对从事性骚扰活动者予以惩戒。❸ 对雇主而言，所可能采取的行动主要有调职、降级、暂时停职以及直接解雇等；在涉及公务员时，在各成员国中相关公务员法规中也对此有极详尽明确的规定。但是，多数国家法院判决支持雇主将性骚扰实施者直接解雇，但雇主这种解雇权也往往会受到"惩戒必须与犯罪行为严重性相称原则"

---

❶　焦兴铠．性骚扰争议之预防及处理——兼论性骚扰防治法之相关规定 [J]．经社法制论刊，2006（38）．

❷　焦兴铠．向工作场所性骚扰问题宣战 [M]．台北：元照出版公司，2003：241．

❸　焦兴铠．向工作场所性骚扰问题宣战 [M]．台北：元照出版公司，2003：447．

的限制。因此，对情节较轻微的性骚扰事件来说，解雇并不是相称的惩戒方式。另一种惩戒方式是刑罚惩戒，通常包括科处罚金或处以有期徒刑，或两种并处的情形。一般来说，涉及性骚扰事件而科处刑罚惩戒情形并不多见，而其中绝大部分都是科以罚金，至于处以有期徒刑的情形则是极为少数。

（二）国内研究现状述评

在我国，性骚扰作为法律问题受到关注，是在男女两性共同进入劳动市场，特别是两性共同处于同一工作场所之后，当前，关于性骚扰的法律规制仍处于起步阶段。目前，国内学者的研究成果的视角较为广泛，归纳起来主要是从社会学、心理学或法学视角研究性骚扰问题，研究集中于对性骚扰的实证研究。● 性骚扰侵害是一种社会风险或必要代价，20 世纪中期才受到法学界关注，迄今为止，我国没有专门的性骚扰防治法，更没有对性骚扰概念做出明确界定。学理上对其法律规制的因应之策主要是明确性骚扰的法律概念、完善性骚扰防治的法律制度，故而如何明确性骚扰的法律概念以及完善其法律制度已然成为各国学者们关注的重点，学术界对此给予较多关注并展开讨论，形成较为丰富的研究成果。

早期我国将性骚扰更多地视为一个社会学概念或民间概念，而不是一个法学概念，更多的是将性骚扰和个人人品问题联系起来的，将其视为个人行为，对工作环境中性骚扰的实质缺乏深刻认识，没有在人权或职工权利框架下看待性骚扰议题。随着学者对性骚扰问题的讨论、民众法律意识的增强、新闻媒体的报道以及法院在司法实务中判决性骚扰案件时侧重对被害人的保护和救济，从法学的视角对性骚扰界定的问题日益增多。

在性骚扰概念的界定上，我国学者对性骚扰概念的界定主要有社会性别和法学两个视角。从社会性别的视角，有学者认为性骚扰是基于性别的歧视，实施的是一种不受欢迎，甚至带有性成分的言行；❷性骚扰的本质是

---

❶❷　唐灿．走向法治——工作场所性骚扰的调查与研究［M］．北京：中国人民公安大学出版社，2012.

性别歧视，尽管存在少数掌握社会资源的女性对男性下属也实施性骚扰、同性或双性的性骚扰也有发生，但社会中绝大多数性骚扰受害者仍是女性的事实一直没有改变。❶ 社会性别视角对性骚扰的界定显然具有美国印记。从法学的视角，学者都认同性骚扰行为属于民事侵权行为，但对侵犯的权利类别存有争议，比较具有代表性的观点有：性骚扰侵犯的主要是女性的性自主权，❷ 即自然人自主支配自己性权益的具体人格权；性骚扰侵犯的是女性的人格尊严权，因为我国《宪法》规定公民的人格尊严不受侵犯，而且国际上欧盟已将性骚扰界定为侵犯人格尊严，符合国际趋势。❸

在研究性骚扰的本质理论中，我国学者主要将其归因于性别结构的不平等，也有一些研究提出一些补充观点。如有学者在研究女工的性骚扰案例后认为，女工面临双重结构，即不平等的性别结构和等级身份结构的共同挤压，而性骚扰仅是她们面对多重社会歧视中的一种性别歧视；❹ 还有学者指出，性骚扰从不是纯粹的有关性或性别的问题，而是与各种复杂的权力关系或性别歧视密切联系的。❺ 香港地区的一些女权组织在研究两性平等地位时认为女性遭遇欺凌归因于两点：基于父权思想的性别主义、现代经济社会运行的逻辑彻底剥夺了人的自由意志。❻

有关性骚扰理论研究视角不同，理论研究成果各异。如关于从国家视角来分析性骚扰概念的产生和流变等，❼ 从侵权行为法的视角研究性骚扰

---

❶ 易菲. 职场梦魇——性骚扰法律制度与判例研究 [M]. 北京：中国法制出版社，2008.

❷ 杨立新，马桦. 性骚扰行为的侵权责任形态分析 [J]. 法学杂志，2005 (6).

❸ 张绍明. 反击性骚扰 [M]. 北京：中国检察出版社，2003.

❹ 唐灿. 性骚扰：城市外来女民工的双重身份与歧视 [J]. 社会学研究，1996 (4).

❺ 吴小英. 性别、身体及其他 [M]. 转型社会中的中国妇女. 北京：中国社会科学出版社，2004.

❻ 香港妇女基督徒协会. 两性平等教育资料 [R]. 1993.

❼ 耿殿磊. 性骚扰概念的产生和流变——国际视角的分析 [J]. 妇女研究论丛，2010 (1).

的立法规制，❶ 从雇主责任的角度研究职场性骚扰行为上的适用，❷ 从劳动法的视角研究反性骚扰的立法行为，❸ 关于性骚扰举证责任的研究❹等相关著作和论文。但从女权主义法学角度阐释性骚扰中关乎女性性别利益的法律研究较少，未见较具系统的学理见解提出，对性骚扰行为中各方主体承担的法律责任研究尤为薄弱。

我国台湾地区有关性骚扰防治的法律规范已走在世界前列，成为全世界在性骚扰问题上投注最大心力资源的地区之一，它共有所谓三部法规规范性骚扰。这三部法规立法目的并不相同，但对于保护受害者与防治性骚扰的立场是一致的，我国台湾地区有关性骚扰的立法规制与欧美各国相同，都从工作场所性骚扰为起点，再延伸到其他生活领域，将性骚扰区分为交换性骚扰与敌意环境性骚扰两种类型。学界对其三部法律有较多关注与评介，如认为台湾工作场所性骚扰防治措施申诉及惩戒办法的制定准则依据美国法的经验，由劳动委员会制定相关准则应对；❺ 性骚扰是性别歧视的一种类型，被害人可以通过向当地就业歧视评议委员会申诉，雇主应负有预防并排除性骚扰的法律责任，台湾地区制定"两性工作平等法"是解决各种职场性骚扰问题的民间需求；台湾地区的三部法律堪称完美，虽有矫枉过正及社会现有资源无法配合负荷的弊端，但对解决当前性骚扰问题提供了坚实的法律依据，能处理现有法律无法实时充分解决的争端，符合联合国"性别主流化"运动，能向国际社会展示追求各领域性别平等的面貌。本书在相当大程度上借鉴了我国台湾地区学者的研究成果，在文章后

❶ 杨立新，马桦. 性骚扰行为的侵权责任形态分析 [J]. 法学杂志，2005（6）.

❷ 曹艳春，刘秀芬. 职场性骚扰案件的证明责任研究——兼从推定角度谈举证责任分担 [J]. 法学杂志，2009（6）.

❸ 问清泓. 反性骚扰立法研究——以劳动法为新视野 [J]. 华中师范大学学报，2007（1）.

❹ 陈丽平. 性骚扰案件，减轻原告的举证责任 [N]. 中国妇女报，2008-04-22（4）.

❺ 高凤仙. 性暴力防治法规——性侵害、性骚扰及性交易相关问题 [M]. 台北：新学林出版股份有限公司，2006.

面的论证中逐渐呈现其研究现状和后果。

三、选题内容和创新点

本书在对国内外关于性骚扰理论研究和现状进行概括评析的基础上，指出从法理角度研究性骚扰规制的必要性和可行性，分别从法律概念、经典判例、理论基础、制度与法律建构几个方面对性骚扰规制进行较为全面、系统的研究，并对我国未来制定专门的《性骚扰防治法》进行展望。

主要内容一：对国内外有关性骚扰的内涵界定的论述。如对美国式反性别歧视和欧盟式维护个人尊严这两种界定模式的优劣进行比较阐述；从权力脉络和人格尊严两个方面审视性骚扰规制的渊源；对我国未来界定性骚扰概念的学说理论发展进行思考，可将其概括表述为："违背当事人的意愿，实施一切与性有关的、侵犯他人的性自主权，造成他人损害的言行。"此为本书的创新点之一。

主要内容二：研究性骚扰规制的理论基础。本章以女权理论、人权理论、法治理论和社会学理论等观点为依据，对规制性骚扰的理论支撑进行评析，以期对我国未来完善性骚扰法律制度奠定更坚实的理论基础，也是本书的创新点之一。性骚扰法律规制是和谐社会的重要途径，体现一个社会保障人权的核心价值理念。性骚扰规制在以上多元理论基础上才能正确诠释现行法律体系下的定位，寻求更完善的解决途径，由此达到两性在各领域平权的理念，这是该部分所要追求的宗旨。

主要内容三：从司法判决角度对国内外经典案例的判决发展趋势进行比较分析，这是本书的创新点之一。欧美国家规制性骚扰多是从工作场所性骚扰的立法着手，因为这直接对受雇者的经济来源、教育状况和雇用前景等产生影响。性骚扰给女性带来的伤害不仅是对女性个人的身心健康和心理健康带来很多损害后果，对公司和社会也有很多负面影响。性骚扰行为发生有多方面原因，如权力不对等因素、受害女性的心理因素、缺乏应对性骚扰的自我保护意识、社会援助机制与法律机制的缺失等。而我国性骚扰案例，从立案难到败诉再到逐渐转向胜诉的结果，体现了我国对解决性骚扰问题的重视，尽管现实中仍存在许多问题。但法官有效利用自由裁量权与法律给予的技术支持成为案件胜诉的坚实后盾。

主要内容四：分析性骚扰发生的原因、场域和侵犯的客体，这是本书的主要内容之一。工作场所以外发生的一般性骚扰行为，其侵犯的直接客体是性自主权；而发生在工作场所或与工作有关的职场性骚扰行为，基于存续的雇主与雇员之间的劳动权利义务关系，性骚扰侵犯的客体是复杂客体。因而，我们不能笼统地断定性骚扰侵犯了何种客体，须具体案件具体分析，而且与此对应的承担责任的主体、性质和形态也不尽相同。性骚扰法律类型一般分为交换利益性骚扰和敌意环境性骚扰，它对受害女性的伤害不仅表现在身体上，更多的是心理上的损害。

主要内容五：对国外以及我国台湾地区性骚扰规制的经验与制度进行系统阐述，这是本书的主要内容之一，也是本研究的创新点之一。主要从国际、国内两个角度对国际公约和法律制度中对性骚扰防治的法律制度进行梳理，通过横向和纵向的比较，分析各国地区性骚扰防治的制度规范及价值评析，如探讨美国、英国、法国、德国和我国台湾地区几个较具代表性国家/地区在规制性骚扰时的成功经验，考察并总结其相应法律规范的利弊得失和值得借鉴之处，如雇主责任制、事后救济方式以及企业制定内外部申诉制度等。世界各国的各种规制方法有利有弊，通过列举并分析不同国家性骚扰规制的法律制度，结合我国现行法律制度运行实践中存在的问题与成因，为后续我国在起草性骚扰防治的相关法律制度奠定基础。

主要内容六：寻求建构我国性骚扰规制的法律路径问题。我国性骚扰法律规制起步较晚，相关法律中法律责任的承担不明确使得性骚扰事件出现保障不力的问题，并从立法、司法完善的角度分析建构反性骚扰的法律体系，这是本书的主要内容之一，也是本研究的创新点之一。如我国《妇女权益保障法》的可操作性很弱，法律实效性不强，我国在立法中注重将女性视为弱者去保护性立法，而不予以更多赋权，而国际公约更倾向于赋权实现权利，真正的"赋权"则需要用人单位承担事先预防和事后救济义务，事后救济付出的成本高低取决于事先预防的履行程度，需在专门《性骚扰防治法》中建构我国性骚扰法律规制中健全的雇主责任制度。在司法层面上，法案的通过与实施提供给女性以权利保护，但其相关法律规范能否真正落实于司法实务中，仍有待进一步观察，这需要完善相应的司法举措及诉讼制度来保证落实。同时，遏制性骚扰行为属于一项社会综合治理的系统工程，需要全社会的共同努力，构建反性骚扰的法治网络，奠定维护女性权益的坚实基础。

四、研究方法

研究方法是为了构建正确有用的知识而逐渐形成的，其价值与重要性在于让科学社会界拥有共同的概念、方法与价值，并有助于学科之间的交流，❶ 在法学领域，法律方法论是特殊的科学方法论之一。

（一）理论分析法

大陆法学派的研究方法注重理论研究，从法理学的探讨出发，进而试图衍生出各国普遍适用的原理原则，因而称为理论分析法。以德国法学家萨维尼为代表，其法律关系本座说即属于适用理论研究法的典型，他首先设定每一种法律关系都是与一定地域相联系的，都有自己的本座所在，从而推导出各法律关系所应该适用的法律。本书所要研究的"性骚扰法律规制"问题，属于法学范畴，因而有必要运用理论分析法对相关的学说理论进行阐述。本书第一章在阐述性骚扰的主要学说理论基础上，对性骚扰学说理论发展进行了若干思考；第二章从理论层面对性骚扰法律规制的理论基础进行论述；第五章对性骚扰防治的制度规范及价值评析等相关理论基础进行分析与研究，并对建构性骚扰防治的法律体系的相关理论基础进行阐述等。

---

❶ ［波］齐姆宾斯基. 法律应用逻辑［M］. 刘圣恩，等译. 北京：群众出版社，1988：346.

（二）比较研究方法

比较法学是将不同民族（或国家）间的相似法律关系所适用的法律加以比较和研究，其不仅需要对事物的异同进行描述，还须比较得失，进行价值判断，借以了解现代法律的一般法则及立法趋势。本书多处运用比较研究方法，如运用比较分析方法阐述大陆法传统、英美法传统和当代中国法律对性骚扰法律概念的不同界定；比较分析我国台湾地区和大陆关于性骚扰规制的法律规范的差异；以比较的视角，阐述美国和欧盟关于性骚扰防治的不同的立法模式等。

（三）实证研究法

主要采用实证材料和案例分析法的方法，通过调查、实验和观察，了解和掌握当事人对性骚扰的本质认识和法律意识，从人的外在行为方式及其结果加以综合分析，概括出性骚扰防治中的有关性骚扰的类型、种类、本质、原则等，再放到法律实践中验证和发展。性骚扰被公认为全球文化和职业领域的普遍现象，各国性骚扰规制存在于数量繁多的案件之中，因此，本书将特别采用实证材料和案例分析相结合的方法来加以说明，选取国内外若干经典案件详细分析，并对法院判决及理由做详尽的评析，通过对性骚扰案件判决的发展轨迹来阐释法律制度制定的重要方向，且根据国外的经验评估判决结果的优劣及造成的实质影响等事项，以论证性骚扰法律规制在解决相应案件时所实际起到的作用。

（四）女性主义法学方法

女性主义者在研究法律时，除了和一般的法律人相同，对事实作分析，运用法则解决法律纷争外，还加上了其他方法。此类方法虽不是仅见于女性主义中，但有别于传统，因为女性主义法学强调要以不同的观察角度，揭露传统法学方法在处理法律争议时所忽略或刻意压抑的部分。正如凯瑟琳·巴特莱特（Catharine T. Bartlett）认为，"女性主义不能忽视方法，因为如果她们力图对现存的权力结构进行挑战，却用那些早已被这种现存结构所确定了的方法，她们可能相反地重新制造她们所力图推翻的不合理的权力结构。……方法之所以重要也是因为，没有对女性主义方法的理解，法律领域中女性主义的主张将不被认为是合法的和正确的。"❶ 几种重要的女性主义法学方法包括：第一，询问女性问题的方法，是指某法律的内涵是否无正当化基础地掩盖了女性或其他弱势群体；第二，女性主义实际推理方法，是指建立在传统的法律推理上，并以批判的角度呈现女性的观点，挑战法律的正当性与合法性，透视甚至拆解或颠覆法律的权力结构以及法律背后表彰的价值；第三，意识觉醒的方法，是指一种自身经验的分享以及共同感受的形成，其不仅适用于小型的成长或支援团体，更在公众或体制的议题上达到共识凝聚，而使政策更具性别意识的效果。简言之，以女性主义作为法学研究的方法，以反省和批判女性在法律和社会中被安排的位置、所遭遇的不公以及经历的压迫并寻求改变和落实平等，视为女性主义法学方法的核心。本书第二章分析女性受性骚扰经典案件的司法判决的发展趋势时，运用女性主义法学方法阐释性骚扰对女性的伤害以及性骚扰行为侵犯客体；第三章讨论性骚扰法律规制的理论基础时，对女权主义法学的理论以及各流派的观点进行阐述与分析，提出在法学多元化发展的时代，性骚扰的法律规制除了运用纯法理的抽象逻辑来分析实务判决外，仍要适用女性的观点，尤其是女性主义法学方法，对法律的解释和运用，以便实践司法的实质公平并发挥正面的助益。

五、本研究限定说明

性骚扰是一个范围广泛的话题，其行为存在于各种场所，随着社会多元化发展，越来越多的成功案例显示了女性对男性的性骚扰，或是同性之间的性骚扰，即男性和女性都可能成为性骚扰的受害者，限于内容和篇幅，本书只讨论最常见的性骚扰形式，即主要针对男性对女性的性骚扰问题。当然，无法排除社会同样有女性对男性和同性间的性骚扰，但诸多的研究和文献表明，性骚扰的主要受害群体是女性，我们不止承

---

❶ Katharine T. Bartlett. Feminist Legal Methods [J]. Haravard Law Review, 1990（2）：103.

认这一种形式的性骚扰。因为根据定量和定性研究都表明，当前在世界各国，女性更容易成为受害者，男性更容易成为施害者。笔者作为女性，以女性主义法学方法为基础，探讨中国当下现实中男性对女性性骚扰的规制问题，更多从保护女性性权益角度出发，这与中国目前女性的发展仍处于弱势地位有很大关系。为了简化的需要，本书的骚扰者特指男性，被侵犯者指女性，同性之间、女性对男性之间的性骚扰行为被排除在本书探讨范围之外。

此外，由于性骚扰案件有关证据的相关问题是关乎其程序和实体正义的重要问题，但因为证据问题的专业与复杂，它涵盖于诉讼法和证据法领域的相关法学知识，更为适合作一门学问进行研究，并由相关专业人士在此领域作进一步的系统研究和探索。因此，本书对此内容仅围绕法律体系建构方面作一般性阐述。

第一章　国内外性骚扰法律概念的
　　　　　界定及评析

　　"性"是人类最原始的欲望，也承载了最复杂的社会规制与理论争议，因此，如何界定"性骚扰"也至关重要。自地球上有了人类，性骚扰行为就是生活中的一个事实，历史上它曾有过多种称呼方式，如印度人称其为"夏娃的挑逗"；法国曾用"初夜权"来形容此行为；日本人用"性骚扰"；荷兰人用"不情愿的亲密"的说法；而马来西亚人称为"痒痒"；这些称谓的出现是因为许多年前法律中还没有一个具体名词用来指代性骚扰这种现象。

　　凯瑟琳·麦金农认为："这也难怪……妇女们不会就一种无名的经历提出投诉。由于没有用于表达的名称，性骚扰直到 1976 年根本无法言说，也就不可能有概括的、大家都能接受的社会定义。"但她接着解释："无名并不等于不存在。"❶ 对于什么是性骚扰，有许多不同的观点和看法。综观世界各国对性骚扰的界定不难发现，全球范围内对其内涵却惊人地相似。如果我们尝试将其定义具体化，所有不受欢迎的、与性或性别有关的言行举止，使被行为者感到不舒服、不自在，觉得被冒犯、被侮辱；情况严重则会影响被行为者的就学或就业的机会与表现，即为"性骚扰"的行为。❷ 性骚扰由不受欢迎、不被需要的性行为组成，它包含身体、语言和非语言

---

　　❶ Catharine A. Mackinnon. Sexual harassment in the workplace [M]. Yale University Press, Connecticut USA. 1979.

　　❷ 高凤仙. 性暴力防治法规——性侵害、性骚扰及性交易相关问题 [M]. 台北：新学林出版，2006：181.

的性行为，是对受骚扰者的一种侵犯。20 世纪 70 年代首次使用"性骚扰"一词，性骚扰话题开始被世人关注，逐渐为世界各地的工作环境或社会文化所了解，却没有呈现出一个全球性的性骚扰法律概念，这主要归因于法律对性骚扰概念的回应是与一个国家的传统文化、现存制度和生活方式息息相关的，所以世界各国存在共识性和差别性。笔者认为，应当先理解性骚扰的词源，才能在整体上准确地理解其法律内涵，比较研究世界各国或地区界定的相应概念，藉以概括出既有国际通识性，又有我国普遍观念的性骚扰法律概念。本章将探讨并分析美国、欧盟以及我国台湾地区和大陆地区关于性骚扰概念的界定，以期能使国人对性骚扰有更清晰的认识，对性骚扰相关法律规范更能娴熟适用和完善。

第一节　国外关于性骚扰概念的界定及评析

性骚扰一词是个舶来品，是女权运动的产物，它随着西方社会不断增强的女性意识的产生，才逐渐产生具有现代意义的性骚扰概念。尽管世界各国对性骚扰的内涵已有普遍了解，然而，究竟如何界定众说纷纭。本节探讨美国、欧盟及我国台湾地区和大陆地区关于性骚扰概念，比较其共识和差别之处。

一、美国法关于性骚扰的概念及评析

美国是世界上最早关注并界定性骚扰概念的国家。20 世纪 70 年代，随着女性解放运动的蓬勃开展，美国女权主义法学家提出性骚扰实质是性别歧视，学者们对其理论著书立作，为美国性骚扰防治的立法与司法理论奠定了基础，[1] 其概念相继传至欧洲和世界各地。美国也是世界上第一个发展性骚扰法制的国家，[2] 性骚扰问题普遍存在于美国社会，其法律规范

---

[1]　耿殿磊. 美国的性骚扰概念及其发展 [J]. 河北法学，2010 (4).

[2]　Anita Bernstein. Law, Culture, and Harassment [J]. 142 University of Pennsylvania Lae Review, 1994：1227–1235.

首先规制的是职场性骚扰，随后逐渐延伸到教育、军队、租赁等其他场域的性骚扰行为。❶ 性骚扰名词确定后就开始发展相关法律制度，美国性骚扰法制对世界其他各国的性骚扰法律规制产生了重大影响。

（一）性骚扰概念面对的社会背景

20 世纪以来，美国进入工业化和后工业化时代，物质文化生活水平有了显著提高，但是以女性为主要受害群体的性骚扰事件时有发生，逐渐成为一个重要的社会问题。人们常说"饱暖思淫欲"，归咎其主要原因是现代女性从家庭走入职场，女性的社会角色和地位发生巨大变化，原本内循环的经济压迫和性剥削得以外化，甚至更加广泛。因此，性骚扰问题实质上表现为：作为社会弱势群体的女性遭到经济剥削和性别歧视的双重压迫。❷ 伴随着西方民权意识觉醒和现代社会女性意识空前高涨，产生出具有现代意义的性骚扰概念。

20 世纪中叶，随着美国民权运动的发展，社会各阶层弱势群体积极捍卫个人尊严和权利，美国政府为顺应民意，制定许多民权保障的法案。同时期的法国女权思想先驱者西蒙·波伏娃（Simon de Beauvior）在《第二性》一书中批判当时盛行的"生物决定论"：排除天生的生理性别差异，女性的所有女性特征是由社会后天造成的。❸ 此观点为后来提出的"社会性别"（gender）概念奠定了理论基础。20 世纪 60 年代，随着美国女性解放运动的蓬勃发展，随着女权主义各流派在性别平等与歧视等问题上的研究成果不断更新和丰硕，如马克思主义、自由主义、激进主义、存在主义、后现代主义等女权主义流派逐渐纳入法学研究视野，为形成新的女权主义法学理论奠定了思想基础，❹ 尤其是美国女权主义者、密歇根大学法学教

---

❶ Carrie N. Baker. Sexual Extortion Criminalizing Quid Pro Quo Sexual Harassment ［J］. 13 Law and Inequality，1999（217）：56.

❷ 易菲. 职场梦魇——性骚扰法律制度与判例研究 ［M］. 北京：中国法制出版社，2008：30.

❸ Beauvior，Simon de. The Second Sex ［Z］. London：Vintage，1949.

❹ 凯瑟琳·麦金农从批判法学的角度提出具有美国特色的"性骚扰"概念。此点在本节后部分中关于她对确立性骚扰概念的贡献中有阐述。

授凯瑟琳·麦金农为性骚扰概念的发展作出了巨大贡献。

（二）美国联邦法律关于性骚扰概念的界定

美国联邦政府关于规制性骚扰的法律规范有禁止工作歧视的 1964 年《民权法案》第七章（Title VII of the Civil Rights Act of 1964）和禁止教育歧视的 1972 年《教育修正法案》第九章（The Education Amendments Act of 1972），这两个重要的规范都有对性骚扰概念的详细界定。

1. 《民权法案》第七章对性骚扰的界定

1961 年，美国肯尼迪政府内设总统妇女地位委员会（Presideng's Commission on the Status of Women），该委员会于 1963 年通过了《同酬法案》（Equal Pay Act），该法案的通过使得女权运动空前高涨，其目的在于保障男、女两性平等工作权利，但当时社会主流观点认为，性骚扰行为是男性基于性欲支配而对女性实施个体间的一种侵权行为，无须法律的干预。女性常常受到来自男上司的性骚扰而被迫辞职，而在劳动力市场和工作场所的性别歧视现象较为突出。

1964 年，美国国会通过《民权法案》第七章，其第 703 条规定如下："雇主不得为下列雇用行为：a. 因个人的种族、肤色、宗教、性别或国籍而对其拒绝雇用或解雇的行为，或对于其雇用的补偿、期限、条件或权益为差别待遇的行为；b. 将劳工或求职者予以限制、隔离或分类，使其得因个人的种族、肤色、宗教、性别或国籍而剥夺或意图剥夺该国人的工作机会或是使该个人的劳工身份受不利影响。"❶ 该法案通过前，美国平等工作机会委员会起初认为该法将性别歧视列入法律保护范围是很荒诞的，会使法案无法通过，但美国妇女设立全国妇女公会（National Organization for Women）对该委员会施加压力，促其执行法律并公布第七章所定性别歧视的相关法规，该委员会才开始积极制定，使第七章规定成为保护妇女的法律途径。这意味着性别歧视是对滥用权力的明确展示，而并非仅仅是一种

---

❶ Freeman, Jo. How "Sex" Got into Title VII: Persistent Opportunism as Maker of Public Policy [J]. 9 Law & Inequality, 1, 1 n.2 (1990); Cog. Rec. 2577-84 (1964); Beverley H.

生理欲望反射。

1964年《民权法案》第七章对损害赔偿范围作出具体规定，其范围限于恢复职位、发布禁令、给付已到期的薪酬与衡平救济等赔偿性损害赔偿（compensatory damages），❶ 后来在1991年的《民权法案》中，则是将该损害赔偿范围扩大，如还可请求可期待的财产与非财产上的损害赔偿，而且依该法规定，如果是故意作出的歧视行为，除得请求赔偿性损害赔偿外，也可请求惩罚性损害赔偿（punitive damages），❷ 同时规定美国平等工作机会委员会可以自己的名义代表在就业中遭受非法不公平待遇的个人或集体提起诉讼。

性骚扰开始逐渐为美国人所认知时，美国平等工作机会委员会于1980年颁布《平等工作机会委员会性骚扰指南》（EEOC Policy Guidance on Sexual Harassment），将性骚扰界定为："以下三种情形下向对方做出不受欢迎的、与性有关的行动或要求以及其他言语行动，均构成性骚扰：A. 迫使对方接受有关行为作为雇用或就学的明显或隐蔽的要求或条件；B. 对方是否接受有关行为，成为影响个人晋升或学业成绩的前提条件；C. 有关行为具有下列目的或结果：a. 不合理地干扰个人的工作或学业；b. 制造了令人反感或不友善的工作或学习环境。"该指南关于性骚扰的界定较以前有了相当大的进步，虽然该准则在美国联邦法院并无拘束力，但对于美国审判实务产生了极大影响。如美国联邦最高法院著名的"文森诉美驰银行"（Meritor Savings Bank，FSB v. Vinson）❸ 一案，即参考了该准则关于性骚扰的概念，作出影响美国司法实务上重要的判决。

2.《教育修正法案》第九章对性骚扰的界定

1964年的《民权法案》第七章仅适用于职场发生的性别歧视，而不适用于教育机构中发生的性骚扰案件，导致此类群体的职业女性不受任何禁

---

❶　42 U. S. C. §2000e-5（g）[Z]. 1998.

❷　Deborah N. McFarland. Beyond Sex Discrimination：A Proposal for Federal Sexual Harassment Legislation [J]. 65 Fordham Law Review，1996：504.

❸　477 U. S. 57（1986）.

止歧视的法律保护和法律救济。为保障教育机构领域的女性权利，美国国会于 1972 年通过《教育修正法案》 （The Education Amendments Act of 1972)，以作为教育机构受雇人对抗性骚扰的利器。该法案的立法理由主要是为了对于容许性别歧视行为的教育机构不核发经费补助，并对性别歧视行为的受害者提供保障。其中，该法案第九章规定："任何人在美国都不应在接受联邦政府经费补助的教育课程或教育活动中，因为性而被排除参加、拒绝利益或遭受歧视，"但该案排除适用宗教团体的教育机构、军事教育机构、特定团体的会员活动、女童或男童会议、教育机构的亲子活动等。❶ 教育部曾对于《教育修正法案》第九章制定相关实施法则来规定学校的相关职责，❷ 如教育机构对于性骚扰申诉案件必须采取及公布陈述处理程序以提供迅速及公平的解决方案，学校须安排至少一位职员来协调学校对于《教育修正法案》第九章规定的执行工作等。

　　但由于《教育修正法案》第九章没有界定性骚扰内涵，因此对性别歧视也没有明确的规定，这导致在司法实践中处理教育机构性骚扰案件时缺乏可操作性，相似的案例却产生不同的判决结果。随后 1981 年，美国教育部民权法案局（Office for Civil Rights) 将性骚扰界定为："受雇人或代办人因为性而对他人施以具有性本质的言词或肢体行为，并对于他人依第九章保护规定所应得的协助、利益、服务或待遇为拒绝、限制、差别供应或附加条件者，构成性骚扰"；❸ 国家妇女教育项目课程咨询委员会（National Advisory Council on Women's Educational Programs) 则将校园性骚扰定义为，"'运用权势'强调学生的'性特质'（sexuality）或'性认同'（sexual i-dentity) 以至于有碍于或有损于该学生完全享有教育利益、风气或机会"。❹ 由于该案第九章未规定适用的性骚扰概念，缺乏对此类问题的有效

---

❶　20 U. S. C. § 168 （a) （1988).

❷　34 C. F. R. § 106. 8−9 （1992).

❸　Monical L. Sherer. No Longer Just Child's Play: School Liability under Title IX for Peer Sexual Harassment [J]. University of Pennsylvania Law Review, 1993 （141）: 2129.

❹　Massachusetts Bd. of Educ. Who's Hurt and Who's Liable: Sexual Harassment in Massachusetts Schools, 1986: 9.

处理依据，这也导致各学校对性骚扰事件各提供不同的处置方案。❶ 直到 1976 年，美国法院才承认教育修正案的相关规定，❷ 如前文所述，1977 年康涅狄格州地方法院在亚历山大（Alexander）诉耶鲁大学案中判决：交换利益性骚扰适用于教育领域；1986 年，法院对 Bethel School District No. 403 v. Fraser 案件判决：学校有权力处分使用"猥亵、亵渎性语言或举动"的学生；1992 年美国联邦最高法院对 Franklin v. Gwinnett County Public Schools 案裁定：根据《教育修正法案》第九章，遭受性骚扰的学生有权向有关学校请求财物赔偿；此外，地方法院也相继裁决学校应对学生之间的性骚扰行为负有责任，如 Doe v. Petaluma（1994）、Davis v. Monroe County Board of Education（1999）、Murrell v. School District No. 1（1999）等案件。❸

（三）凯瑟琳·麦金农对确立性骚扰概念的贡献

美国女权主义者凯瑟琳·麦金农第一个提出性骚扰实质为性别歧视问题，她从批判法学的视角研究总结出具有美国特色的"性骚扰"概念，为性骚扰的理论发展作出了巨大贡献。

1963 年，当总统妇女地位委员会通过"同酬法案"（Equal Pay Act）时，当时就读于耶鲁大学法学院的麦金农指出，性骚扰给女性带来了额外的压力、负担以及不安全的职业环境，男性却免于承受，因而性骚扰本质是一种就业歧视的表现，❹ 然而当时仅以此角度将性骚扰诉诸法律，却找不到法律依据。

1972 年，当美国国会通过民权法案修正案时，麦金农认为可以将性别歧视作为提起性骚扰诉讼的理论依据，于是她从批判法学的角度提出具有

❶ Monical L. Sherer. No Longer Just Child's Play：School Liability under Title IX for Peer Sexual Harassment［J］. University of Pennsylvania Law Review，1993（141）：2126.

❷ Monical L. Sherer. No Longer Just Child's Play：School Liability under Title IX for Peer Sexual Harassment［J］. University of Pennsylvania Law Review，1993（141）：2127.

❸ Mackinnon, Catharrine A., Reva B. Siegel. Directions in sexual harassment law［M］. New Haven：Yale University Press，2003：470-471.

❹ Marshal，Anna-Maria. Confronting Sexual Harassment：The Law and Politics of Everyday Life［M］. Burlington：Ashgate Publishing Company，2005.

美国特色的"性骚扰"概念。1976年，麦金农作为实习生代理威廉姆斯（Willams）一案，她对威廉姆斯的遭遇表示同情，首次在诉状中使用了"性骚扰"一词，她认为："性骚扰是一种建立在性别基础上的歧视，受害者正是由于性别而受到伤害。"❶ 1979年，麦金农出版了《职业女性性骚扰》（*Sexual Harassment of Working Women*）一书，在书中完整地表述了关于性骚扰概念的法学理论。她指出："从广义角度而言，性骚扰是指处于权力不平等关系下强加的讨厌的性要求，其中包括言语的性暗示或戏弄，不断送秋波或抛媚眼、强行接吻，将使雇员失去工作的威胁作为后盾，提出下流的要求并强迫发生性关系等。"❷ 麦金农对性骚扰概念的界定一开始并未被人们所接受，直到1976年威廉姆斯诉萨克斯比（Saxbe）案的审判结果出现，使得人们开始接受性骚扰是性别歧视的法律概念，这也使得美国性骚扰的法律规制更全面，该学说在美国司法实践中发挥了重要作用。

麦金农提出的性骚扰概念作为一种理论学说，逐渐得到美国有关行政部门的回应。如前文阐述的1980年《平等工作机会委员会性骚扰指南》中对性骚扰概念的界定，又如著名的"文森诉美驰银行"案❸中，美国联邦最高法院采用麦金农的学说，判决性骚扰是一种性别歧视，首次认定了敌意工作环境性骚扰可以援用美国平等机会委员会的界定和规范并适用于《民权法案》第七章的规定，保障受害人的权利。此判例中首度确认性骚扰的两种基本类型：交换利益性骚扰和敌意工作环境性骚扰，但规定在敌意工作环境性骚扰的诉讼中，原告必须证明性骚扰的"普遍或严重"而足以变更工作条件；还在此判决中规定了雇主责任，❹ 即雇主没有采取任何有意义的或具体措施阻止性骚扰，则雇主应承担相应的责任。

20世纪80年代后，在美国女权主义法学家等各界努力下，性骚扰的

---

❶ 高凤仙. 性骚扰之法律概念探究［J］. 法令月刊，2002（4）：52.

❷ Catharine A. Mackinnon. Sexual harassment of Working Women：A Case of Sex Discrimination［M］. New Haven：Yale University Press，1979：172-173.

❸ 477 U. S. 57（1986）.

❹ Gregouv Ravmond F. Unwelcome and Unlawful：Sexual Harassment in the American Workplace［M］. Ithaca and London：Cornel University Press，2004.

本质是性别歧视渐渐成为美国司法界的主流理念。受害人寻求法律救济的主要手段是对骚扰者提起性别歧视的诉讼，同时，美国平等工作机会委员会依据《民权法案》中对就业中遭受非法不公平待遇的个人或集体提起诉讼，成为美国政府规制性骚扰问题的重要机构。至此，美国的反性别歧视模式从一种理论转向一种法律制度。

综上所述，20 世纪中后期，美国在争取工作场所中男、女两性平等的基础上提出性骚扰的概念，其本质是性别歧视，对其界定美国采用成文法和判例法两种主要形式，并依据联邦法院的司法判例建构的一系列侵权法规制，这种通过法院判例的方式不断丰富性骚扰概念的内涵和外延，催生新的法律规范，同时让雇主承担工作场所性骚扰防治的法律责任，取得了显著的法律实效，已为世界其他国家和地区在研究性骚扰规制问题上提供了重要的借鉴意义。

二、国际法关于性骚扰的概念及评析

性骚扰是世界各地普遍存在的现象，大部分受害者多为女性，美国关于性骚扰的成文法与司法判例的规定已对世界各国产生深远影响，对国际上制定关于性骚扰的法规也有其影响力。国际法中有关性骚扰的规定，如联合国与欧盟所定公约或法则等，对世界其他国家性骚扰法律概念的发展，也起到了重要作用。

（一）重要国际宣言与公约对性骚扰的界定

联合国在处理国际边界、战争及和平等问题上，占据世界主导地位，但在妇女人权方面缺少关怀。事实上，联合国所雇用人员也与其他劳工一样存在性骚扰问题，1992 年 12 月 20 日的《纽约时报》曾报道第一个联合国高层官员性骚扰被诉的案件。[1] 尽管如此，但联合国所定的公约中关于女性权利保护的理论内容对世界各国仍有着深远影响。

---

❶　Tamar Lewin. UN Furor：Harassment is Investigated ［J］. N. Y. Times，1992（11）：37.

1.《世界人权宣言》（Universal Declaration of Human Right）对性骚扰的界定

1948 年联合国大会发布《世界人权宣言》，将妇女权利纳入人权的保护范围，其中第 2 条明文规定："任何人均享有本宣言所宣布的一切权利与自由，不分种族、肤色、性别、语言、宗教、政治或其他主张、国家或社会渊源、财产、出生或其他身份等。"尽管有此宣言存在，世界各地的杀害女婴、强暴或伤害妇女等残害妇女人权的行为自古普遍存在，❶ 在许多国家女性的地位低下，认为过于平凡、琐碎的家务事则不属于国际管辖范围。

2.《消除一切形式的妇女歧视公约》（Convention on the Elimination of all Forms of Discrimination Against Women）对性骚扰的界定

1979 年 12 月，联合国大会制定《消除一切形式的妇女歧视公约》明文禁止妇女歧视，其中第 1 条将妇女歧视定义为："任何基于性别而进行的区别、排除或限制行为，意图产生或已经产生此效果；使已婚或未婚妇女基于男女平等、人权或基本自由而在政治、经济、社会、文化、公民或其他领域所承认、享有或行使的权益受损或丧失。"此外，该公约第 5 条规定："各国应采取一切适当措施，修正男、女两性的社会或文化行为模式，以消除基于性别或男女刻板角色的尊卑观念所产生的各种偏见或习俗。"

3.《奈洛比提升妇女前瞻策略》（The Nairobi Forward-Looking Strategies for the Advancement of Women）对性骚扰的界定

1985 年，联合国制定了《奈洛比提升妇女前瞻策略》草案，其声明：性骚扰是一种性别歧视，应采取适当措施，以防止工作场所性骚扰以及特定工作的性剥削。该草案对贯彻男女平等原则的联合国公约虽有其贡献，但无性骚扰的明确界定，而性别歧视以及性骚扰等问题被认为是国家内部事务问题，❷ 因此，因管辖权问题欠缺规定而使得联合国无法为妇女伸张

---

❶ Geraldine Ferraro. Human Rights For Women ［J］. N. Y. Times，1993（6）：27.

❷ Beverley H. Earle, Gerald A. Madek. An International Perspective on Sexual Harassment Law ［J］. 12 Law and Inequality，1993：72.

权益，妇女议题仍然普遍得不到国际关注。

（二）　欧盟及其成员国制定的法则对性骚扰的界定

欧盟❶各成员国也普遍存在性骚扰问题，但各成员国主动采取措施来规制性骚扰行为的发展较晚。欧盟对性骚扰概念历经几次修正，但维护人格尊严的基础地位一直未变，并要求各成员国以人格尊严为基础修订本国法律。对于贯彻欧盟的该项指示，法国和德国的法则较为典型，笔者现将从以下几点阐述欧盟及其主要成员国关于性骚扰概念的发展脉络。

1. 欧盟性骚扰概念的发展历程

（1）早期发展阶段。早在 1976 年，欧洲共同体曾通过一项有约束力的《男女平等待遇指导法则》（Equal Treatment Directive），该法则立法目的是关于职场的男女平等待遇原则在各成员国中生效，主要强调了关于男女就业、职业培训、工作环境及社会安全方面等平等待遇，并规定："下列条款所称平等待遇原则，是指禁止任何理由的性别歧视，不论直接或间接地特别提及婚姻或家人身份均属于。"尽管未明确涉及性骚扰界定，但英国、爱尔兰的相关规定中认定性骚扰行为属于性别歧视。

1984 年，欧洲共同体部长会议又颁布一项《对女性促进积极行动促使建议书》，鼓励各成员国采取积极主动措施，消除女性在职业场所面临的各种不平等现象，促使两性就业上的平等权利，同时，要重视女性在职场中所享有的尊严。该项建议还鼓励雇主在其组织内部通过行动指南、行动原则或行动法规来推动积极行动。然而，由于此建议书对各成员国无拘束力，而且仍未明确承认工作场所性骚扰是非法行为或属于性别歧视类型，因此，该建议书产生的效用十分有限。

（2）逐渐萌芽阶段。1986 年，为响应联合国颁布《消除一切形式的妇女歧视公约》，欧洲议会通过了《妇女受暴决议案》（Resolution on Violence Against Women），在该决议案中，"性骚扰"一词首次出现在欧共体官方文件中，并明确表明应禁止性骚扰的态度。该案认为性骚扰是一种对妇女施

---

❶ 欧盟的前身是欧洲共同体。

暴的行为，是一种不尊重平等待遇原则的行为。议会还呼吁欧洲理事会鼓励各国家政府进行研究搜集有关对妇女实施暴力的数据，号召公共教育运动组织加强了解和认识对妇女暴力的存在和范围，将受害者获得援救的资源公开化，并鼓励受害人揭发暴力。该决议首次为欧盟各成员国面临性骚扰问题提供了详细的建议或措施，号召委员会评估国家的劳动和反歧视立法，判断它们对于性骚扰案件的可适用性，提议制定相关的法律以弥补反歧视立法的不足，❶ 并要求国家政府、机会平等委员和贸易联盟为劳动者提供劳动者权利和性骚扰受害者可以得到的救济方面的知识，并将性骚扰教育纳入学校课程中。

1987 年，欧洲共同体执行委员会委托英国著名劳资关系专家鲁宾史坦对各会员国工作场所性骚扰问题进行大规模调查，并建议在第二年提出的专家报告中赋予性骚扰更明确的定义。尽管该调查报告嗣后并没有被该执行委员会所接受，但该报告中有关性骚扰的调查引起强烈的反响，促使欧盟采取更积极的改革措施。

（3）备受重视阶段。自 1989 年 12 月欧盟首脑会议召开，欧盟各组织随之也采取一系列改革措施，以有效防治日益严重的工作场所性骚扰问题。1990 年 5 月，欧洲共同体部长会议通过一项《关于保护男女工作人员尊严的议会决议》（Resolution on the Protection of the Dignity of Women and Men at Work），此决议书将性骚扰界定为："具有性本质的行为，或其他以性为基础的行为，损害工作场所的男女两性的人格尊严，包括主管及同事的行为在内不可忍受的侵犯，因而是被禁止的：A. 对接受者来说，这类行为是不愿意接受、不合常理的冒犯；B. 拒绝或屈从于雇主、主管或同事等行为，却被明示或暗示地作为培训、任职或升迁、获得薪资报酬或其他就业决定的基础；C. 这类行为对接受者而言，产生了威胁、敌意或羞辱的工作环境。"

该决议承认交换性骚扰和敌意工作环境性骚扰的两种类型，认为这是

---

❶ 焦兴铠. 向工作场所性骚扰问题宣战 [M]. 台北：元照出版有限公司，2002：70.

对劳动者和雇用者尊严的侵犯。该界定最重要的意义在于强调从受害人的主观感受判断行为是否受欢迎来判断是否构成性骚扰，辩护人则不能再以被指控性骚扰实施人无意伤害受害人为理由辩护。这种"合理受害人"的标准超越了多数国家强调侵害者本人的主观罪过这一既定规则，因此，该界定成为世界各国最经常引用的定义。

1991 年 11 月，欧盟颁布了《反性骚扰议案施行法》（Code of Practice on Measures to Combat Sexual Harassment），并得到部长会议的认可，该法认为：性骚扰是指违背意愿的性本质行为，或其他基于性的行为而影响男女工作时的尊严者而言，包括不受欢迎的肢体、言词或非言词行为等。其中，有下列行为是不受欢迎的：行为对于相对人违背意愿、不合理或具有冒犯性的；明示或暗示相对人拒绝或屈从该雇主或劳工（包括上级或同事）的行为作为决定基础，而影响其取得任职、晋升、薪酬等其他雇佣决定者；行为对于相对人制造恐吓、侮辱以及敌意的工作环境。性骚扰最基本的特性是该行为违背他人意愿，且应由个人决定何种行为被接纳或对其具有冒犯性。实施者如果已经知道相对人将其视为具有冒犯性而仍为之，即构成性骚扰；行为达到相当严重性，即可构成法律上的性骚扰；这使得性骚扰区别于受欢迎并具有相互性的友好行为，该行为是否具有违背意愿的特质。

尽管上述的性骚扰概念表述过于烦琐，但是该法的突破性贡献更值得关注：该法对性骚扰的界定不仅包含性骚扰的两种类型：交换性骚扰和敌意工作环境性骚扰；将所有"违背意愿、不合理或具有冒犯性"的行为确定为"不被接纳"的行为；认为性骚扰行为的构成要件并不是两性平权或性别歧视，而是违背受害者的意愿以及侵犯个人尊严，此观点使得性骚扰法律发展的趋势逐渐走向强调性骚扰的行为本身，而非性别歧视领域。此外，该实施法则规定用非正式手段解决纷争，促使会员国相继采取性骚扰的预防措施，因此，在某些方面被认为比平等就业机会委员会（EEOC）所定准则更具有重要性与实用性。不过，仍有学者建议欧盟应制定具有直接执行效力的性骚扰指导法则或法规,❶ 促使欧盟所有成员国全面禁止性骚扰。

2002 年 9 月,欧盟委员会制定了《关于落实男女平等待遇条例》,该条例要求成员国在三年内完成国内化的转化。该条例规定:性骚扰是指任何不是当事人所期待的、口头的或身体的、带有性内涵的、对人的尊严带来损害,并造成一种恐慌、敌意的和羞辱性工作氛围的行为。这个界定扩大了性骚扰实施主体的范围,即性骚扰实施者不仅是上级,也有可能是一般同事或下属;它侵犯的是受害者的人格尊严,给受害人带来身体或精神的损害,❷ 导致工作环境的敌意、耻辱、紧张感。

2. 法国对性骚扰的界定

1992 年 5 月之前,法国法律中并未曾明确规定性骚扰这一用语,同年 7 月通过了两项修正刑法以及劳工法的新法后,则采取积极的态度应对性骚扰的防治。

1992 年的《法国新刑法典》第 222~233 条规定:性骚扰是任何通过滥用工作职能赋予的权力来施加压力以获取性好处的行为,是对他/她的权利和人格尊严的伤害,这种行为应受到处罚,是一种轻罪。❸但该规定的不足之处在于该项规定性骚扰适用范围较窄,仅涉及行政隶属中的上级对下级的性骚扰行为,而排斥来自受害者的同事或下属的骚扰。

该刑法典界定了性骚扰的概念,而与性骚扰相关的工作报复则由劳工法规定。如法国新修正劳工法认为性骚扰是一种权力滥用的情形,即行为人利用工作场所阶级结构的关系,以许诺、给予较有利的待遇或压力等,来获得具有性含义的好处,并在相对人加以拒绝时,进行猥亵或实际报复。它对与性骚扰相关的打击报复作出了规定。

欧盟于 2002 年制定反性骚扰条例后,为与该条例保持一致,法国议会于 2003 年 1 月颁布了《关于社会现代化法》,它对劳工法中相关规定作了

❶ Beverley H. Earle, Gerald A. Madek. An International Perspective on Sexual Harassment Law [J]. Law and Inequality, 1993 (12): 75.

❷❸ 郑爱青. 欧盟及其主要成员国反性骚扰立法的主要内容 [J]. 妇女研究论丛, 2006 (8).

修改，认为任何来自雇主、雇主代表或其他任何人的，不被当事人接受的，视为自己或他人获取性好处的行为都是性骚扰；在招聘、培训或实习期间，任何人都不得因为拒绝或屈从性骚扰而被解雇或惩罚；如果雇员证明性骚扰行为存在也不得被解雇或惩罚，否则，该解雇或惩罚行为无效；此项规定适用于招聘、晋升、调动、培训、续约等方面。该法将性骚扰范围扩大，不再局限于行政权力的上下级，性骚扰行为也可以发生在平级或下级的同事间。

3. 德国对性骚扰的界定

德国关于性骚扰概念的规定主要表现在几部法律和法院的司法判例中。

第一部法律是 1994 年德国发布的《第 2 号平等机会法》，该法第 10 条第 2 款将性骚扰界定为：所有具有一种性意涵，在公共场所触犯受雇者人格尊严的行为，包括刑法范畴内的性方面行为举止、其他性方面的行为及要求、具有某种性意涵的肢体接触、具有某项性内容的言语，以及展示明显违背相对人本意的猥亵物品等。❶ 该法除明确界定性骚扰概念外，并规定此界定适用于所有受雇者，包括公务员。

同年，德国颁布联邦雇佣法，但对性骚扰概念的界定和上述表达十分相近。

另一部法律为《柏林邦反歧视法》，❷ 该法的第 12 条第 2 款仅规定针对工作场所的性骚扰，认为是特别不必要的肢体接触、不受欢迎的言辞、对某人外表或身体进行具有挑逗意味的评语或玩笑、公开展示春宫资料等，任何侵犯工作场所中雇员人格尊严的与性有关的行为或语言。

德国对性骚扰规制起步较晚，尽管基于性别歧视行为在德国联邦宪法中有概括性规定，但是，法院从未援引这些条款来对性骚扰行为进行约束，据德国司法判例的诠释，该国的刑法、民法和劳工法等相关法条，可适用在工作场所性骚扰的情形。

---

❶ 林明锵．论德国工作场所性骚扰保护法——兼论我国立法政策与立法草案 [M] //公务员法研究（一），台北：学林文化事业有限公司，2000：339.
❷ 焦兴铠．向工作场所性骚扰问题宣战 [M]. 台北：元照出版有限公司，2002：243.

第二节　我国的性骚扰概念及评析

我国台湾地区对性骚扰的规制在法律规范上更为全面、更先进，而大陆地区对其规定则单薄许多，因此，本节将对我国台湾地区和大陆地区有关性骚扰概念作对比分析。

一、性骚扰概念在我国台湾地区的界定

关于性骚扰，我国台湾地区共有所谓三部法规对其规制："性骚扰防治法""两性工作平等法"及"性别平等教育法"，这三部法规的适用范围各不相同，其概念也有所不同，因此，性骚扰的概念在我国台湾地区可谓是"一地三制"。

（一）"性骚扰防治法"关于性骚扰概念的规定及评析

我国台湾地区"性骚扰防治法"第 2 条规定："本法所称性骚扰，是指除性侵害犯罪以外，对他人实施违反其意愿而与性或性别有关的行为，且有下列情形之一者：A. 以他人屈从或拒绝该行为，作为其获得、丧失或减损与工作、教育、训练、服务、计划、活动等相关权益的条件；B. 以展示或播送影像、图书、文字、声音等物品的形式，或以歧视、侮辱的言行等方法，而有损害他人人格尊严，或造成使人产生畏惧、感受敌意或冒犯的环境，或不当影响其进行的工作、教育、训练、服务、计划、活动或正常生活。"

该法案从起草、制定到完成过程中，出现了许多争议，但争议的焦点主要在于是否将性侵害犯罪纳入其中。因为我国台湾地区的所谓"性侵害犯罪防治法"已经规范性侵害犯罪，认为"性骚扰防治法"可以不必重复规范，但前者仅规定了侵害人的刑事责任，而对于侵害人与所属机构的防治责任、行政责任及民事赔偿责任等全部规定于"性骚扰防治法"中。因此，有学者认为如果该规定排除性侵害犯罪，不仅使"性骚扰防治法"的性骚扰概念与理论学说、世界各国的相关法制等完全不同，而且会导致各

机关或单位对于所属人员较不严重的性骚扰行为必须承担防治责任，对于较严重的性侵害犯罪行为却不须负担防治责任的荒诞后果，这无异于变相鼓动雇员实施性侵害。❶ 因此，台湾防暴联盟与参与协商的"立法委员"都表示反对。

为使各机关或机构对性侵害犯罪行为仍负担防治责任，台湾地区"性骚扰防治法"第 26 条第 1 项规定："第七条、第八条、第十条、第十一条、第二十二条及第二十三条规定，对性侵害犯罪同样适用。"性侵害犯罪尽管不属于性骚扰的一种类型，但依此规定，性侵害犯罪同样适用"性骚扰防治法"中有关机构的防治责任、所属人员参与教育训练、反报复条款、机构提供协助、违反者可处罚款等规定。

将性侵害从性骚扰概念中分离出去的做法有利有弊。因为这合乎民众普遍认为性侵害较严重而性骚扰不严重的看法，也免除"性侵害犯罪防治法"是否应并入"性骚扰防治法"的争议，但是它不同于国外界定性骚扰的概念，易导致民众产生性骚扰行为属于并不严重的刻板印象，使性侵害犯罪的被害人无法适用"性骚扰防治法"的民事损害赔偿、申诉及调查程序、向性骚扰调解委员会申请调解等，对于性侵害犯罪被害人的保护似乎不及性骚扰的被害人。

由于我国台湾地区将"性骚扰防治法""两性工作平等法"及"性别平等教育法"三部法规的适用主体完全区分开来，导致能适用"两性工作平等法"与"性别平等教育法"的主体均不再适用"性骚扰防治法"的规定。为弥补其不足，"性骚扰防治法"第 1 条第 2 项规定："有关性骚扰的定义及性骚扰事件的处理及防治，依本法的规定；本法未规定者，适用其他法律。"但适用"两性工作平等法"及"性别平等教育法"者，除第 12 条、第 24 条及第 25 条外，不适用该规定。据此规定，工作场所的受雇者或求职者、教育场所的教职员工及学生，除适用"性骚扰防治法"中关于媒体对受害人信息应保密及强制触摸罪的规定外，不适用"性骚扰防治

---

❶ 高凤仙. 性骚扰之法律概念探究［J］. 法令月刊，2002（4）：52.

法"的其他规定。

因此，我国台湾地区的"性骚扰防治法"尽管按性骚扰发生的场合来限定，对于职场和校园发生的性骚扰却有许多部分不适用该规定，则只能分别依"两性工作平等法"及"性别平等教育法"规定。

（二）"两性工作平等法"关于性骚扰概念的规定及评析

我国台湾地区于 2002 年 3 月通过"两性工作平等法"，其中第 12 条规定："本法所称性骚扰，具有下列两种情形之一：A. 受雇人在执行职务时，他人以性要求、具有性意味或性别歧视的言语或行动，对其造成敌意性、胁迫性或冒犯性的工作环境，致使侵犯或干扰其人格尊严、人身自由或影响其工作表现；B. 雇主以明示或暗示的方式对受雇者或求职者作出的性要求、具有性意味或性别歧视的言行，作为劳务合同成立、存续、变更、酬薪、晋升、降级或奖惩等交换条件。"

该界定与国外法律的性骚扰界定相一致，将其分为交换性骚扰与敌意工作环境性骚扰两种，将性侵害包含在内，但此概念的适用范围比"性骚扰防治法"狭窄，并非所有工作场所发生的性骚扰定义都适用"两性工作平等法"，因为它的主体仅限于受害人是工作场所的受雇人或求职者身份，其他不适用"两性工作平等法"的性骚扰行为，则适用"性骚扰防治法"。如医生在执业时对护士实施性骚扰，依"两性工作平等法"的规定；而医生在执业时对患者实施性骚扰，则依"性骚扰防治法"的规定；医生作为受雇者在执业时对雇主实施性骚扰，也依"性骚扰防治法"的规定。

（三）"性别平等教育法"关于性骚扰概念的规定及评析

2004 年我国台湾地区通过"性别平等教育法"，其中第 2 条第 1 项第 3 款、第 4 款分别对性侵害与性骚扰进行界定："3. 性侵害是指性侵害犯罪防治法所称性侵害犯罪的行为；4. 性骚扰是指具有下列情形之一，但未达到性侵害的程度的：a. 用明示或暗示的方式，对他人实施不受欢迎且具有性意味或性别歧视的言行，导致影响其人格尊严、工作学习的表现或机会；b. 与性或性别有关的行为，作为自己或他人获得、丧失或减损其学习或工作等有关权益的条件。"

　　该界定也将性骚扰分为交换利益性骚扰及敌意环境性骚扰，但与国外法律的性骚扰界定不一致的是将性侵害排除在外，然而，该条第 1 项第 5 款随之规定："校园性侵害或性骚扰事件，指性侵害或性骚扰事件之一方为学校校长、教师、职员、工友或学生，他方为学生者。"因此，此规定关于性骚扰的概念，仅适用教育场所中的特定主体间的性骚扰事件，而对学校的界定，依此条第 1 项第 2 款规定："学校，是指公私立各级学校，"并不包括训练班、补习班、托儿所等。因此，该规定与"性骚扰防治法"相比较，其概念的适用范围比后者更为狭窄，因为只有当性骚扰事件的主体一方为学校校长、教师、职员、工友或学生，另一方为学生时，才适用"性别平等教育法"；其他不适用"性别平等教育法"的教育场所性骚扰，适用"性骚扰防治法"。如老师对学生实施性骚扰，依"性别教育平等法"的规定；闯入校园的无业者对学生实施性骚扰，依"性骚扰防治法"的规定；补习班老师对学生实施性骚扰，也依"性骚扰防治法"的规定。

　　（四）台湾地区法规上的性侵害与性骚扰的区别

　　如前所述，我国台湾地区有所谓"性骚扰防治法""两性工作平等法"和"性别平等教育法"对性骚扰进行规制，均包括交换性骚扰及敌意环境性骚扰，但"性骚扰防治法"及"性别平等教育法"都将性侵害犯罪排除在性骚扰概念之外，但我国台湾地区法规所规制的性侵害与弗兰克·提尔（Frank J. Till）所定义的性侵害犯罪❶不尽相同。为厘清我国台湾地区法规中有关性骚扰概念，笔者依据台湾地区法规，将妨害性自主罪、妨害风化罪和强制猥亵罪这三类罪是否属于性骚扰规制进行阐述，以期为我国的立法活动中完善性骚扰的法律概念奠定理论基础。

　　1. 妨害性自主罪属于性侵害犯罪，但不是性骚扰

　　依"性侵害犯罪防治法"第 2 条第 1 项规定："本法所称性侵害犯罪，是指触犯'刑法'第 221 条至第 227 条、第 228 条、第 229 条、第 332 条

---

❶　详见本书第二章节阐述性骚扰划分类型的相关内容。

第 2 项第 2 款、第 334 条第 2 款、第 348 条第 2 项及其特别法之罪。"据此规定，性侵害犯罪是指包括强制性交罪和加重强制性交罪、强制猥亵罪和加重强制猥亵罪、乘机性交罪、乘机猥亵罪和强制或乘机性交或猥亵，该行为致人死亡或羞愤自杀，或意图自杀而致重伤；强制或乘机性交或猥亵而故意杀害或伤害被害人；对未满十四周岁而与之性交；利用权势性交或猥亵罪、犯强盗罪、海盗罪等。这与"刑法"第十六章的妨害性自主罪的相关规定一致。

2. 妨害风化罪和强制猥亵罪属于性骚扰

上述性侵害犯罪的界定主要是包括"刑法"第 16 章的"妨害性自主罪"，不包括"刑法"第 16 章中"妨害风化罪"，也不包括"性骚扰防治法"第 25 条所定的强制触摸罪。"性骚扰防治法"规定："意图性骚扰，乘人来不及反抗实施的亲吻、拥抱或触摸其臀部、胸部或其他身体隐私处的行为者，处两年以下有期徒刑、拘役或并处新台币十万元以下罚金。"依此规定，未经被害人同意而实施的强制或乘机性交或猥亵行为，或虽经受害人同意而实施的性交或猥亵行为，但受害人未满十四周岁而利用或施以欺诈行为的，都构成性侵害犯罪。但值得注意的是，国外法律有关暴露狂或袭胸袭臀等行为都构成性侵害及性骚扰，而在我国台湾地区法规中仅构成性骚扰，不构成性侵害。

由于性骚扰概念具有相当的主观性及不确定性，因此，我国台湾地区规制性骚扰的三部法规中针对何种行为构成性骚扰，则由法官就具体案件加以认定。可以预见的是，台湾地区性骚扰的法律概念与认定标准，不是由"性骚扰防治法"详细加以明定，而是由法院判决渐渐充实概念的内容并发展其认定标准，而民众对于性观念所采取的态度，则无可避免地扮演极为重要的角色。

二、性骚扰概念在大陆地区的界定

（一）性骚扰概念面对的中国社会背景

我国古代没有"性骚扰"一词，类似性骚扰的行为被称为"非礼"。

我国的法律在很长一段时间也依此标准规制这类行为，如 1979 年《刑法》规定了"流氓罪"；1986 年《治安管理处罚条例》和 1994 年《治安管理处罚法》规定了"寻衅滋事，侮辱妇女或者进行其他流氓活动"等行为。为打击此类犯罪、保护人民权利，这些规定在特定的历史阶段发挥了重要作用，但许多法律条款缺乏法律的准确性、严肃性，为顺应社会的发展与变化，1997 年《刑法》废除了"流氓罪"，制定了强制猥亵、侮辱妇女罪等多项罪名，并将其纳入侵犯公民人身权、民主权利罪一类，该法律制度的转变增加了打击此类犯罪的力度，对维护女性人格尊严提供了更有力的法律保障。然而，因为取缔"流氓罪"，一些发生在公共场所或其他隐蔽场所的性骚扰行为失去了法律依据，这导致受害人的法律救济难以得到有效保护。

1995 年在北京召开了第四次世界妇女大会，"性骚扰"一词引入中国学术界。同年，美国发生了震惊全球的总统克林顿性骚扰案，中国公众对"性骚扰"一词耳熟能详，但当时民众普遍认为，性骚扰是因为某些女性大惊小怪的过敏反应，是开放的女性因不检点而自取其辱或缺乏幽默感的表现等。❶ 1999 年，上海辞书出版社出版了《辞海》，首次给性骚扰作出界定，认为"性骚扰是 20 世纪 70 年代出现于美国的用语，指在不平等权力的背景条件下，社会地位较高者利用权力向社会地位较低者强行提出性要求，从而使后者感到不安的行为，是性别歧视的一种表现"，❷ 该界定很明显保留了美国式性别歧视的色彩，它意图从权力等级关系中理解性骚扰行为。随着一系列由新闻媒体曝光的性骚扰案件跃入民众视野，法学家纷纷提出性骚扰概念的不同观点，性骚扰问题逐渐进入法律领域的视角。如 1998 年、1999 年、2002 年全国人大代表分别提交《关于制定〈中华人民共和国反性骚扰法〉的议案》等。直到 2005 年的《妇女权益保障法》修正案中首次写入"禁止对妇女实施性骚扰"，这标志着我国性骚扰防治进

---

❶　耿殿磊. 性骚扰概念的产生和流变——国际视角的分析［J］. 妇女研究论丛，2010（1）.

❷　夏业良. 性骚扰的界定及其制度防范［N］. 中国经济时报，2002-02-07.

入立法进程，但该规范仍未界定何为性骚扰。随后，一些地方性法规相继细化了性骚扰行为，多以列举式的形式，如湖南、上海等地通过了《实施〈妇女权益保障法〉办法》，规定禁止以含有淫秽色情内容、具有性要求的语言或肢体行动、文字、图像、电子信息等形式对妇女实施性骚扰，但是这些法规中都没有对性骚扰概念、构成要件等一系列问题作出具体规定。

2008 年，中国法学会反对家庭暴力网络联合中国社科院法学所性别与法律研究中心在"两会"期间提交《〈人民法院审理性骚扰案件时的若干规定〉的司法解释（专家建议稿）》，该建议稿对职场性骚扰进行界定："雇主或者上级对劳动者或求职者实施性骚扰，并以此作为劳动关系成立、存续、变更、岗位分配、报酬、考核、晋升、降职、调动、奖励等条件的，以及劳动者或求职者在执行职务中，对其实施性骚扰，造成敌意性、胁迫性或冒犯性工作环境的，均应被视为职场性骚扰。"该概念明晰性骚扰侵害人为上级或雇主、甚至第三人，如客户，受害人为劳动者或求职者，适用的场合发生在工作场所或执行职务过程中，即与工作相关即可构成性骚扰行为。

2009 年，工作场所性骚扰立法调研课题组提交的立法议案中有工作场所性骚扰的界定，❶ 其规定为在工作场所中，违背他人意愿，以肢体行为、语言、文字、音像、电子信息等方式实施的与性或性别有关的行为：

（1）以明示或暗示的方式，为其提供性好处或者性行为作为雇用、晋升、薪酬条件；

（2）违背对方意愿的性要求及性行为；

（3）接触或侵犯对方身体的行为；

（4）展示或传播不受欢迎的具有性暗示的图片、物体、信件、纸条、电子信息等；

（5）使用不受欢迎的、具有性特征的名字或绰号，有性含义的笑话、粗俗语言；

---

❶ 唐灿. 走向法治——工作场所性骚扰的调查与研究［M］. 北京：中国人民公安大学出版社，2012：168.

（6）其他与性或性别有关的骚扰行为。

国家保护劳动者依法享有的各项权益，禁止在工作场所以交换利益为目的或以剥夺受害人现有的工作利益而对受害人施以的性骚扰行为。禁止用人单位中上下级之间、同事之间、雇主与受雇人之间、受雇者之间以及服务者与服务对象之间的任何形式的性骚扰行为。

（二）性骚扰概念的争论

近年来，学术界对性骚扰概念也尝试过进行界定，界定中不同程度地吸取了美国与欧盟关于性骚扰概念中的有益经验，存有一些共通的基本认识，如性骚扰行为是与性有关的、违背当事人的意愿、是不受欢迎的、达到一定严重程度，但又与性暴力或强奸等严重刑事侵害罪相区别等；当然也存有一些分歧，主要集中在社会性别和法学两个角度，它们分别对应反性别歧视和维护人格尊严两种立法模式。

从社会性别角度，学者在界定性骚扰时遵循美国女权主义法学家的观点，认为性骚扰本质是性别歧视，特别是对女性的歧视。如有学者认为："性骚扰是一种基于性别歧视，是一种不受欢迎的、带有性内容的言行。这类言行是以侵犯人格尊严为目的，损害他人的人格尊严，当言行发生实质性变化时，则造成了胁迫、敌意、羞辱性或令人难以忍受的工作环境。"❶这一界定具有明显的美国特色，性骚扰实质为性别歧视，更直观地衡量男女平等在现实和法律的差距。也有人同样赞成此观点，虽然社会不乏女性对男性下属实施性骚扰，但现实中绝大多数性骚扰行为的受害人是女性，这体现了性别不平等，究其本质是女性在社会中占有社会资源少，处于弱势地位，因此，工作场所是发生性骚扰最重要的场域；同时，如果界定性骚扰抛开其历史渊源、本质不谈，则是脱离社会现实，如果仅从行为表象上对性骚扰进行界定，则犯了舍本逐末、形而上学的错误。❷

---

❶　唐灿．性骚扰在中国的存在——169 名女性的个案研究［J］．妇女研究论丛，1995（2）．

❷　易菲．职场梦魇——性骚扰法律制度与判例研究［M］．北京：中国法制出版社，2008：65.

从法学角度，学者认为美国反性别歧视的立法模式固然有较好的经验值得借鉴，但并不完全符合中国特有的社会模式和法律框架。如英美法系的判例具有法律效力，法官可以造法，可以通过判例的方式使性骚扰概念的内涵和外延得以完善，顺应社会发展，而中国的判例不具有法律效力，在立法时必须具有前瞻性，法律不能朝令夕改，保证法律的相对稳定性，则尽可能考虑综合各种因素。如果以人格尊严为基础界定性骚扰，则有利于普及一般人格权即人格尊严的法律概念，扩大人格权的保护范围。如张绍明律师认为性骚扰问题实质是侵犯个人尊严，属于民事侵权行为，但在侵权类别上如一般人格权或人格尊严权等有争议；❶ 杨立新教授认为，性骚扰侵犯的是他人性自主权，即自然人自主支配个人性权利的具体人格权。我国《宪法》规定公民的人格尊严不受侵犯，最高人民法院的司法解释也肯定了公民人格尊严权的法律地位。国际上，欧盟各成员国以维护人格尊严为核心思想界定性骚扰，国际刑法也普遍承认人格尊严，这也符合国际社会的主流趋势。笔者较赞同性骚扰侵犯的是他人的性自主权的观点，此观点在本书第二章分析性骚扰侵犯的客体中将详细阐述。

第三节　性骚扰概念的立法模式分析

界定性骚扰会因社会的文化和实践而异，也因事情所处的环境而异，学者运用语言对某一概念总结概括时，总是基于当时所认识到的事实和情形形成的。纵观世界各国性骚扰概念的立法模式，一般认为有美国式的反性别歧视和欧盟式的维护个人尊严两种立法模式，这两种立法模式使各工业先进国家对性骚扰规制逐渐趋于完备，但对两者进行深层比较时又能显示各自优劣。

---

❶ 张绍明．中国反性骚扰立法研究（四）：性骚扰行为的法律界定［EB/OL］．［2019-03-28］．http：www. 110. com/ziliao/article-133346. html.

一、划分两种立法模式的依据

纵观世界各国和地区，可以对性骚扰法律概念的立法模式分为"二分法"和"三分法"。❶"二分法"是该立法模式分为反歧视模式和人格尊严受损说；"三分法"是该立法模式分为文化价值模式、反歧视模式和反性别暴力模式三种类型。❷ 综合前述内容，笔者较赞同"二分说"，因为反歧视与反性别暴力模式的立法模式是基于反性别歧视的立场，将两者整合为一种反性别歧视模式较为合理。文化价值的立法模式主要在瑞典的 1980 年男女平等法中体现，❸ 但在 1991 年颁布新男女雇用机会均等法时认为性骚扰是具有性本质的猥亵行为，则其立法模式转变为反性别歧视模式。值得注意的是，有关性骚扰概念的立法理念并非完全基于性别歧视，也有基于保护公民人格尊严，与性别并无直接的联系，这种以保护公民人格尊严不受损害为宗旨的立法模式与上述其他模式存在本质上的不同，应该单独作为一种模式进行研究。因此，以下内容将围绕"二分法"的立法模式展开阐述。

二、反性别歧视立法模式的评介

目前世界各国采用此种立法模式的国家和地区主要有美国、英国、澳大利亚、瑞典、日本、加拿大和中国香港特别行政区等，其中以美国为代表。

1. 反性别歧视立法模式的形成原因

该模式的调整场域主要集中在工作场所，它突出了职场权力背景，却忽略了非权力背景下的性骚扰行为。早期，人们认为性骚扰仅仅是职场中

---

❶ 靳文静. 性骚扰法律概念的比较探析［J］. 比较法研究，2008（1）.

❷ 管斌. 美国反性骚扰的规制沿革及启示［M］//劳动法评论（第一卷）. 北京：中国人民大学出版社，2005：56.

❸ 该法第 6 条规定：性骚扰是指侵犯了工作中雇员名节的基于性或具有性的实质的令人讨厌的行为。

男性会对女性产生一种性吸引，而非性别歧视，随着性骚扰问题长久以来欠缺法律规范，而性骚扰的受害者大多是女性，所以最初受害女性所寻求的法律途径是依据性别歧视及两性平权的相关法律。直到《美国民权法案》第七章颁布，该章明确规定禁止雇主在工作场所对雇员性别歧视，这为"性骚扰"从一个社会学概念转化成法律概念奠定了坚实基础。此结果与当时美国社会现状密切相关，因为 20 世纪六七十年代，美国女性解放运动的蓬勃发展，性别平等和性别歧视问题逐渐纳入法学研究领域，涌现出大批女权主义法学者，并形成女权主义法学各流派。工作场所的性骚扰问题较为严重又经常被揭发，因此，反性别歧视的立法模式成为各国性骚扰法律规制的重心。这种性别压迫工具的理论，也得到了美国法院司法实务的支持并进而丰富其内容，在反对性别压迫研究中也有坚实地位。

美国劳动力市场很灵活，如雇员经常被辞职或解雇、晋升或降级等，雇员的流动性较强，这导致美国法律很重视雇用与解雇的环节，而不是集中在雇用期间发生的事件上，这要符合劳动力市场的特征，因此，美国性骚扰法律制度的大部分适用于劳动力市场。此外，美国的种族歧视根深蒂固，被视为"软性"概念的人格尊严具有不确定性、模糊性，这导致它不能为法律规制建构坚实的基础，并会使美国社会发生更多种族歧视的事件。这导致美国在建构和完善有关性骚扰法律规制时必然回应这种社会背景，即对性骚扰概念界定时采用反性别歧视的立法模式，这也深刻反映了美国政治社会结构形态。

2. 反性别歧视立法模式的优势

反性别歧视立法模式将性骚扰置于整个国家或社会的"权力"脉络，无论是从社会结构或从个人层次来审视，表面体现的劳动力市场中性的利益交换或敌意工作环境的性骚扰行为，实际上是占有权力资源较强的一方施加给较弱的另一方，"权力"才是理解性骚扰问题的核心。性骚扰行为原本属于私领域中人际互动的范畴，但在权力与控制的根源中，现代社会将其提升至公领域的范畴，并受到社会评议甚至法律制裁，行为一旦介入公领域，目的则为弱势方赋权展能，实现社会的公平正义，彰显个人自主权利。美国关于性骚扰的法律规制领先于世界其他国家，其成功经验或许更多地反映了美国资本主义商业精髓，展现出美国民众的平等价值观和非歧视政策，反性别歧视的法律定位对性骚扰规制无疑具有指导作用。

3. 反性别歧视立法模式的不足

反性别歧视立法模式仅对发生在工作场所的性骚扰行为进行法律约束，却忽略了工作场所以外和其他非权力背景等领域的侵害行为，这种狭小的适用范围容易产生解释上的歧义，哪些行为构成性别歧视等。现实生活中，性骚扰行为不仅多发生在工作场所，而且工作场所以外的领域也经常发生，如教育培训场所、该场所中幼小学生、学徒或受训者更不懂得如何应对性骚扰行为，也不会寻求帮助，遭受的伤害可能会更多，因而更需要法律保护。此外，美国性骚扰法律规制中排除了下级对上级的色相引诱、雇员之间、同性以及陌生人之间的骚扰行为；排除了女性对男性的性骚扰、双性性骚扰等行为；排除了宗教团体的教育机构、军事教育机构、特定团体的活动等机构适用教育修正法案等，运用性别歧视理论约束这些行为却无法作出合理的应对，因此，反性别歧视模式的保护范围过于狭小，应该扩大其保护范围，使受害者得到更多的法律保护和救济。

美国的性骚扰相关法律中规定了雇主的法律责任，雇主为避免其诉讼与更多法律责任，越来越多的雇主明确禁止雇员之间发生性关系，或要求雇员公开声明他们之间是两情相悦而存在两性关系，❶ 这种做法也致使两性隔离的现象增多，据调查，"玻璃天花板"现象使得工作场所中的异性朋友越来越少，有75%的男性被调查者认为是担心性骚扰纠纷问题，❷ 此现状使得很多女性很难找到合适的工作。❸ 有学者认为，这种单纯担忧性

---

❶　V. Schulta. The Sanitized Workplace [J]. Yale Law Journal, 2003 (8): 2113.

❷　K. Elsesser, L. A. Peplau. The Glass Partition: Obstacles to Cross – Sex Friendships at Work [J]. Human Relation, 2006, 59: 1090.

❸　V. Schulta. The Sanitized Workplace [J]. Yale Law Journal, 2003, 112: 2104.

骚扰诉讼使得女性进一步被隔离，以此证明男性对女性的歧视是正当的。❶很多雇主将性骚扰作为借口解雇员工，如对黑人、同性恋者或年老的男性工人等更易遭受这种不利后果，这明显违背了性骚扰法律规制的初衷。

三、维护人格尊严立法模式的评介

1. 维护人格尊严立法模式的形成原因

维护人格尊严的观念为欧洲民众价值观已有悠久的历史，欧盟成立后，此观念逐渐融入欧盟的价值观体系中，随后发展为欧盟法律体系的核心思想。在欧盟各成员国国内，种族歧视、民权斗争不如美国社会敏感，而对性骚扰问题关注较晚的欧盟国家，吸取了美国的经验教训，建构欧洲人格尊严的核心价值观的法律体系。20 世纪 80 年代，女权主义者将性骚扰议题提交欧共体议事日程，1984 年欧洲议会讨论结果表示性骚扰并非性别歧视，而是关乎女性人格尊严的议题。1994 年欧洲《联邦雇用保护法》实施后，雇主采取的是"反聚拢政策"，❷ 而不是反性骚扰政策，立法者认为聚拢或精神骚扰而引起的伤害不是作为一种以性、种族或其他禁止形式为背景的歧视，而是作为一种侵犯人格尊严的侵害。

欧盟的劳动保障系统相对发达，其法律制度非常重视劳动期限和令人满意的工作条件，像贸易联盟、工会等组织机构也积极参与劳动保护的管理，可以说，欧盟有一个相对稳定的劳动力市场，这一点与美国的劳动力市场有很大的不同。

---

❶ B. A. Quinn. The Paradox of Complaining：Law, Hummor and Harassment in the Everyday Work World ［J］. Law and Social Inquiry, 2000, 25：1176.

❷ 瑞典心理学家海因茨莱曼（Heinz Leymann）博士于 1984 年首次提出，用于描述工作场所中骚扰对心理的影响，后来被法国精神治疗师玛丽·法兰西·希里戈尔（Marie France Hirigoyen）引入专著并提出聚拢是一种精神骚扰，该观点在法国产生很大的影响。希里戈尔（Hirigoyen）将美国性骚扰概念相关理论联系起来，认为精神骚扰是人与人之间暴力的一种形式，她的理论引发了学界认为美国人关于骚扰的形式就是性的争论。这一争论致使 2001 年法国劳动法典和 2002 年法国刑法典禁止精神骚扰等相关条款的修正，由此导致性骚扰界定中忽略了权力、等级关系。

2. 维护人格尊严立法模式的优势

性骚扰虽与两性平等问题密切相关，但更与人格尊严、特别是女性人格尊严息息相关，维护公民人格尊严的立法模式逐渐朝向性骚扰的行为本身而非性别歧视方向的趋势，避免了因性别歧视导致规制范围过小的弊端，使法律解释上的矛盾减少，对性骚扰立法保护范围扩大，如教育与训练场所、军队等也纳入法律保护范围，使受害人得到更多的保护。欧盟各成员国界定性骚扰时更强调该行为违背人的意愿及侵犯人的尊严，它更注重受害者自身的主观感受，顺应了社会的现实需要。保护女性权利人格尊严的理念更容易让人产生共识，因为人格尊严是民众普遍认同和熟悉的价值观念。正如安妮塔·伯恩斯坦（Anita Bernstein）提到，❶ 用人格尊严的概念或许比用女性的权利、女权主义、男性至上主义等概念更容易让人产生共鸣。

3. 维护人格尊严立法模式的不足

女性主义法学家批判欧盟式的人格尊严的立法模式，他们认为性别歧视是性骚扰的主流观点，性骚扰不应简单地看作"男性对女性"的表象或只是当前社会结构中的性别模式而已。因为社会文化建构对人格尊严的内涵存在理解上的差异，使性骚扰本身没有统一的价值判断，如果仅从维护个人人格尊严的角度界定性骚扰，易被人误解为生理本能上的性吸引，强化了女性从属地位及被情欲化，而这无法窥探性骚扰的本质，以至于难以揭示性骚扰本质的社会结构问题，不能为法律规制提供一个坚实的框架体系。如女权主义法学家贝尔（Baer）认为，欧盟维护人格尊严的法律模式实际已经承认了性别差异的不足，我们更应注重平等与人格尊严的内在关联，❷ 这样我们才能真正认识到性骚扰。

---

❶　Anita Bernstein. Law, Culture and Harassment［J］. University of Pennsylcania Law Review，1994（142）.

❷　Linda Clarke. Sexual Harassment Law in the United States，the United Kingdom and the European Union：Discriminatory Wrongs and Dignitary Harms［J］. Common Law World Review，2007.

世界各国反思反性别歧视模式的缺陷并对性骚扰问题不断深入研究，许多国家和地区逐渐采用宽泛形式界定性骚扰概念，如欧盟在 2004 年和 2006 年对男女两性平等待遇的相关问题进行两次修正可以窥见一斑；中国台湾地区的"性骚扰防治法"打破了"两性工作平等法"中对性骚扰界定的相关规定，弥补原有规定的缺陷等，性骚扰法律概念的界定呈现宽泛的趋势，调整的方式主要是采用性别歧视理论与维护公民人格尊严理论相结合。

第四节　对我国性骚扰法律概念的界定

性骚扰是一个为世界各地所有文化和职业环境所普遍认识到的现象，但没有一个全球化的性骚扰法律概念呈现，因为法律对性骚扰概念的回应与一个国家的传统文化、社会惯例和生活方式息息相关，因而，我国法学界对如何定性性骚扰同样成为长期困扰且难解的问题。本节基于以上国内外界定性骚扰概念的模式，结合我国社会的法律现状，提出适宜我国对性骚扰界定的模式。

一、性骚扰与相关罪的关系

我国对于"性骚扰"尚无全国性立法或司法层面的统一界定，值得注意的是，在界定性骚扰概念时，应注意与强制猥亵、侮辱妇女、强奸的行为区分开来。

（一）性骚扰与强奸罪的关系

强奸罪是指以暴力或胁迫等暴力方式，违背妇女意志，强行与妇女发生性关系的行为。性骚扰与强奸行为既有相似也有区别，两者相似之处在于都是侵犯了作为性载体的性器官，以及受害者享有自主承诺是否发生性关系的权利；都是出于直接故意的行为；有可能在行为手段上有重合之处。

强奸作为刑事法律中一个独立的罪名，它不属于性骚扰行为的范畴，两者有本质的区别：强奸罪的犯罪主体只能为男性，女性不能成为其主体，但女性可能是强奸罪的帮助者，而女性和男性都有可能成为性骚扰的主体；在犯罪对象上，性骚扰的对象既可以是男性也可以是女性，即男性对女性或女性对男性实施性骚扰，甚至包括同性之间的性骚扰，而强奸罪的犯罪对象只能是女性；在行为手段上，强奸罪是以殴打、捆绑或麻醉等暴力手段行使，违背受害人意志实施的性侵害，是一种实质性的性侵犯，而性骚扰行为不以暴力或强制为构成要件，以受害人不受欢迎、与性有关的骚扰行为为构成要件，它是一种出于故意骚扰，如不适当的身体接触、语言或行为上的性暗示或挑逗等，其暴力程度远不及强奸行为，其行为的重点不是直接的性行为，以利诱或恐吓等为中介的一种间接软暴力。

（二）性骚扰与强制猥亵、侮辱妇女罪的关系

两者都是侵犯受害人的性自主权，主观上都出于直接故意，间接故意和过失不能构成该罪；两者的行为方式上有重合之处，如在公共场所调戏女性、向女性裸露性器官、撕裂女性衣服等行为方式；行为轻微的强制猥亵、侮辱行为与性骚扰行为的社会危害性程度相同。

性骚扰在我国不是刑法上规定的罪名，而强制猥亵、侮辱妇女罪是刑法规定的罪名。但强制猥亵、侮辱妇女罪的对象只能是妇女，必须采取暴力、胁迫等手段实施具有强迫性质的行为，不以奸淫为目的，而是以刺激或满足性欲为目的，用性交以外的方法实施的淫秽行为，这一罪名规定侵犯的对象是特定的，仅为女性，这也意味着这一罪名缺失了对男性权利的保护，而性骚扰行为的侵犯对象可以是男性，也可以是女性。有学者提出性骚扰罪应入刑法规定，如果能首次对男性的性权利作出保护规定，可以填补这一项法律空缺。❶

性骚扰与强奸、强制猥亵、侮辱妇女行为这三者之间的关系中，有学者认为是相互包含的关系，也有学者认为互不包含，它们之间存在本质的差异。如美国的菲茨杰拉德认为性骚扰是一个综合性词语，包括程度轻微

---

❶ 康凤英，丁昊杰，杨娜．关于打击性骚扰行为的刑事立法思考［J］．学术交流，2005（2）．

的性别骚扰直至性侵害，即从广义的概念来说，强奸、猥亵都属于性骚扰的范畴；❶ 也有学者认为强奸之外的含性色彩比较浓的骚扰都应列为性骚扰范围，❷ 即强奸行为不纳入性骚扰范畴，而强制猥亵、侮辱妇女的行为应归入性骚扰。反对此观点的人则认为这三者互不包含，如认为触犯刑法的性暴力不应该被归入性骚扰，即强奸行为、强制猥亵、侮辱妇女行为不应纳入性骚扰，三者的本质各有不同。❸ 据以上阐述，笔者赞同第二种观点，即认为强制猥亵、侮辱妇女为性骚扰行为的严重情节，而强奸则是一种独立的性犯罪，不属于性骚扰行为的范围。

二、采取概括式和列举式界定性骚扰概念

我国通过立法界定性骚扰，应结合各国关于性骚扰概念的法定要件和立法模式，汲取世界各国精华并结合我国文化传统和社会现状，强调维护公民人格尊严的同时，也应意识到强大的"权力"作用已影响了女性群体的权益，防止将性骚扰简单地看成生理上的性吸引和女性从属地位情欲化倾向。

（一）界定我国的性骚扰概念

只有界定我国的性骚扰概念，才能够正确理解性骚扰的侵害本质，触摸其深层次的社会结构问题，从而为公权力介入性骚扰规制问题提供切入点，并为性骚扰的法律制度建设提供正当性。因此，我国在界定性骚扰概念时可采用以列举为主，概括为辅的方式，将其表述为："违背当事人的意愿，实施一切与性有关的、侵犯他人的性自主权，对他人造成损害的言行，"并将性骚扰行为作如下规定：

（1）因性别歧视产生的侮辱、蔑视或歧视的态度或行为；

（2）与性有关的不受欢迎的、有冒犯性的语言、身体接触或性要求；

（3）与性有关的行为作为交换利益的要约；

---

❶❷　管斌. 工作场所性骚扰的法律思考［J］. 律师世界，2003（8）.

❸　沈奕斐. "性骚扰"概念的泛化、窄化及应对措施［J］. 妇女研究论丛，2004（1）.

（4）以威胁、恐吓或惩罚方式要求与之发生性行为或与性有关联的行为；

（5）展示、传递含有性色彩或性诱惑的图片或文字；

（6）其他不受欢迎的、与性有关的行为。

（7）即在列举以上各规定仍无法囊括所有性骚扰行为时设置一概括条款，这样有利于司法人员或当事人对性骚扰行为了解不清时，司法实务中司法人员处理相关案件时依法行使其自由裁量权。

（二）性骚扰概念的法定要素分析

相同或不同的社会各阶层对性骚扰的看法不尽相同，这取决于男女出身并社会化于特定的社会经济地位和工作阶层。上述概念中有其普遍认同的法定要素，具体而言，此性骚扰概念涵盖以下几点。

1. 行为具有性的本质性

何为"性本质"（sexual nature）行为？顾名思义，是因"性"一字包含性和性别的含义，则性本质行为与性或性别有密切关联，常包括以下法律行为。

（1）企图获得性利益的性要求的行为。

最常见的性骚扰表现为不受欢迎的性要求，该不受欢迎的行为能否构成性骚扰，则视实施人的身份及方式来定。

如果实施人握有权势，如雇主或老师等，对屈服于权势的人提出的性要求则易判断为性骚扰。同时，如果一个很有礼貌的约会请求与将来的晋升、报酬等有关系，也可能被认为是性骚扰。

如果实施人不具有权势，如同事或同学等，对其提出的性要求能否构成性骚扰，视具体情况来定，则需要有充足的证据来证实，❶ 如使用的言词、肢体动作、所要求或提议的次数或内容等。

（2）实施威胁或恐吓等与性或性别有关的敌意行为。

---

❶ Willian Petrocelli, Barbara Kate Repa. Sexual Harassment on the Job, What It Is & How to Stop It, ［J］. National Public Accountant, 1995（2）：9.

　　与性别有关的敌意行为在某种情况下不含有与性有关的含义，更多时不像性骚扰行为，而像性别歧视行为。而许多国家的法律在规制性骚扰行为时适用性别歧视的规范，如美国。因而，性骚扰常被认为是一种性别歧视行为，而在"与性别有关"的后面加上"敌意行为"，则被认定是一种性骚扰行为，该行为所面向的主体是某个或所有的男女。如某个劳工看某位女工不顺眼，堵在门口扭伤其手臂，美国法院判决认为虽然该劳工对该女工并未要求性利益，但如果她不是女性，则可能不会遭受此伤害，因此该行为构成性骚扰；❶又如，某主管多次嘲笑某女工，认为女性不适合任职并对其咆哮和分派其完成难以完成的工作任务，美国法院判决认为，尽管该主管并未对该女工要求性利益，但其因为受害人为女性而对她作出具有敌意或冒犯行为，也构成性骚扰。❷尽管美国认为性骚扰本质为性别歧视，但如今欧盟各成员国对此观点也不尽相同，提出了较多存在的弊端，认为性别歧视与性骚扰有交叉之处，但两者也有本质的不同。

　　（3）实施具有冒犯性行为导致敌意环境。

　　这种并不会针对特定人的色情或粗俗行为，如果将该行为单个来看是不会对特定人有伤害的，它常常是由很多行为积聚起来导致令人感受敌意或冒犯的气氛。如色情杂志在某公司内数量激增，许多员工对其发表粗鄙的评论；某公司播放的影片及幻灯片也有许多色情图片及具有冒犯性的性评论，美国法院判决认为，上述行为在工作场所已造成充满敌意的工作环境，❸因为已导致女性被视为男性的玩物而非同事的氛围。

　　2. 行为具有不合理性

　　法律之所以规定性骚扰行为具有不合理性，是因为要避免认为法律忽视琐碎感受，然而，学界关于行为合理性的认定标准存在许多争议，主要表现为应采纳一般人的客观标准还是采取骚扰事件当事人的主观标准；如果采纳客观标准，那应采取男性的标准还是女性的标准等。

---

　　❶　Mckinney v. Dole，765 F. 2d 1129（D. C. Cir. 1985）.

　　❷❸　Willian Petrocelli，Barbara Kate Repa. Sexual Harassment on the Job，What It Is & How to Stop It，［J］. National Public Accountant，1995（2）：10-12.

　　传统意义上，美国法院对该认定标准采纳客观标准，即以合理人认为是否受到冒犯。美国平等工作机会委员会认为，应以合理人的客观感受为判断标准，但对其客观感受要依行为具体情况和受害人的主观感受加以评定。如1991年的美国联邦上诉法院第九巡回法庭在埃利森诉布雷迪（Ellison v. Brady）案件，该判决采纳了"合理女性"（reasonable woman）标准，是因为工作场所中男、女两性对性行为的看法不同，女性常常是性暴力中的受害者，所以该案采纳受害女性的主观感受。采纳"合理女性"的标准能赋予女性自己去判定何为性骚扰行为的权利，并借助公权力约束职场男性拥有的权威。仅采用"合理人"的评定标准表面上属于性别中立的立场，但实质是仍以男性的观点为主导，它很微妙地隐藏男性偏颇的看法，有故意轻视女性经验的倾向，❶使得女性根本无法在职场达到与男性平等，这个认定标准势必会加强贬抑在职场中女性处于权力阶层之下的印象。

　　实际上，受害人可给实施者定一个相对合理界限，一旦逾越了其接受的界限，则构成性骚扰行为。如有某男同事常对某已婚女同事说"你要是没有结婚就好了""我再也无法找到另一个像你那样可爱的女人"之类的话，这些话对他人是否具有冒犯或侮辱其实并不明确，但是，如果这位女同事对该男同事说："这些话使我感到困扰，请你不要再说了，"则表明她已经为两人的关系设定了行为的标准或界限。❷一旦逾越，则会构成性骚扰。

　　3. 行为具有严重性

　　一般认为，提起敌意环境性骚扰诉讼时要求其行为必须具有严重性或普遍性的要求。如美国联邦最高法院在1986年的默塞尔储蓄银行诉文森案（Meritor Savings Bank v. Vinson）中，认为性骚扰行为必须符合"严重或普遍（severe or pervasive）而足以变更工作条件"的，即可构成敌意环境性

---

　　❶　924, F. 2D 879（9th Cir. 1991）.

　　❷　Willian Petrocelli, Barbara Kate Repa. Sexual Harassment on the Job, What It Is & How to Stop It,［J］. National Public Accountant, 1995（2）：15.

骚扰；❶ 1993 年的汉瑞斯诉叉车系统公司案（Harris v. Forklift System, Inc.）中认为应采纳"合理人"的观点，究竟是"合理女性"还是"合理男性"的标准没有异议，但在原告提起敌意环境性骚扰诉讼时，须证明性骚扰行为满足两个主、客观要件：性骚扰行为严重或普遍到足以制造了客观上属于敌意或侮辱的环境，使合理人感受敌意或侮辱；受害人已主观感受到侮辱性的环境。❷ 在认定严重性或普遍性时，有些案件表现较为明显而无须特别证明，如有些疑难复杂案件中则必须综合考虑全部事实才能加以认定该行为是否满足。如男同事对女同事实施的性侵害行为。

4. 不受欢迎的行为

对此要素的评判多采用主观标准，主张提出明确的证据来证明受害人应负举证责任，性骚扰行为的不受欢迎的主观意愿，这加重了受害人的举证责任，往往因无力举证而承担败诉结果。

如果该行为事先经受害人同意而实施的骚扰行为，但受害人如有证据证明该行为违背了真实意愿的，也可构成性骚扰。如美国联邦最高法院在审理著名的默塞尔储蓄银行诉文森案时，认为原告与被告发生性关系是出于自愿的，但其原因是害怕失去工作，也构成性骚扰。❸ 而关于认定不受欢迎的标准则依据受害人不受胁迫、讨厌该行为，或担忧因拒绝该行为会丧失或减损工作、学业或服务等有关利益。❹

此外，司法实践中评判行为是否受欢迎时还有一个观点存在很大争议，焦点在于是否对受害人带有性刺激意味的言辞或衣着等证据进行审查。对此观点，持异议者认为审查该证据对从事有关职业特征的人非常不公平。如从事与性相关的工作者，如模特、色情片演员等，也有反对性骚扰行为的权利，事实上，这些人也许更需要性骚扰有关法律的保护。但为保证安全，穿着此

---

❶ 477 U. S. 67（1986）.

❷ 510 U. S. 17；114 S. Ct. 370（1993）.

❸ 477 U. S. 57（1986）.

❹ Willian Petrocelli, Barbara Kate Repa. Sexual Harassment on the Job, What It Is & How to Stop It,［J］. National Public Accountant, 1995（2）：29.

类衣服的人应明确表示对骚扰行为不欢迎的意思。如果是特殊场合,受害人担心会丧失或减损某种权益或有不利后果,可能没有要求对方停止性骚扰行为,但仍可用其他方式证明该行为不受欢迎,如将其苦情与真实的感受告诉朋友、同事、同学或辅导人员等,以作为证明性骚扰行为不受欢迎的证据。此外,如果某人在工作、教育或服务等场所遭受性骚扰,而且此种骚扰行为已使整个工作、教育或服务环境受到影响,使其他人感到畏惧、敌意或冒犯时,美国地方法院许可"他人"提起敌意工作环境诉讼。

正如前节所述国内外对性骚扰并无完全确定的概念,要界定性骚扰的概念确有其困难,但通过比较分析国内外的相关界定,并结合我国文化传统和社会现状,思考我国未来界定性骚扰概念的学说理论发展,提出适合我国的性骚扰概念及其普遍认同的法定要素,以期对我国性骚扰概念的界定有其理论指导意义。

小　　结

综上所述,世界各国或地区关于性骚扰概念的模式主要有两种:美国式性别歧视和欧盟式维护人格尊严。界定性骚扰概念的模式不同,反映了不同国家或地区的法律规制性骚扰的历史发展轨迹,但更重要的是,体现了人们对性骚扰侵害的权益性质的不同理解。反性别歧视的立法模式,侧重突出国家和社会应该承担保障公民免遭性骚扰的责任和义务,因而,性骚扰则被视为公民与国家、公民与社会间的利益冲突,该行为则视为侵犯了公民的工作环境权、劳动安全等基本权利或社会权利;而维护公民人格尊严的立法模式,则更多关注性骚扰是作为私法领域的民事主体之间的权益冲突,强调性骚扰行为是实施者逾越了法律规定的行为界限而导致侵害了其他公民的行为,因此,性骚扰行为侵犯的对象则认定为受害人的人格尊严等民事权益。

结合我国文化传统和社会现状,我国如通过立法界定性骚扰概念可采取列举为主、概括为辅的方式,将其表述为:"违背当事人的意愿,实施一切与性有关的、侵犯他人的性自主权,造成他人损害的言行。"

第二章　性骚扰法律规制的理论基础

20 世纪 70 年代"性骚扰"一词作为法律概念被美国法学家首次使用，自此，性骚扰问题的严重性逐步浮出水面，逐渐成为世界各国所有文化、工作或生活环境普遍意识到的一种现象。现代社会，有越来越多的女性走出家门跻身于各个领域，然而，许多女性不仅承受工作与生活中的负荷，还要承担如性骚扰之类的额外负担，仅仅因为她们是女性而受到伤害。如今，关于性骚扰规制问题在世界各国都曾讨论过，虽然各种规制理论产生的社会或专业背景不同，但基本见解认为性骚扰是由于整个社会是由父权思想所宰制而将女性置于男性控制下，而社会的法律制度本身是由男性所主导，不仅在立法设计上未顾及女性的切实需求，而且在法律运作中常常会更进一步强化性属上不平等的情形。❶ 因此，规制性骚扰究竟应采取何种途径才能正确诠释女性在现存的法律体系下的定位，寻求更圆满的解决之道，由此达到两性在各种领域平权的理念，即是本章所要追求的目的。事实上，过去几十年来，学者们对性骚扰议题运用不同流派或理论进行质疑和辩证，这不仅提供了深具意义的反省及检讨的契机，而且为规制性骚扰法制及公共政策的建构提供了深厚的法理基础。本章将从女权理论、人权理论、社会学理论等观点作综合评析，以期对我国未来建构完善的性骚扰法律制度奠定更坚实的理论基础。

---

❶ Linda J. Lacey. Introducing Feminist Jurisprudence：An Analysis of Oklahoma's Seduction Statute ［J］. TULSA L. J. , 1990 (25)：776-777.

第一节　女权理论：性骚扰规制的核心基础

女权主义思想萌芽于中世纪，但真正产生的女权主义运动是随着西方社会工业革命的伴生物而产生的。早期的美国女权主义在法学界的发展无法与其他领域相并论，如性别歧视领域有关工作场所性骚扰的问题是因大量女性进入工作场所后逐渐浮出水面，成为法律中禁止歧视的重要部分。女权主义法学涉及法律的诸多领域，提出了许多尖锐的问题，为人们提出了许多打破传统的见解。尽管女权主义法学流派所论及的观点不一定与性骚扰争议有实际关联，但值得注意的是，这些派别理论之间互相流通与重叠，大多以社会性别结构为基础，❶ 从理论上注重探讨女性在法律领域内受压迫现状、国家和法律保护男性对女性的统治、压迫和歧视的现象，导致此现象的思想根源以及阐述揭开和转变此种传统不合理的思想与制度，使法律能合理公正地保障女性权益。本节主要分析女权主义法学流派中与性骚扰议题有密切联系的几个核心问题，以期更深入地理解规制性骚扰的法律理论。

一、女权主义法学的社会性别概念

性别是男性与女性生理特征的区别，属于自然属性范畴；而社会性别（gender），是指社会文化形成的对男女差异的理解，以及属于男女两性的群体特征和行为方式，即社会对性别的认识不是自然的，而是一种社会构成，它是社会形成的一套模式，属于社会属性范畴。

社会性别是区别于性别的重要概念，也是女权主义法学的重要概念。美国女权主义法学家朱迪斯·贝尔（Judith Baer）认为："女权主义的核心思想认为传统性别认识中存在根本的男性偏见。因为历史发展变革中，在男性优势的社会下的传统理论是男性思维的产物，所以这样的假设，就表

---

❶　顾燕翎. 女性主义理论与流派 [M]. 台北：女书文化出版社，2000：8.

面而言，似乎是正确的，而这也是可以证明的。"❶ 同时，美国历史学家琼·W. 斯科特认为："社会性别是建立在可见的性别差异之上的社会关系基础上的一种构成要素，体现了一种权力关系。"❷

随着妇女运动的深入发展，女权主义不断丰富"社会性别"这一概念，它奠定了女性学发展的理论根源，也推动了女性学成为从根本上打破并改造传统学术的理论基础。社会性别既是一个独特的研究领域，又有一套崭新的视角和方法。麦金农指出："性别社会化是女性把自己认定为隶属于男性的性客体，通过这个过程，女性把男性对她们的性别观念内在化为作为女性的性别特征。"❸ 因此，女权主义则认为，男性基于生理因素对女性的压迫和两性不平等而实施的性别歧视，因而它是可改变、可消除的现象。正因为如此，女权主义学者认为女权理论的基石是社会性别，逐渐将其发展为女权主义法学的一种研究范畴。

尽管社会性别这一概念成为女权主义法学理论的重要概念，但它也面临许多挑战与非议。最先是黑人女权主义发起的挑战，该学派认为女权主义者非常关注女性遭受的压迫，却不能区别一个白人中产阶级女性所受到的压迫和一个黑人底层女性所受的压迫；白人女权主义者常常把自身的经历看作广大女性的普遍经历，抹杀了不同种族和阶级的存在；漠视少数民族女性的生活经历，这是女权主义内在的一种种族歧视；该学派还尖锐地提出同一性别的女性群体中不仅存在种族、阶级的不平等权力关系，女权主义运动也存在。❹ 20 世纪 80 年代后期，后现代女权主义也对社会性别这一概念提出理论上的质疑，该学派认为，学术上女权主义批判着男性夸大

---

❶　［美］朱迪斯·贝尔. 女性的法律生活：构建一种女性主义法学［M］. 熊湘怡，译. 北京：北京大学出版社，2010：31.

❷　王政. 女性的崛起——当代美国的女权运动［M］. 北京：当代中国出版社，2005：212.

❸　Catharine A. Mackinnon. Feminism, Mexism, Method and the State：Toward Feminist Jurisprudence［J］. Journal of Women in Culture and Society，1983（4）：23.

❹　王政. 女性的崛起——当代美国的女权运动［M］. 北京：当代中国出版社，2005：208.

其片面的经历为普遍的经历，导致学术中的谬误，宣称白人中产阶级女性受压迫的经历具有普遍性，也造成女权主义理论的偏颇。因此，应在具体社会历史环境中研究后现代女权主义学者提出社会性别的理论。

运用社会性别这一范畴，丰富并推动了女权主义法学理论的产生和发展，并对女权主义在社会法律制度的性别化方面提出了尖锐的质疑与批判。

二、自由女性主义法学的平等理论

自由女性主义法学流派是最早形成的女性主义法学，其女权理论具有悠久的历史和顽强的生命力，其宗旨要在教育、法律及政治领域中争取女性在形式上的平等地位。她们认为女性只要争取到平等机会，如争取与男性同等的投票权，就可以通过它来提升个人能力，消除因性别导致的公、私领域中两性差异，但并未从深层的法律本质结构中发起挑战。该学派要求争取两性平等及待遇逐渐扩大到其他领域，如美国的相关案例判决中包括男女婚姻的权利、❶ 同样接受离婚父母抚养、❷ 同样就读军校、❸ 男女律师一样可以担任遗产执行人、男女相同的喝酒年龄，❹ 等等，使两性受到同等待遇，而在争取性别平等的奋斗过程中这些现在看起来理所应当的事，在挑战当时根深蒂固的偏见时却是巨大的难题。如在恶名昭彰的布拉德韦尔诉伊利诺伊州案（Bradwell v. Illinois）中，美国最高法院在判决中就有一段在当时觉得是"天经地义"、具有"普世价值"的，今天看来却是匪夷所思的观点："无论从自然观察或民法角度，男女两性各自的发展领域和命运极为不同。男人不但是而且本来就应该是女人的保护者，女人天性与应有的胆怯及细腻使她们显然不适合社会上的很多工作。上帝的创造和家庭结构的本质都认为家庭的工作仅适合女人，女人从事家庭工作以外的独立事业与丈夫从事的独立事业之间者是水火不容……女人不能独立存

---

❶ Bartlett & Rhdoe, supra note 14, at 29.

❷ Stanton v. Stanton, 3421 U. S. 7 (1975).

❸ United States v. Virginia, 518 U. S. 515 (1996).

❹ Reed v. Reed, 404 U. S. 71 (1971).

在，她是属于丈夫的。"❶ 因此，如此根深蒂固、守旧的历史传统和文化背景下，以上看似应有权利的两性形式平等，实则是非常了不起的挑战与成就。

随后，自由女性主义法学被细分为两个支派，其所引发的"相同与差异"以及"平等待遇与特殊待遇"观点引起激烈的争论。持前一种观点的学派称为"相同女性主义"，强调女性应获得和男性一样的平等对待，同等条件下女性在公领域有公平竞争的机会，其代表人物是乔治城大学法学院温蒂·威廉斯教授和洛特格斯法学院纳丁·陶布教授;❷ 持后一种观点的学者则认为女性与男性仍有不同，女性应得到特殊待遇，而所谓"平等"是维持两性间的"性属阶层"的桥梁，它阻止了女性在法律上获得真正的平等和自由，其代表人物是哈佛大学法学院玛莎·米劳教授。❸正由于守旧的历史传统对职业女性存在很深的偏见，自由女性主义法学坚定平等主义理论，在基于性别歧视基础上消除职场上不平等着墨最多，尽管追求男女两性形式平等不是机械的绝对平等，但在依据性别的不同其给予的待遇、工作条件或工作环境应是合理的。由于自由女性主义法学派学者讨论平等理论时，性骚扰争议在当时还未引发广泛讨论，但其侧重的同工同酬、消除性别歧视及积极行动方案等有关涉及性别的议题，为后来学者关注性骚扰问题也提供了理论上的借鉴。

三、文化女性主义法学的女性声音

文化女性主义法学者主张在现行法律制度中应倾听"不同声音"，也就是女性声音，特别是当法律与道德相冲突时，应运用一种具有女性特质的方式处理，而这类声音常被以男性为主流的法律见解或学说所忽略或看轻。❹ 这种观点主要深受哈佛大学心理学吉利根教授见解的影响，随后，

---

❶　83 U. S.（16 Wall）130（1872）.

❷❸　雷文玫. 性别平等的违宪审查——从美国女性主义法学者看大法官几则有关男女实质平等的解释［J］. 宪法解释的理论与实务，2000（2）.

❹　习筱华. 女性主义思潮［M］. 台北：时报文化，1996：280.

新墨西哥大学法学院史卡利斯教授在 1986 年《耶鲁法学评论》中对上述观点有深入诠释，根据吉利根教授的理论，她认为男女两性从小的道德省思模式就不同，男性专注于"权利伦理"，追求的是维护个人自主权，而女性则侧重于"照顾伦理"，尤其注重爱护他人的责任或义务而避免伤害等，因此，她提出所谓"不平等途径"，认为女性应打破只有两性真正平等时才是平等的迷思，而本质问题是女性要从性别因素中被有系统的次级化观念解脱出来。❶ 文化女性主义法学者旨在期望证实现存法律制度具有一种男性特质，它不仅使男性特质更规范化、具体化，还使其成为一种男性象征，❷ 不但揭露现行法律制度的男性主导以外，更想寻求与女性生活及文化更为平衡的一条崭新的法律途径。

总体而言，文化女性主义法学侧重于怀孕歧视有关的性别议题，❸ 虽未涉及性骚扰议题，但该学派提倡倾听"女性声音"的观点，对其后关于评判性骚扰行为采用的标准有一定程度的影响，如关于适用"合理女性"的观点，判定是否构成性骚扰行为应依据受害女性主观感受的标准。

四、激进女性主义法学的宰制理论

激进女权主义兴起于 20 世纪 60 年代，它认为社会性别结构是基于一种男尊女卑的等级制度而建构起来的，女性屈从地位的根源是男性独尊，其中，社会一切形式的罪魁祸首则是父权制。所以，建构一个完全以女性为中心的模式是很有必要的，只有这样才能彻底打破旧有的不平等的社会性别结构。这一派别的代表人物是凯瑟琳·麦金农教授，她极力推崇的"宰制理论"，诠释了性骚扰的争议问题，为其奠定了极其深厚的理论基础。

---

❶ Ann Scales. The Emergance of Feminist Jurisprudence: An Essay [J]. YALE L. J., 1986 (95): 1393.

❷ Ngaire Naffine. Explorations in Feminist Jurisprudence [J]. Law and The Sexes, 1992 (19): 57.

❸ 陈昭如. 女性主义法学的理论与实践：一个初步的介绍 [J]. 近代中国妇女史研究, 1998 (6).

凯瑟琳·麦金农阐述性骚扰的本质问题紧紧围绕男性对女性享有的"权力"为核心，认为整个社会系统组织模式中的权力等级文化才是性骚扰行为带给受害女性伤害的根源。在宰制理论中，权力拥有者常常是男性，而较少有女性处于权力拥有地位，因此，现存的权力宰制的组织机构本身就提供了性骚扰实施的条件或机会。此种情况下，受害人等级文化组织模式中的性骚扰行为不仅是一种性吸引，而且是一种运用权力伤害受害女性的宰制方式，这被视为"性别权力宰制"。麦金农不认为性骚扰是个体间的侵权行为，而认为性骚扰本质为性别歧视，其理论基础来自于她的不平等理论，她指出性骚扰行为中的权力不平等主要表现为两层含义：社会中不平等的男女权利和职场中不平等的男女地位。前者是性别角色地位的不平等，后者将直接导致女性经济地位的弱势与依附性，而弱势的经济地位又是工作场所中女性地位不平等的必然结果。

激进女权主义的宰制理论进路揭示了女性单独面临的遭遇，如对女性实施的性暴力、性骚扰、人身安全等问题，受害女性因权力宰制的遭遇不能简单归因于所谓的"性别差异"，如果单一依靠法律改变因阶层造成歧视的不平等地位是无法实现的。因为制定法律本身是权力上的分配，主要由男性主导，多以男性感情为中心，忽视女性感受，男性观点几乎主宰了性骚扰、性侵犯或性压迫等问题的界定和处罚，法律本身是歧视女性的产物。❶ 在宰制理论中，性别歧视不是道德问题，而是一种政治问题——赤裸裸的权力分配，有权力者宰制无权者，侧重性别差异只能维持宰制的现状，而不能使权力移转来矫正失衡的状态，因而要实现平等的首要条件是将权力移转过来，那么权力失衡等实质问题经纠正后则自然型塑。

尽管激进女权主义存在一些较为偏激的观点，但以麦金农为代表的激进女权主义法学家们尖锐批判了当时资本主义制度中关于权力分配与宰制

---

❶ ［美］凯瑟琳·A. 麦金农. 迈向女性主义的国家理论［M］. 曲广娣，译. 北京：中国政法大学出版社，2007：321.

的问题，提出女性处于被压迫阶级、"个人的事即政治的事"❶ 的观点，对女权主义法学产生深刻影响。同时，美国联邦最高法院在判例中全盘接受了麦金农提出的性骚扰本质就是性别歧视，将性骚扰行为分为交换性骚扰和敌意环境性骚扰，并提出雇主也负有事先预防和事后处理的法律责任，尽管女权主义法学家对此重要观点提出过批判，但激进女权主义法学的宰制理论对这一新兴领域作出的理论贡献也是不可忽视的。

五、种族批判女性主义法学的多重自我理论

种族批判女性主义法学认为其他女性主义法学忽视了白种女性群体，或者仅讨论白种中上层女性的际遇和观念，因此，该学派提出反对以白人女性为核心，而不是以多种族女性为中心的多重自我的观念，并强调黑人女性与白人女性之间也存有迥异的特殊经验。种族批判法学认为人人生来有一个"自我"，它不是一个完整的概念而可能是部分或相互矛盾的自我，不是自然成型而是后天地在社会制度或个人一直不断影响下成长的概念，自我的观念是多重的而非单一的，❷ 不同种族或性别的群体有不同的自我，如将白种女性的遭遇凌驾于黑人女性则是不对的，它缺乏认识有色种群的女性多重自我，导致种族主义运动或妇女解放运动时忘了黑人女性等有色人种的女性也是女性。

种族批判女性主义批判女性有普世的经验，它强调有色人种的男女两性必须克服种族、性别及阶级这三重困难，如职场上有色人种及贫穷的妇女等，❸ 有学者曾将工作场所的女性遭受性骚扰经历与种族歧视背景下黑人被排斥与被隔离的经历作比较，分析认为两者都是由于社会制度中存有

---

❶ ［美］凯瑟琳·A. 麦金农. 迈向女性主义的国家理论［M］. 曲广娣，译. 北京：中国政法大学出版社，2007：132.

❷ Angela P. Harris. Race and Essentialism in Feminist Legal Theory［J］. STAN, L. REV., 1990（42）：584.

❸ N. Levit & K. R. M. Verchick, Feminist legal Theory［M］. New York：New York University Press, 2006：11.

的歧视成为弱势群体，都被限制在次等级社会地位，❶ 都是社会制度本身不公正的产物。

由于她们对社会法律制度上种族歧视有关性别议题的批判涉入较深，如对女性实施强奸、性侵害、家庭暴力、工作场所歧视等，因此，由性骚扰所引发的各种性别争议也是该学派探讨的问题之一。

六、后现代女权主义法学的结构策略

后现代女权主义是近代以来产生的一个新兴女权主义流派，它借助后现代主义理论的颠覆性，鼓吹否定所有大型理论体系，批判以前划分两性概念与所有关于两性关系的理论等，因而又被称为"妇女运动的第三次浪潮"。该学派不是要在现行制度中争取男女平权或颠覆男性压迫女性的体制，其旨在消除现行的两性观念，解构以往所有关于两性关系的理论。它关注话语即权力，强调创设女性话语权，批判以男性为中心的思维逻辑、理性与精神，致力于运用一种崭新的话语来替代性别主义的话语。❷ 根据该学派的观点，法律语言具有结构性机能，女权主义者在进行改革运动时常借助其功能来建构性属及性别平等，而常常由于不正确地推定产生了谬误的法律语言，因而，必须运用"解构策略"来呈现现代法制是在彰显男性利益与价值，而忽视了女性"不同声音"的现实。❸ 该派别的代表性人物很多，如琼安·威廉斯教授等，❹ 总的来说，后现代女性主义法学者虽然很少触及具体有关性骚扰争议的探讨，但其尝试批判社会制度中各项与性别议题相关法域的问题，对后世研究性骚扰也有值得借鉴的理论。

---

❶ Angela P. Harris. The Jurisprudence of Reconstruction [J]. CAL. L. REV., 1994 (82)：750.

❷ 李银河. 女性权力的崛起 [M]. 北京：中国社会科学出版社，1997：47.

❸ Gary Minda. Postmodern Legal Movements——Law and Jurisprudence at Century's End [M]. New York Oniversity Press，1995：62.

❹ Joan Williams. Deconstructing Gender [J]. MICH. L. REV., 1989 (87)：797.

第二节　人权理论：性骚扰规制的理论来源

人权是每个人作为人所应当享有的权利。现代社会的女性享有人权已不再是问题，但它曾经是个理论难题，由于在相当长的历史时期中，男性占社会主导统治地位，女性长时期遭受各种心理忽视和制度性歧视。女性与男性平等享有人权和基本自由是《联合国宪章》载明的一项信念和宗旨，也是国际人权法和当代国内法的一项基本原则。一般认为，女性权利是人权的组成部分，其所追求的并不是女性的特权，而仅仅是尊重和保护女性作为人、作为社会一部分所应当享有的基本人权，使其得到与生理特征和社会能够提供的保护水平相符合的适当对待。因此，对女性自身或整个社会权利主体而言，女性享有人权都具有十分重要的意义。

一、集体人权观

人权本身是人的社会活动需要的产物，以享有人权的主体的数量多少将其分为个人人权和集体人权，两者具有相容性和一致性。

1. 集体人权的内涵

集体人权是指某一类人共同或单独享有的人权，其权利主体是某一类特殊的社会群体，或某一民族与某一国家。❶ 集体人权的义务主体是国际社会、本国政府或其他国家。因此，集体人权属于特殊人权关系，其特殊性表现在权利主体的特殊，其权利主体不是个人或公民，而是某一类特殊社会全体，或某一民族与某一国家。与之相对应的是个人人权，它是指每一个自然人都应当享有的人权，其权利主体是个人，个人人权是人权的基础性权利，属于传统意义与传统观念上的人权，当今，个人人权仍然是人权的主要形式。

---

❶ 谷春德，郑杭生. 人权从世界到中国——当代中国人权的理论与实践 [M]. 北京：党建读物出版社，1999：43.

2. 女性群体的权利属于集体人权的范畴

集体人权包括国内集体人权和国际集体人权两类。国内集体人权，又称特殊群体权利，主要包括保护儿童权益、尊重老人权益、消除歧视妇女现象、劳动者的就业与报酬等；国际集体人权，又称民族人权，按照当今国际社会惯例，主要是指民族自决权、民族发展权、民族平等权、环境权、自由处置自然财富和资源权、人道主义援助权等。

集体人权是由个人人权中派生出来的，它最主要的特征是打破了只有个人才是人权的权利主体的界限，将某一类特殊社会群体，或民族或国家也作为人权的权利主体，与此相对应的是国际社会、联合国及其有关组织以及其他国家都可以是人权的义务主体。我国在过去的传统文化中，由于父权思想、等级特权观念、轻视个人权利、缺少权利意识等古代封建主义的专制思想，在很大程度上妨碍或束缚了女性发挥自身的主动性、积极性与创造性，但在几十年的革命与建设过程中，在增进社会福利、保障女性权益、维护社会公平正义、维系社会和谐稳定，促进社会两性平等发展等方面，取得了举世公认的成就。

我国《妇女权益保障法》对女性个人享有的各项政治权利、人身权利、财产权利、婚姻家庭权利作了相关规定，对法律责任也有详细的条款，但是仍将妇女、儿童等特殊群体的权利纳入集体人权的范畴，也有其理论依据：（1）这类人权同个人人权的主体是任何个人，而集体人权的享有者是某一部分人群，如妇女、儿童等；在内容上，后者不仅享有个人所应享有的个人权利，而且享有自己作为特殊群体的一员所应当享有的特殊权利；（2）特殊群体通常会通过法律手段从国家得到整体上的特殊权利保障，如我国通过《妇女权益保障法》《女职工劳动保护特别规定》《中国女职工生育保险条例》等在经济、政治、文化等各方面给予女性以各种特殊权利，属于这些特殊群体的个人，也主要是通过国家的这类群体特殊权利保障得到益处；（3）代表特殊群体利益的一些民间组织或半官方组织，如妇女联合会、工会组织等，可以在法律上代表该群体向国家提出一定的权利诉求，或在政治上施加影响；某些特殊群体组织甚至可以为寻求受害人权利救济而能代表特殊群体诉诸法律。因此，把一些特殊社会群体的人权纳入集体人权的范畴，有助于充实和丰富人权理论体系，在实践中有利于加强此类人权的保障。

二、人权法中的男女平等权

从人权理论上讲，平等权是自然人应当享有的权利，每个人基于生命价值和尊严都享有绝对的平等权，依法享有和承担法律规定的权利与义务，它具有普世价值，是人类文明进步的重要标志。平等权涵盖政治、经济、社会和文化权利的方方面面，是一项综合性人权，体现了一种价值取向和价值追求。男女平等权是人权法中平等权最重要的问题之一，也是各国解决人权问题所遇到的重要议题。

（一）男女平等是女性人权的核心

1975 年联合国在国际妇女世界会议上通过《关于妇女的平等地位和她们对发展与和平的贡献的墨西哥宣言》指出，男女平等是指男女的人格尊严和价值的平等以及男女权利、机会和责任的平等。[1] 具体而言，男女平等权是指公民不分性别，在政治、经济、社会和文化等一切领域内依法享有同等权利，不因任何外在的或内在差别而区别对待。[2] 男女平等权对重申"人生而平等的人权价值理念有其重要意义，人不能因其性别的差异而导致其人格尊严和价值上的差异而具有不平等性，女性由于自身的身体结构和生理机能的特性，更易成为社会的弱势群体，当人权体系以性别区分，男女平等则被视为一种最高原则，甚至成为衡量女性人权实现的标尺，正如有学者认为：'男女平等是女性人权的核心与灵魂。'"[3]

（二）国际和国内人权法对女性权利实行特殊保护

男女平等的核心内容是消除在各个领域对女性的歧视，其最根本的原

---

[1] 董云虎. 中国的妇女人权［M］. 成都：四川人民出版社，1995：11.

[2] 南京大学法学院. 人权法学［M］. 北京：科学出版社，2005：169.

[3] 孙萌. 妇女人权实现障碍研究［M］//徐显明. 人权研究（第一卷）. 济南：山东人民出版社，2001：446.

则就是禁止歧视妇女。❶ 考虑到歧视女性的现象仍然普遍存在，为保障女性的权利，联合国主持制定了一系列专门的国际人权文件，因此，国际人权法和国内人权法对女性权利实行特殊保护。

1. 国际人权法对女性权利的特殊保护

联合国制定了一系列的专门保护女性的国际人权文件，主要有 1949 年《禁止贩卖人口及取缔意图营利使人卖淫的公约》、1952 年《妇女政治权利公约》、1957 年《已婚妇女国际公约》、1962 年《关于婚姻的同意、结婚最低年龄及婚姻登记的公约》、1967 年《消除对妇女歧视宣言》、1979 年全面保障女性平等权的《消除对妇女一切形式歧视的公约》、1993 年世界人权大会《维也纳宣言和行动纲领》、1994 年国际人口与发展会议文件及 1995 年联合国第四次世界妇女大会《妇女北京宣言》和《妇女北京行动纲领》等。在上述相关国际人权文件中，对我国保障女性权利影响深远的三个文件有 1979 年《消除对妇女一切形式的歧视的公约》和《妇女北京宣言》及《妇女北京行动纲领》，这三个文件较为全面、具体地阐明了女性的各项权利，并分别详细地制定了国际机构、国家、非政府组织等在执行公约上的职责。《妇女北京行动纲领》提出三大战略目标：通过充分执行所有人权文书，尤其执行《消除对妇女一切形式歧视的公约》，促进和保护妇女人权；确保法律面前和实际上人人平等和不受歧视；普及法律知识。联合国和其他国际组织都认为妇女的权利属于人权范畴，针对妇女的暴力则是侵犯妇女人权，同时，这些组织在一系列的国际文件中谴责性骚扰，认为性骚扰是一种针对女性的暴力形式，应该被禁止。联合国强调各成员国有责任创造条件保护个人在公、私领域的人权，并认为政府面对私人侵害人权时的不作为责任与国家侵犯人权时的不作为责任一样，明确地谴责了违反妇女共同人权，这种意识也得到国际社会的认可。

性骚扰违反了大多数国际人权法的基本原则，它侵害了人的尊严，违背了人所享有肉体和精神完整性的权利。尽管意识到性骚扰是针对妇女的

---

❶ 董云虎，富学哲. 从国际法看人权 [M]. 北京：新华出版社，1998：137.

暴力，是一种侵犯人权的行为，多数国家的法律关于性骚扰的规制仍是抽象的，也没有规定针对违反人权的执行机制，国际人权法强烈谴责性骚扰的行动，并借助妇女运动倡导仍未规范应对性骚扰的国家，促使其国内进行禁止性骚扰的立法工作提供必要的合法性。

2. 国内人权法对女性权利实行特殊保护

我国自中华人民共和国成立开始重视保护女性权益的工作，在倡导男女平等、保护女性人权和消除男女差别、反对歧视女性等方面，在立法、司法与执法方面做了许多工作。1949 年第一届中国人民政治协商会议通过了具有临时宪法性质的《共同纲领》，该纲领废除束缚女性的封建制度，提出在政治、经济、文化教育和社会生活各个方面女性均享有与男性平等的权利。1950 年的《婚姻法》指出要废除包办强迫、男尊女卑、漠视子女利益的封建主义婚姻制度，实行男女婚姻自由、一夫一妻、男女平等、保护女性和子女合法利益的新的婚姻制度，使中国社会几千年的婚姻家庭生活发生了深刻的变革。

我国《宪法》规定男女平等是公民的基本权利，国家制定了相关保护女性平等权的法律法规。我国已经形成以《宪法》为基础，以《妇女权益保障法》为主体，以《婚姻法》保障女性婚姻平等权利，以《选举法》保障政治平等权利，以《继承法》保障平等继承权利，以《劳动法》保障平等劳动权利，以《刑法》保障孕妇和胎儿的生命权利等各种单行法律、行政法规、地方性法规和政府部门规章在内的一整套保护妇女权益和促进男女平等的法律体系。特别是《妇女权益保障法》全面、系统地规定了女性在政治、经济、文化、社会和家庭生活等方面享有同男子平等的权利。

1995 年、2001 年和 2011 年我国政府分别发布了《中国妇女发展纲要》，提出改善我国女性生存与发展的社会环境，维护女性的合法权益，推进男女平等的进程，保护女性权益。❶ 女性权利在政治、经济、教育、健

---

❶ 1995 年，我国政府制定和发布《中国妇女发展纲要（1995~2000 年）》；2001 年，国务院发布《中国妇女发展纲要（2001~2010 年）》；2011 年，国务院发布《中国妇女发展纲要（2011~2020 年）》。

康等各个领域取得了全面进步。2011年国务院发布的《中国妇女发展纲要（2011~2020年）》也提出"将社会性别意识纳入法律体系和公共政策，促进妇女全面发展，促进两性和谐发展，促进妇女与经济社会同步发展"。该决议对禁止性骚扰提供了法律依据，以期早日完善性骚扰规制的法律进程。

（三）男女平等权的实现

2011年的《中国妇女发展纲要（2011~2020年）》提出："实行男女平等基本国策，保障妇女合法权益，优化妇女发展环境，提高妇女社会地位，推动妇女平等依法行使民主权利，平等参与经济社会发展，平等享有改革发展成果。"目前，我国实现男女平等主要在经济、政治、受教育权等方面。在经济方面，保障女性获得经济资源的平等权利和机会，则需消除就业性别歧视，实现男女平等就业，保障女性劳动权利，女性享有与男性平等的社会保障权利；在政治方面，提高女性参与国家和社会事务的管理及决策水平，提高女性参与行政管理的比例，扩大女性民主参与的渠道，提高女性民主参与的水平；在受教育方面，保障女童接受九年义务教育的权利，提高高中、高等院校女性毛入学率，提高成年女性识字率，提高女性的终身教育水平，以及女性受教育年限达到发展中国家的先进水平。

根据平等和不歧视这一国际人权的基本原则，每一位女性都与男性平等享有上述各种权利。在此基础上，国际和国内人权法基于女性的特殊需要，从男女平等、禁止和消除基于性别的歧视、生育保护、针对女性的暴力、性骚扰和其他许多方面，对女性人权有更多具体和细致的规定，极大地充实和丰富了女性人权的内容。

三、马克思主义妇女观

马克思主义妇女观是马克思主义人权理论体系的一个重要组成部分，由马克思、恩格斯共同创立，探讨了人类历史长河中妇女地位的演变进程，分析了妇女解放的道路和途径，该理论对社会主义国家的妇女运动乃至世界各国的妇女解放运动产生了极其深远的影响。妇女理论研究的重要问题是关于妇女受歧视受压迫的根源问题，马克思着眼于历史唯物主义，指出男女两性的不平等是阶级社会中一种普遍性的社会现象，该现象的产生和发展同社会生产方式息息相关，因为社会生产方式决定了社会生活、政治生活和精神生活有着内在的、必然的联系，马克思主义妇女观揭露了妇女地位的演变及两性不平等地位产生的根源。

（一）妇女地位的演变和男女不平等的根源

1. 男女不平等是人类历史发展到一定阶段的社会现象

原始社会是蒙昧和野蛮的低级时代，人们认识和改造自然的能力非常低下，如使用木棒和石器等原始的生产工具，人们只有依靠集体的力量得以生存、获得粮食等其他生活资料。男子负责狩猎、捕鱼、防御野兽、获得食物的原料；妇女采集野生果实与种子等，并制作和分配食物，没有私有制与人剥削人的现象，社会处于平等互助、和睦相处的关系中，男女之间是平等的。由于原始社会的生存条件恶劣，妇女的生育繁殖则尤其重要，这决定了妇女在人口生产中的重要地位，而且妇女直接为整个氏族成员从事生产和家务劳动，这决定了妇女在氏族成员的生存和社会生产发展中占据重要地位。随着生产力的发展，这种氏族组织逐渐不适应，正如恩格斯指出："我们不要忘记，这种组织是注定要灭亡的。"❶ 马克思主义也认为，妇女受压迫的现象是生产力发展到一定历史阶段的产物。

2. 私有制和阶级的确立产生了妇女受压迫地位的现象

妇女受压迫或受奴役，是伴随着原始公社的解体、生产资料私有制和剥削制度的确立同时发生的。原始社会末期，随着生产力的发展和社会演进，金属工具逐渐取代石器，畜牧业逐渐从农业中分离，男性逐渐取代妇女在社会经济生活中的主导作用，妇女地位发生根本变化，这种变化也是母系氏族社会向父系氏族社会过渡的社会根源。正如恩格斯所说："被推翻的母权制是女性具有世界历史意义的失败。丈夫在家中掌握权柄，而妻

---

❶ 马克思恩格斯选集（第4卷）[M]. 北京：人民出版社，1995：96.

子则被贬低、被奴役，成为丈夫淫欲的奴隶，变成单纯生孩子的工具了。"❶ 男性对女性的奴役成为一项制度被确定下来，即男性主导的男女不平等制度成为私有制社会的根本法则。正如倍倍尔指出的："占统治地位的私有制已注定了妇女遭受压迫地位的形成。此后随之而来的是轻视妇女，甚至蔑视妇女的时代。"❷

为了维护自己的统治地位，利用手中的权力，男权统治者不但在政治上予以制度化，而且在意识形态领域对这种以男性为主导的文化大肆渲染，将男女两性间的种种不平等现象说成是天经地义、不可更改的，从起初的对抗这种被贬低的女性地位到逐渐被男权社会伪善地粉饰起来，有时还披上温情的外衣，但是，在不同社会形态的阶级社会里，它始终以不同形式、不同程度地支配着妇女的命运。列宁在研究妇女地位时认为，在资本主义制度下，占人类多数的妇女处于被双重压迫的地位，❸ 即使在最民主的资产阶级共和国里也处于不完全平等的地位，因为法律不允许女性同男子平等。

马克思主义认为，妇女解放的条件是多方面的，包括政治上、经济上和家庭方面的平等和解放，妇女从历史烙印下被压迫地位中摆脱，其根本出路在于消灭产生妇女受压迫的基础——私有制，同时从被男性奴役的家务劳动中解放出来。马克思指出，妇女要摆脱剥削，求得解放，就必须铲除私有制，建立生产资料公有制，才能消灭人剥削人的经济根源，铲除妇女受压迫、男女不平等根基。

恩格斯指出："妇女解放的第一个先决条件就是一切女性重新回到公共事业中去。"他不仅认为只有回到公共事务中，女性才能重新找回自己

---

❶ 马克思恩格斯选集（第4卷）[M]. 北京：人民出版社，1995：54.

❷ [德] 奥古斯特·倍倍尔. 妇女与社会主义 [M]. 葛斯，朱霞，译. 北京：中央编译出版社，1995：25.

❸ 中华全国妇女联合会编. 马克思、恩格斯、列宁、斯大林论妇女 [M]. 北京：人民出版社，1978：294.

的尊严和社会地位，而且指出必须实现的途径则是家务劳动社会化，但他认为只有现代工业社会才能做到。

（二）女性解放是一个长期的历史过程

1. 从法律上的平等到事实上的平等还需要很长的时间

马克思主义妇女观认为，妇女解放是指解除妇女的被束缚被压迫，寻求妇女发展的全面与自由，实现女性与男性在权力和地位上的真正平等，但这种法律上的平等到事实上的平等还需要很长的时间。列宁曾在《国际劳动妇女节》一文中指出：妇女要获得彻底解放，必须分两步走，第一步是彻底铲除资本主义，建立苏维埃国家，实现法律上的平等；第二步是废除土地和工厂的私有制。❶ 他已深刻地觉察到一个经济文化不发达的国家，妇女解放不是一蹴而就的事情，法律上的平等并不等于事实上的平等。

2. 妇女解放受社会文明发展水平的制约

妇女问题作为社会问题的一部分，随着社会问题的解决，从社会现状来看，妇女问题是涉及社会政治、经济和文化等多方面的带有世界性的共性问题，它的解决需要一个过程，只能随着社会政治经济制度的变革，全面的文化、家庭等制度的变革逐渐得到解决。因此，妇女的解放和社会的变革、发展密切相关，社会发展的水平在一定程度上制约着妇女解放的程度。"权利永远不能超出社会的经济结构以及由经济结构所制约的社会的文化发展。"❷

3. 妇女解放的程度是衡量普遍解放的天然尺度

马克思非常赞赏法国空想主义者傅立叶提出的"妇女解放的程度是衡量普遍解放的天然尺度"，认为他揭示了"妇女解放的秘密"，巧妙地勾画了妇女解放与人的解放、社会发展的关系。社会由男、女两性共同组成，

---

❶ 中华全国妇女联合会编 . 马克思、恩格斯、列宁、斯大林论妇女 ［M］. 北京：人民出版社，1978：316.

❷ 中华全国妇女联合会编 . 马克思、恩格斯、列宁、斯大林论妇女 ［M］. 北京：人民出版社，1978：68.

妇女问题不仅关系到妇女的地位利益问题，也与整个人类的解放有密切关系，一个人与人之间尚未达到平等的社会里，男女平等只能是一个幻想。女性作为占人口半数的群体，首先是作为人的存在，其次才是女性的存在，其解放的实质，首先是要作为人的存在，恢复人的价值和尊严。

马克思主义妇女观作为马克思主义的一个重要组成部分，是在批判地继承前人优秀思想成果的基础上产生的，以妇女作为研究对象，关注妇女问题，探讨妇女解放的条件和目的，是研究妇女问题的重要思想武器。

第三节　法治理论：性骚扰规制的制度理念

法治作为一种思想、一个原则和一个可实行的制度，远晚于法律规则的产生。有了法律，不一定形成法治，更不一定是人类所追求的真正法治，真正的法治需具备必要的条件。亚里士多德在《政治学》中深刻地论证了法治的问题："法治应包含两重意义，已成立的法律获得普遍的服从，而大家服从的法律又应该本身是制定得良好的法律。"❶需要良法之治，这是法治的要件之一，之二必须寻求法治的良性发展。法治本身是一个系统，包括法律规则的意识、创制以及运行等系列工程，然而，法治系统并不是孤立的小系统，其不能凌驾于社会发展和世界格局之上，应将其置于整个社会和世界大系统去考量，就会发现法治的有效运行涉及立法、守法、执法和司法等各个方面，是确认和保护人权的重要手段。

一、法治与人权保障

从观念层面来说，现代社会确立的政治和法律制度是为人而设立的，其目的体现在制度层面上即为人权，它由法律权利、权利的保障机制与权利有关的"主张"的意识形态等构成。法律只有充分尊重和切实保护人权，即尊重和保护公民的人身自由、人格尊严、民主权利与自由等，贯彻

---

❶　［古希腊］亚里士多德．政治学［M］．吴寿澎，译．北京：商务印书馆，1981：199．

这一人的"目的性"，肯定每个人的法律主体地位，法律的存在才是合目的、有价值及合法的，才能期望通过人们的自主行为来维持权利与义务的秩序，即法治而非人治的秩序。有学者认为"人权是法治的内在精神"，❶但笔者认为更重要的是法治永远是实现人权不可缺少的基石。宪法和法律蕴含着人类的价值和尊严，尊重和维护人的尊严和价值，在维护人权上意义重大。

法治须有效地遏制权力的滥用是最重要的价值与功能，这样才能实现保障人权的基本价值和尊严。尊重和保障人权，是社会主义法治的基本内涵和目标，其对人权的保障作用主要表现在立法、司法和执法等方面。因此，对人的尊严和价值的尊重尤其重要，如仅遵守法律规则，而不关心人类的基本道德与价值，这就从根本上背离了法治精神，因为人权得不到保障最大的危险是来自于政府权力的滥用。❷ 无限扩张权力其最大的受害者是人权，对人权而言，由宪法所掌控的权力保障的法治至关重要。法治的价值并不仅体现在它有一套固定的法律程序，而在于它有利于制衡各种权力，降低扩张或滥用的权力至最低限度，为人权设立保护屏障。

国家以宪法为开端，制定完备的保障人权的法律，从立法方面看，以保障人权为立法指导思想，建立和完善社会主义法律体系。自中华人民共和国成立以来，特别是 1978 年以来，我国除宪法外，先后制定了许多有关权利保障方面的法律法规，如政治权利立法、人身权利立法、保障妇女儿童等特殊群体的立法、劳动和社会权利立法等。从执法、司法角度来说，人权保障的司法机制的完善、法治秩序的最终形成，须依赖司法对法律的忠诚守护，司法是人权保障的中心环节，也是最后一道屏障。因此，公正的司法审判是保障人权最可靠和最有效的途径。现代社会中常有司法或执法人员蔑视或侵犯人权，如非法拘留、刑讯逼供等，法律监督不力的现象。

---

❶ 李步云，张志铭. 跨世纪的目标：依法治国，建设社会主义法治国家 [J]. 法学研究，1997（6）.

❷ [法] 孟德斯鸠. 论法的精神（上） [M]. 张雁深，译. 北京：商务印书馆，1961：156.

因此，实行依法治国，建设社会主义法治国家，需要完善执法、司法和法律监督，尤其是执法机关内部的自我监督机制，切实尊重人权。

二、法治与立法理念

现代法治的确立是基于法律制度的建构和完善，这是现代法治的基础和要素。追溯法律和社会发展的源头，注重合理化的决策机制，逐渐促进法治秩序中男女两性权利平等的发展和建构，基于此点认识，此处拟从以下几个方面分析法治中的立法理念。

1. 法律面前人人平等

一般而言，平等意味着同一标准中相同的人需同样地对待。在前资本主义时期，每个人被划分为不同社会等级，本质上是不平等的，当时所谓的平等，只是不同社会等级内部人们之间的平等，而各个社会等级之间是不平等的。资产阶级启蒙思想家为了推翻封建制度，提出"人人生而平等"的口号，主张人类在本质上是平等的。马克思认为，平等是历史的、具体的，不存在抽象的平等，无产阶级的平等观，就是要消灭阶级，从而实现根本的、真正的平等。法律平等，是宪法、法律确认公民享有的平等的法律地位、平等的法律权利；公民的权利受法律的平等保护，任何人不得有超越于法律之外、凌驾于法律之上的特权。我国宪法规定，任何公民享有宪法和法律规定的权利。中华人民共和国公民在法律面前一律平等。

法律面前人人平等，同时我们也应认同有些特殊群体应得到区别对待，如妇女、儿童、老人等，因为一些重要生理特征使他们自身状况存有差异。法律针对特殊群体制定出形式上不同以及法律平等原则的一些例外或特别规定时，应建立在实质公平的基础之上，对社会弱势群体给予适当的帮助与补救，以实现真正的社会平等。换言之，国家法律应平等地适用于所有人，除非客观差别证明区别对待的合理性。

2. 法律力求社会价值的衡平和互补

社会价值是一个由多元要素和形式构成的体系，各个价值之间相互统一且对立，统一使其能相互促进，有利于社会稳定和发展，对立则使其互相抵消，危害社会的稳定发展，法律需要平等筛选各个社会价值，应力求做到衡平与互补，而不能只片面追求效率或忽视的公平，也不能只强调公民的个人自由而不重视国家的整体权威。所以，法律的创制首先应是一个各种价值观念经历反复交流、撞击、修正、补充的民主化过程，这一过程中产生了具有兼容性的价值因素，可以为多数立法者同意选择，防止专横武断；其次，在积累、评定和选择有关价值并进行制度安排时，形成的整套理论与技术，法律人的参与是衡平各种价值取舍时不可或缺的因素，如立法者、法官、律师或法学家等。

3. 关注立法中的女性利益

在社会生活中，人的活动都是一种有意志的自觉活动，而推动人们活动的直接动力则是其各种需要和利益。法律是上层建筑的重要组成部分，是国家调整人们行为、调整社会关系的重要手段，立法者必须在维护统治阶级根本利益的前提下，对各种利益进行取舍和协调，这是立法活动的关键所在。

我国有关性别立法活动中常出现两种缺失：显性性别缺失和隐形性别缺失。❶ 前者是法律规定中公然表现出对女性的区别对待，具体表现为同等情况下对女性作出不同于男性的区别规定，给予女性较差待遇或令女性利益受损，或在不同情况下对两性做出同样的规定，其结果同样使女性利益受损。如女性在公、私领域的人身权益法律规定就有不同，如女性遭受来自非家庭成员的人身伤害，我国《刑法》《民法》《治安管理处罚法》等法律就会发挥作用，而遭受来自家庭内部的暴力，则在离婚时受民事法律调整，造成妻子人身伤害的施暴案件，属于不告不理。这些法条在立法者潜意识地表明，没有重视社会性别意识，它成为立法中显性性别缺少的根源。后者主要是指尽管对男女两性作出了相同的法律规定，但这些规定却导致对女性不公平地对待。即表面看似中立的法律规定在适用时并未实现

---

❶ 丁慧，付媛. 在我国立法中植入社会性别视角的路径［M］//黄列. 性别平等与法律改革. 北京：中国社会科学出版社，2009：64.

公正的后果，致使案件实质不平等，这种隐性的性别缺失并不是有意识地歧视女性，主要在于法律对女性利益关注的缺失，在法律的建构过程和结果中忽视了女性经验和视角。在我国的法律规范中，隐性性别缺失的现状要多于显性性别缺失，如我国有关性骚扰单独立法的提案已讨论过多次，但由于各种原因没有付诸行动，尽管我国《妇女权益保障法》对性骚扰作了一些模糊的规定，而对于其法律概念、法律类型、法律责任或受害人的救济途径等方面存在立法空白，使其法律条文流于空泛。这正如女性主义法学家所批判的，国家权力和法律从来不是中立的，而是父权制统治在政治和法律上的表现，号称从人类理性出发建构的法律制度，实则是基于男权统治建立起来的，它既不可能全面地重视女性的经验和感受，更不可能真正合理地体现女性的价值和利益。❶ 因此，立法应当平等对待所有人，提高立法主体的社会性别意识，关注女性的性别利益。

三、法治与司法公正理念

法律追求的理念、价值与目标之一是公正，这意味着法律具有普遍性和权威性的特征。公正是法治的灵魂，是司法的终极目标，从某种意义而言，司法公正的核心就是诉讼公正，因此，公正的司法判决直接决定了司法公正的实现。两者既是表里关系，又是唇齿相依关系，根植于人类社会的深层结构中。现代社会追寻的程序正义正是司法公正中需考量的问题。具体来说，司法公正主要有以下几个基本要素。

1. 法律规则的可诉性

为了评判社会纠纷的是非曲直，法律规则需具备让双方当事人对法律创设的判断功能有可诉求的属性，如程序法中有关程序规则的设计须符合诉讼行为的客观规律和效益，使其便于诉讼参与人的运用。现代司法创设了一系列科学规则与制度，如起诉制度、辩护制度以及法律规范的逻辑结构体系、法律规范的明确性及其权利义务的内容规定等，都使程序法更具

❶　林建军. 法律的社会性别分析及其意义［J］. 法学论坛，2007（2）.

可操作性，从而确保实现司法公正的可能。一定意义上，可诉的法律规则使诉讼程序更具科学性，也体现了司法公正对诉讼规则的技术性要求。❶在有关性骚扰法律规制的进程中，我国法律缺乏可操作性的实体内容和程序上的规则保障，这对受害人权利保护保障或救济缺乏有效、公正的保障机制。

2. 中立的法官

在民众的普遍意识中，中立的法官与程序公正或司法公正密切相关，由于法官是诉讼过程中的主宰人，当他们中立地与双方当事人保持等距关系时，才能形成三角制衡的诉讼关系。在审理有关性骚扰案件时，法官根据自身的法律素养、法律知识和法律经验，考量当事人双方不平等地位，对遭遇性骚扰的受害女性提供必要的法律技术或法律援助，在行使自由裁量权时关注受害女性的感受和权益，保持中立态度的法官能给予被忽视的少数利益提供及时、有效的救济措施。

3. 诉讼双方的对等性

诉讼双方的对等性意味着诉讼双方在法律面前的平等，它包括平等的诉讼地位和平等的诉讼权利，它要求双方当事人在诉讼中实行无差别对待。现代社会中当事人平等权的实现程度是衡量程序公正乃至司法公正与否的认定标准之一。具体而言，诉讼双方的对等性既包括诉讼法明确规定双方当事人享有平等的诉讼地位和相对应的权利，同时又包括司法过程双方平等享有的合法权益，并为双方权利的实现提供同等条件。值得注意的是，对等不等于完全等同，它是事物量的相等，而不是质的相同，原被告分别具有对等的起诉和应诉的权利，其权利范围大小相同，但权利本质不一样。

在性骚扰案件中，特别发生在工作场所或校园的性骚扰行为，由于双方的地位悬殊、权力的不对等使得享有权力的强势方向处于弱势地位的受害者提出不受欢迎的、与性有关的要求，在诉讼过程中，要求诉讼双方的对等性则更显必要。

---

❶ 顾培东. 社会冲突与诉讼机制 [M]. 成都：四川人民出版社，1991：73.

4. 制衡与监督

司法公正中对司法权力的合理制约与监督是不可缺少的要素。所谓制衡与监督，是指对主体间的权利义务关系进行约束与监督督促，从而保证其在预设的司法体系中正常运作与实现，它常体现为公权力的限制。诉讼过程中，国家赋予司法人员的司法审判权力，其本质是国家权力。"权力内在地存在着一种异化的机制，它的不平等性、可交换性以及能够增值的特点，使它有可能扩张和滥用。"❶ 但行使司法权力不应当是反复无常或专横武断的，失控的司法权力必将导致司法不公正，因而需要制约和监督。因此，"一般而言，诉讼程序是法律对于法官弱点和私欲所采取的预防措施。"❷ 诉讼程序规则通过制衡和协调规定诉讼法律关系主体间的权利义务，并合理优化诉讼结构，从而保证诉讼公正。

第四节　社会性别理论：性骚扰规制的社会根源

性别，简言之为男女两性之生理区别，与生理性别相对应的概念是"社会性别"。在女性主义研究中，通常用"性别"（sex）表示男女两性的自然性别，用"社会性别"（gender）表示建立在男女两性生理差异基础上，社会赋予他们不同的要求与期望。随着社会性别理论的发展，社会性别逐渐被视为一种崭新视角，成为一个与阶级、种族并列的分析范畴，被社会学等学科引入的一个重要切入点。

一、生理性别与社会性别的比较

从遗传学的角度来说，生理性别是由人类遗传带来的性染色体的差别决定的，在身体激素的作用下雌雄器官和组织在生命胚胎发育中分化而成。生理性别将人类划分为界限分明的男女两类，"千百年来，人作为生物个

---

❶　林喆. 权力腐败与权力制约 ［M］. 北京：法律出版社，1997：70.

❷　［法］罗伯斯庇尔. 革命法制与审判 ［M］. 赵涵舆，译. 北京：商务印书馆，1986：30.

体且相对独立，以其特定的性别身份存在于人类社会中"。❶ 如果男女两类仅仅是一种划分上的分类，无关乎价值、地位或等级上的差异，那么人类会对此分类表示认同，早期许多人就开始意识到性别不是作为一种分类而更多代表着一种等级与差异。正如凯特·米利特指出的："公正调查我们人类的两性关系制度后发现，从历史到现在，两性关系有如马克思·韦伯形容它是一种支配和从属的状况。在人类的社会秩序中，基本上未被人们检验过的甚至常常被否认的（然而已经制度化的）是男性凭天生的权力统治女性。这种体制中实现了一种最为巧妙的内部殖民，并且它常常比任何的种族隔离或阶级的壁垒更坚固、严酷与普遍，也更持久。"❷ 因此，人们努力从经济、政治、法律等领域来解读性别问题，并尝试去处理它，但是，由于性别问题根植于整个社会文化框架中，关乎人性发展中的性别平等问题，内容博大精深，与此同时，它为审视整个社会文化提供了一个多视角的方法，让我们更能深入研究社会中存在的不平等。

"社会性别"是一个舶来词，它随着妇女运动的开展和女权主义研究的兴起而逐渐发展为一个重要概念，直到 20 世纪后半叶，其概念才被广泛使用，它强调性别的区分是由社会文化造成的，无关生理遗传。1971 年，安·奥克利的《生理性别与社会性别》问世，书中使用的"社会性别"一词被广泛用于描述一个特定的社会中，男性或女性的群体特征、活动和责任的社会角色，它强调两性之间的差异是由社会建构而成的，而非自然形成。若从社会性别角度追求男女平等，会在社会性别机制中男女两性实质都受到规训以及具有被压迫情形，因而，追求性别平等实质上是男女两性共同发展的过程，但由于女性常处于弱势地位，关注女性受歧视的现象则更多。由此发展的社会性别学说也向社会中看作常理发生的知识发起了挑战，如社会或家庭角色、着装打扮、言语行为等微观层面探讨男女两性身份存在的必然与合理

---

❶ 李小江．妇女研究在中国［M］//杜芳琴，王向贤．妇女与社会性别研究在中国（1987~2003）．天津：天津人民出版社，2003：4.

❷ ［美］凯特·米利特．性政治［M］.宋文伟，译，南京：江苏人民出版社，2000：33.

性；从公、私领域的中观角度去质疑传统的社会分工和价值理念；从社会结构与分层制度等宏观层面，挑战社会发展与平等之间的关系。

发展和思考社会性别的概念可以从不同的角度论证两性的性别特征和性别角色的分工是社会后天建构的，并不一定是自然结果。正如鲁博所说，关注社会性别是每个人坚持表现社会性别而得到的产物，❶ 他认为性别是社会建构而可以被表现出来的产品，因此，可以改变社会现存的性别机制，则对女性的歧视也是完全可以纠正并必须要去纠正的行为。

二、性别歧视的存在

综合前文所述，关于女性为何受压迫的解答观点主要来源于两种：阶级问题和女性主义思想理论的社会性别问题。前者是因为女性所处的阶级而被压迫，后者认为女性受压迫是一种跨阶层现象，难以局限于阶级加以解释。女性主义理论认为，女性被压迫源于男性建构的性别角色体系，而消除压迫最有效的方法就是以性别为基础的集体反抗和斗争。随着对社会性别问题的研究，它已和阶级、种族、族裔等各种机制关联交叉起来，也成为女性主义理论研究的重要内容。

随着社会发展的日益多样化，人们生活水平的提高和改善，有人会认为现代社会不存在性别不平等，或者现代女性已经不再是被歧视的一方，因此，在讨论现代女性是否遭遇不平等现象之前，有必要先描述性别歧视存在的三种表现形式，即显性歧视、隐性歧视和反向歧视。

1. 显性歧视

显性歧视是把女性视为"第二性""负面"或"他者"。波伏娃在《第二性》一书中认为，在人类社会的历史长河中，男人作为绝对的主体存在，人一般是指男人；而女人是作为男人的对立面和附属物存在的，是男人的客体或"他者"。书中的"第二性"并非随意臆想出来的词语，而

---

❶　Judith Lorber. Night to His Day: The Social Construction of Gender [M]. Worth Publishers, 2000: 64.

是普遍存在于社会文化中的歧视女性的观念，她提出女性想要获得真正的解放、真正独立的女性，必须摆脱"他者"的角色。❶ 社会中常常会出现将女性视为"不祥""负面"的形象，如经常被重复的"红颜祸水"的说法、影视剧中常有某男人堕落时其背后总有一个坏女人形象的情节出现，正是这个贪婪或自私的坏女人才让这个男性变坏等。这种情形的频现不是简单的现象能解释清楚的。美国学者康奴（Bob Connell）于 1987 年提出"霸权男性特质"的概念，他认为美国社会把男性文化视为一种权力关系，❷ 男性强势地位是基于女性被贬斥、被弱化建构而成的，它不仅是一个概念，更说明社会政治制度具有压迫性的特质。

2. 隐性歧视

显性歧视能被人们直观感知更易得到重视、批判与矫正，因而人们认为消除此歧视就能改善女性的境遇，然而，还有一种更本质更深层的歧视被忽视了，即隐性歧视。隐性歧视是指针对所有人实施同一标准或要求，这个同一标准实则是将男性视为客观的标准，在此标准框架下常会掩饰男性受益的真相。西美尔曾对显性歧视的产生过程有过精彩论述："艺术、美德、爱国主义和特定的社会理念、实践判断的公正性和理性认识的客观性、生活的力量和深化等范畴，就其形式和要求而言，看起来都属于人的一般性范畴，但其历史形态实际上完全是男性的。如果我们直接称这些概念具客观性、绝对性，那么，人类的历史生活出现了如下有效公式：客观＝男性。"这种情形下，表现出来的男性的本质则易提升为超越男性的特殊性，成为中立的客观性和有效性的领域。❸ 因此，通过这种男性的客观转化为了无可置疑的社会权威。

此外，隐性歧视还存在于公共领域和私人领域的划分中，如把人类活

---

❶ 这里的"他者"是指女人相对于男人所处的边缘化的、陌生人的特殊处境和地位，而这种处境和地位是低于男性的。

❷ 林聚任. 社会性别的多角度透视 [M]. 广州：羊城晚报出版社，2003：47.

❸ [德] 西美尔. 金钱、性别、现代生活风格 [M]. 顾仁明，译. 上海：学林出版社，2000：172-173.

动的领域划分为两类，认为男人的活动领域属于公共领域，如工作场所等，而女人的活动领域则属于私人领域，如家庭或厨房等，这是一个最基本的领域区分。然而，衡量社会发展的指标仅侧重公领域的贡献，因此，有学者认为，划分活动领域的这一意识形态贬低了私人领域的价值，而私人领域不仅是性政治和性压制的基本领域，而且对公共领域有着不可忽视的影响。❶ 那么，被认定身处私领域的女性，其对社会发展的贡献则小于男性在公领域的贡献。事实上，现代社会的多数女性不仅在私领域默默奉献，而且在公领域努力工作，但其在公领域的表现和贡献常常被忽视。

现存的社会体系中，由于传统文化、历史发展或法律变革过程中都烙上男权的印记，因而消除隐性歧视任重道远，而超越此现状将意味着我们要挑战自我、历史与现状，其过程中的种种困难与障碍则不言而喻，但这并不意味着要停止努力的脚步。

3. 反向歧视

反向歧视是指通过赞扬或歌颂女性的特征和功能，将女性局限在一个特定的领域，给女性的发展带来制约性因素，它是一种隐藏更深的歧视。对女性的反向歧视主要表现在以下几个方面：（1）对女性的某种表现和传统角色进行赞扬，并且把这些视为女性天生具备或自然擅长的，让女性陷入社会定位和性别刻板印象中，不利于女性的多元发展；如歌颂赞美女性"贤妻良母"的角色，贴上虔诚、纯洁、顺从、持家等"真正女性"的标签，然而，社会多数女性并不能完全符合社会赞美的光辉形象，反倒使与这些表现不一致的女性受到不公正的歧视和嘲讽。（2）礼让女士的绅士风度实际上把女性置于弱者地位。在西方文化中，英国绅士风度演化为一个世界范围内的古典美学名词，"女士优先"也是绅士们办事的最高准则。然而，我们对其行为和观念作进一步探讨发现，西方国家的"女士优先"往往重形式轻实质，形式上的是社会对女性的礼让，对于女性的财产权、选举权等权利却并未优先给予女性。（3）过分夸大甚至杜撰女性的能力和

---

❶ 李银河. 女性权力的崛起 [M]. 北京：文化艺术出版社，2003：45.

作用，使得女性不得不承受沉重的生活负担。如女性的生育和哺育的角色使她们具备了一种养育特性，在职业选择上侧重于选择护士、保育员、幼师等职业，甚至认为做好养育工作是女性的天性使然。此外，女性主义者也会杜撰女性的作用和能力，如1845年富勒在《19世纪的妇女》一书中指出，很早时期女性已具备一种特别的能力——"电性"，即女人具有某种超越理性的直觉，通过这种直觉，她能洞察人与人之间以及一切生命形式之间的微妙联系，他还认为，如果社会提供女性展现她们特性的机会，则汇聚起来的女性气质能快速地改变社会。● 然而最后无法证实女性的"电性"的能力，这种夸大甚至杜撰女性能力让女性背上沉重的包袱，也使追求性别平等的进程误入歧途。

显性歧视、隐性歧视和反向歧视在现代社会中都还存在，运用社会性别理论正视其存在，意识到经济和社会的发展并不能顺利解决女性被歧视的问题，从而提出了多元化的解释和途径，以期探讨和解决如性骚扰等各种两性不平等现象。

三、性骚扰的社会化建构

男女两性之间的社会差别及关系产生了社会性别，社会建构了这种差别和关系，它会随社会发展而变化，使其在文化体系中有很大差异。不同社会里的性别角色千差万别，这是由年龄、阶级、种族、文化、宗教或意识形态决定的，而且受地域、经济和政治环境的影响，如男女两性角色的变化常是经济、自然和政治环境变迁的影响结果，这种性别角色的变化比社会准则、价值观和行为规范等条条框框变化得快，如社会准则也许认为女性只适宜在家里干活，而事实上，很多女性在外工作。

为了对性骚扰问题做有意义的讨论，我们须理解和认识性骚扰不仅是一个法律概念，也是一个社会概念。性骚扰问题不仅关乎男女之间生理上的区别，还与在社会和经济生活中的男女两性的性别或社会角色有关，也与社会

● ［美］约瑟芬·多诺万. 女性主义的知识分子传统［M］. 赵育春，译，南京：江苏人民出版社，2003：43.

对男性和女性的不同看法有关。如某类行为较易被认定为性骚扰，如亲吻、抚摸以及触摸身体的生殖部位，但是许多其他类型的行为也可被认为是性骚扰行为，如身体上、言语上或者非言语的行为，展示物体或者照片等，对性骚扰的认定需根据社会文化、风俗习惯或行为、发生具体环境而定。如问候时身体接触在某些国家文化中是普通的行为，在另一些文化中却可能被理解为侮辱或者性侵犯；还有一些本质上可能不与性有关的行为，如果不受欢迎和不被需要仍可能构成性骚扰，如把手臂放在别人肩膀上、抚摸他人头发、评论他人外表或身体等。至于哪些行为是与性有关的，不能仅凭涉及的身体部位来判断，更关键的问题则是行为发生的环境和行为的性质。

性骚扰的性别化建构是性骚扰规制过程中的法理支撑。有研究显示，男女两性对性骚扰的认定、归因、反应与结果上有明显的差异，如认定性骚扰时，许多女性界定为性骚扰但男性认为并不具有性骚扰的威胁，男性侧重于使用严苛的认定标准，他们较倾向于淡化性骚扰的严重性与忽视性骚扰的伤害。❶ 认定性骚扰之所以有如此差异，可能由于男女两性采用了不同的判断标准：男性侧重于行为人的动机与本意，而女性则较注重受害者的反应与感受，这点在"山木案"的当事人双方辩护律师的立场可以见之。❷ 由此可见，界定性骚扰行为的依据可以分为两种，一种是来自于与之相关的法律规范的法理界定，另一种则是在实证经验基础上产生研究结果的界定。❸当然，男女两性对于性骚扰的界定也有相同的情形，如都认为性胁迫、淫秽的言论或攻击某人性倾向时构成了性骚扰。此外，相对于女性，男性仍有其独特遭遇性骚扰经验，包括对男性从事"非男性化"行为的负面反应（例如家庭"主夫"或"煮夫"承受的异样眼光）、不符合传统定义的阳刚、主动、威猛的男性气质且男性对挑战阳刚宰制等男性化特质的言行会产生不悦，而这些评论在女性眼中也可能较不具备性骚扰的意

---

❶ 罗灿煐. 他的性骚扰？她的性骚扰？——性骚扰的性别化建构 [J]. 社会研究季刊，2002（46）.

❷❸ 2011 年 2 月罗云的辩护律师李莹撰写《我为宋山木案受害者打官司》一文后，宋山木的辩护律师甘勇明做出的回应。

思。因此，在广泛或绝对意义上判定怎样的骚扰行为对人是无礼的不是很容易，但判断特定行为是否受欢迎，在具体环境中都不是难事，以接受方认为该行为是否受欢迎的标准，使认定性骚扰行为在各个领域或社会文化中都具普遍性。

小　结

性骚扰规制在以上多元理论基础上才能正确诠释现行法律体系下的定位，寻求更完善的解决途径，由此达到两性在各领域平权的理念。

首先，女权主义法学理论运用社会性别这一范畴，丰富并推动了其理论的产生和发展，并对女权主义在社会法律制度的性别化提出了尖锐的质疑与批判，奠定了反性骚扰的性别理论基础。美国女权主义思想家在性别歧视领域，特别指出工作场所性骚扰行为的渊源在于男性的"权力宰制"，诠释了性骚扰的争议问题，为其奠定了极其深厚的理论基础。其次，人权理论研究表明，人应当享有基本的人权，女性享有人权在现代社会已不再是问题，妇女人权的保障理论为反性骚扰的法律规制提供了权利资源。再次，法治本身是一个系统，包括法律规则的意识、创制以及运行等系列工程，然而，法治系统并不是孤立的小系统，其不能凌驾于社会发展和世界格局之上，应将其置于整个社会和世界的大系统去考量，因此，法治的有效运行涉及立法、守法、执法和司法等各个方面，是反对性骚扰，并确认和保护人权的重要手段。最后，从社会学视野来考察，我国的法律规范中隐性性别缺失的现状要多于显性性别缺失，如我国有关性骚扰单独立法的提案已讨论过多次，但由于各种原因没有付诸行动，对于其法律概念、法律类型、法律责任或受害人的救济途径等方面存在立法空白，使其法律条文流于空泛。因此，要认真对待反性骚扰问题，立法应强调平等对待所有人，提高立法主体的社会性别意识，关注女性的性别利益。

因此，性骚扰规制在以上多元理论基础上才能正确诠释现行法律体系下的定位，寻求更完善的解决途径，由此达到两性在各领域平权的理念。

第三章 女性受性骚扰案件的现状分析

第一节 美国女性受性骚扰案的判决发展趋势之分析

美国是所有工业先进国家中处理工作场所性骚扰案件经验最为丰富的国家，而其相关法律制度也是最完备的，值得世界各国参考借鉴。本节拟对美国联邦各级法院相关判决的发展趋势进行梳理，对已解决及未能解决的相关争议进行法律分析，拟分为早期、近期以及最新发展几个阶段阐述美国女性受性骚扰案件的发展趋势。

一、早期发展趋势

美国最初规制性骚扰的法律领域在工作场所。自1974年起，美国联邦地方法院首度对工作场所性骚扰争议作出判决，迄今为止美国联邦各级法院的司法判例仍在不断增加。此处将对美国各下级法院关于性骚扰案件判决进行分析，认为早期是从个人行为到性别歧视再到关注雇主责任的发展趋势。

1. 将性骚扰视为纯粹的个人行为（1964~1976年）

美国第一个涉及工作场所性骚扰的案件是巴尼斯诉列车案（Barnes v. Train）❶。美国联邦地方法院认为，上级主管因下属拒绝其性方面要求，而对其采取报复行为，并不是法律所希望禁止的行为。随后在科恩诉鲍什

---

❶ 13 FEP Cases 123（D. D. C. 1974）.

& 洛姆公司案（Corne v. Bausch & Lomb, Inc.）❶ 中，美国联邦地方法院则认为上级主管的性骚扰行为不能归责为雇主，该行为只是一种个人行为；在汤姆金斯诉公共服务电气公司案（Tomkins v. Public Service Electric & Gas Co.）❷ 和米勒诉美国银行案（Miller v. Bank of America）❸ 等案件中，美国联邦地方法院也都采纳以上判决中的相似观点，但经美国联邦上诉法院审理后随即改判了这两起案件的判决，认为雇主应对企业主管的性骚扰行为负责。

2. 将性骚扰视为一种性别歧视的萌芽阶段（1976~1979 年）

在著名的威廉诉萨克斯比案❹中，美国联邦地方法院在判决中首次引用"交换性骚扰"一词，认为性骚扰行为是违法的性别歧视，而并非由于该上级主管的个人的行为不检点。美国联邦上诉法院在巴尼斯诉科斯勒案（Barnes v. Costle）❺ 的判决书中明确表示该黑人妇女拒绝其主管提出的具有性意味示好行为而被解雇，这违反了 1964 年《民权法案》第七章的规定，因为该黑人妇女若不身为女性，则不会遭遇丢掉工作，❻ 然而，此阶段美国联邦地方法院在判决中认为工作场所性骚扰构成性别歧视的情形仍很少见。

3. 性骚扰案件逐渐得到重视阶段（1980~1985 年）

1980 年美国平等工作机会委员会实施有关性骚扰行为的指导原则；次

---

❶　390 F. Supp. 161（D. Ariz. 1975），vacated，562 F. 2d 55（9ʳᵈ Cir. 1977）.

❷　422 F. Supp. 553（D. N. J. 1976），Rev'd，568 F. 2d 1044（3ʳᵈ Cir. 1977）.

❸　418 F. Supp. 233（N. D. Cal. 1976），Rev'd，600 F. 2d 211（9ʳᵈ Cir. 1979）.

❹　413　F. Supp. 654（D. D. C. 1976），Rev'd in part and vcacated in part，190 App. D. C. 343（1978）. 关于这一重要案件的简要说明，参见 Joseph M. Pellicciotti. Sexual Harassment in the Workplace：A Consideration of Post-Vinson Approaches Designed to Determine Whether Sexual Harassment is Sufficiently Sever or Pervasive［J］. DEPAUL BUS. L. REV. ，1993（5）：215-217。

❺　561 F. 2d 983（D. C. Cir. 1977）.

❻　其中较为重要的案例有 Neely v. American Fidelity Assurance Co. ，17 FEP Cases 482（W. D. Okla. 1978）；Smith v. Armoco Corp. ，20 FEP Cases 724（S. D. Tex. 1979）；Ludington v. Sambo's Restaurants，Inc. ，474 F. Supp. 480（E. D. Wis. 1979）等。

年，美国功绩制度保护局首次调查联邦机构员工遭遇性骚扰的情况并公布报告结果，❶ 该结果引起了很大反响。此阶段，针对工作场所性骚扰的法律责任归属问题，美国联邦上诉法院随即作出了几项重要判决，为以后类似案例判决结果奠定相当坚实的基础。如在邦迪诉杰克逊案（Bundy v. Jackson）❷ 中，受害女性因不堪忍受其上级主管提出的无理性要求，一再拒绝仍不予理会而提起诉讼；美国联邦上诉法院判决认为，该案受害女性虽未遭受如降级或解雇等有形经济损失，但其身处充满敌意的工作环境，因此判决受害女性胜诉。在另一著名的亨森诉邓迪市案（Henson v. City of Dundee）❸ 中，美国联邦上诉法院认为雇主承担敌意工作环境性骚扰的法律责任有五项标准：（1）受雇者属于1964年《民权法案》第七章保护群体的成员；（2）受雇者遭遇不受欢迎的性骚扰；（3）该行为的产生是基于性别因素；（4）该行为已影响到受害人的雇用条件、状况及特征；（5）雇主已经知道或应该知道敌意工作环境的存在。一般而言，这一阶段早期，美国联邦地方法院认为性骚扰行为必须满足严重影响雇用条件后才能提起诉讼；❹ 但从1983年以后，美国联邦上诉法院逐渐放宽提起性骚扰诉讼的限制，并对雇主的法律责任也日益重视。如在克雷格诉 Y & Y 小吃公司案（Craig v. Y & Y Snacks, Inc.）❺ 和霍恩诉杜科家案（Horn v. Duke Homes）❻ 中，美国联邦上诉法院判决认为，如果上级主管有权力决定是否雇用，或雇主已知道或应该知道该主管的行为时，则雇主对整个性骚扰事

---

❶ 此调查报告显示，在2.3万名联邦公务员中，有近42%的女性公务员宣称曾受到性骚扰，也有近15%的男性公务员有类似经验。关于这些数字资料，参见 U. S. Merit Systems Protection Board, at 3, 5, pp. 34–36。

❷ 641 F. 2d 934 (D. C. Cir. 1981).

❸ 682 F. 2d 897 (11ᵗʰ Cir. 1982).

❹ Hall v. F. O. Thacker Contracting Co., 24 FEP Cases 1499 (N. D. Ga. 1980); Walker v. KFGO Radio, FS (N. D. D. 1981); RBAA, 536 F. S (M. D. P. 1982).

❺ 721 F. 2d 77 (3ʳᵈ Cir. 1983).

❻ 755 F. 2d 599 (7ᵗʰ Cir. 1985).

件负绝对责任。而在卡茨诉多尔案（Katz v. Dole）❶ 中，法院判决认为雇主制定的禁止性骚扰政策具有随意性，且未贯彻实施，则不能全部免责。同时，有些美国联邦地方法院在案件中对间接骚扰情形也作出了相应判决，❷ 认为上级主管者给与其有染的受雇者而对拒绝其性要求的受雇者差别待遇，则构成间接骚扰。

二、近期发展趋势

20 世纪 80~90 年代由于美国联邦最高法院对性骚扰案件中存在的未解决的重大争议作出了很多司法解释，此期间美国社会发生了几起著名的性骚扰事件引发新闻媒体的报告与激烈讨论，如 1991 年有关大法官被提名人托马斯（C. Thomas）被控诉曾性骚扰其女下属希尔（A. Hill）的传闻、美国海军及陆战队飞行员集体性骚扰 87 名女军官的"尾钓事件"（Tailhook Scandal）、波斯湾战争期间女军人被性侵犯及性骚扰控诉等，引起民众对性骚扰事件的高度关注，该类案件的数量急剧增多。以下就美国此阶段较具影响力的案件进行阐述。

1. 美国联邦最高法院对性骚扰案的首次判决（1986 年）

1986 年的梅里托储蓄银行诉文森案（Meritor Saving Bank v. Vinson）❸ 是美国联邦最高法院首次作出的性骚扰判决，这在美国司法判决中具有划时代意义。（1）美国联邦最高法院认为性骚扰行为的关键问题是该行为是否受欢迎，而不在于该行为是否出于受害人的自愿。因此，无论是交换或敌意工作环境性骚扰，都应属于性别歧视，违反了 1964 年《民权法案》第七章的规定。但美国联邦最高法院认为佐证是否受欢迎可以考量受害人的衣着服饰及言行等。（2）该案雇主承担法律责任方面，判决认为该雇主银行虽制定禁止性别歧视的一般性政策及措施，但受害人首先应向该案被告

---

❶　709 F. 2d 251（4ᵗʰ Cir. 1983）.

❷　这些案件判决参见 Toscauno v. Nimmo, 570 F. Supp. 1197（D. Del. 1983）; King v. Palmer, 598 FSupp. 65（D. C. C. 1984）。

❸　477 U. S. 57（1986）.

提出这类申诉,该申诉渠道的规定存在问题,因此,判决雇主仍需负法律责任。然而,判决对何为性骚扰、受害人何时可提起诉讼以及雇主的法律责任归属范围如何确定都未给予明确指示,而有待日后由各级法院以其他相关判决作进一步厘清。

2. 默塞尔储蓄银行诉文森案的后续发展阶段(1986~1990年)

在默塞尔储蓄银行诉文森案判决之后,美国联邦上诉法院各巡回法庭却相继作出了相反且不利于性骚扰受害人的判决。如在杰姆斯诉国际旗舰案(James v. Flagship International)❶ 中,美国联邦第五巡回法庭判决认为如果性骚扰行为没有导致受害人在雇用期间的任何有形利益遭损害,则受害人须证明该行为经常发生且对本人有摧毁性打击;在瑞比杜诉奥西奥拉炼油公司案(Rabidue v. Osceola Refining Co.)❷ 中,美国联邦第六巡回法庭认为工作场所悬挂色情图片尚不足以构成敌意工作环境;在海兰德诉国家管理公司案(Highlander v. K. F. C. National Management Co.)❸ 中,美国联邦第六巡回法庭则加重了受害人的举证责任;而在斯科茨诉西尔斯、罗巴克公司案(Scotts v. Sears, Roebuck & Co.)❹ 中,美国联邦第七巡回法庭判决认为必须情况极端严重,且导致受害人的心理衰弱后果,才能构成敌意工作环境并提起诉讼。

3. 有利于受害人的阶段(1991~1992年)

经历上述对受害人不利的判决立场后,美国联邦上诉法院及地方法院后期各作出一项重要判决,对保护受害人权益起到了积极作用。在埃里森诉布雷迪案(Ellison v. Brady)❺ 中,美国联邦上诉法院第九巡回法庭首次在判决中确认"合理女性"的标准,认为女性在受到性方面行为威胁明显

---

❶ 793 F. 2d 714(5th Cir. 1986),cert. denied,107S. Ct. 952(1987).

❷ 584 F. Supp. 419(E. D. Mich. 1984),aff'd,805 F. 2d 611(6th Cir. 1986),cert. denied,107S. Ct. 1983(1987).

❸ 805 F. 2d. 644(6th Cir. 1986).

❹ 798 F. 2d. 210(7th Cir. 1986).

❺ 924 F. 2d. 872(9th Cir. 1991).

大于男性，则女性更适宜适用此新标准。❶ 在鲁滨孙诉杰克逊维尔船厂案（Robinson v. Jacksonville Shipyards）❷ 中，造船厂女工不满工作场所内的黄色笑话和张贴女性裸体图片而向主管提出申诉，由于没有得到解决及重视而提起诉讼，美国联邦地方法院在判决中认为，"雇主张贴色情图片是显示了他对女性的歧视态度，工作场所的女性应得到尊重和平等对待"，因而判决原告胜诉，同时，判决还特别指示雇主应主动制定禁止性骚扰的相关办法，由法院审查修改后在工作场所公示告知。

4. 再度对女性受性骚扰案件的判决趋势（1993 年）

美国联邦最高法院随后对以上阶段仍遗留的争议问题也作出了相应的判决，如究竟须达到哪种普遍且严重程度才构成敌意工作环境性骚扰以及原告遭受心理伤害有哪些主客观认定标准等。在 1993 年的哈里斯诉叉车系统公司案（Harris v. Forklift Systems, Inc.）❸ 中，美国联邦最高法院首先明确指出，即使未对受害人造成心理伤害，但产生了歧视效果，并影响受害人的事业顺利发展的工作态度，也构成敌意工作环境性骚扰。有关遭受心理伤害程度并非受害人提起诉讼的必要条件，这仅是法院需要考察的因素，受害人也无须证明因此行为已达到精神崩溃的程度，才能适用 1964 年《民权法案》第七章提供的救济途径。在敌意工作环境适用的认定标准方面，美国联邦最高法院认为应采用"合理个人"的客观看法与受害人的主观感受相结合的认定标准。遗憾的是，该案并未探讨雇主的法律责任，对比上述的梅里托一案判决，其判决创造先例的功能较低，但所引发的后续争议相对减少。

---

❶ David Schultz. Form Reasonable Man to Unreasonable Victim? Assessing Harris v. Forklift Systems and Shifting Standards of Proof and Perspentive in Title VII Sexual Harassment Law [J]. SUFFOLK U. L. REV., 1993 (27)：717.

❷ 760 F. Supp. 1486 (M. D. Fla. 1991).

❸ 114 S. Ct. 367 (1993).

三、最新发展情况

从美国联邦最高法院对哈里斯案的判决趋势来看，受害人提起敌意工作环境性骚扰诉讼时，不用再承担严格的举证责任，则胜诉概率增多；同时雇主也积极努力地制定一些预防及纠正办法阻止该行为的发生，也避免承担相应的法律责任。现实生活中，美国社会的性骚扰问题也日趋严重，如 1994 年控诉美国总统克林顿的性骚扰案；次年，参议院的一名参议员派克伍德（Sen B. Packwood）因性骚扰女秘书丑闻而不得不自行辞职。美国功绩制度保护局第三次对联邦公务员作出性骚扰的调查报告显示，男女公务员遭受某种违反其本意的性示好的比例逐渐增多；❶ 美国平等工作机会委员会表示，该委员会平均每年要处理此类控诉案件 1.5 万件左右，也面临大量积案难以及时处理。❷ 美国联邦各级法院在处理相关性骚扰案件发现，除案件数量持续增多外，案情也逐渐呈多样性，❸ 美国联邦各级法院对过去未能解决的几项争议在处理大量的司法判例中也逐渐得到澄清。由于篇幅所限，以下仅就几个重要问题进行分析。

1. 性徇私是否构成间接性骚扰

性徇私是指雇主或管理监督者因受雇者同意其提出的性方面要求或提供性方面的好处，而给予该受雇者优惠待遇的情况。根据美国平等工作机会委员会颁布的指导原则，如果雇主对顺从其提出与性有关要求的受雇者给予雇用机会或利益，而对拒绝其与性有关要求而又符合资格要件的受雇者不同待遇，使其无法获得该机会或利益，则该行为可能构成性别歧视，应承担相应的法律责任。

---

❶　此调查报告显示，在 1 300 位联邦公务员中，有近 44% 的女性公务员宣称曾受到性骚扰，也有近 19% 的男性公务员有这种不愉快的经验。关于这些数字资料，参见 U. S. Merit Systems Protection Board, at 1–3, p. 13。

❷　Elizabeth Wasserman. Workplace Harassment: Hot Button Issue of 90s ［N］. San Jose Mercury News, 1996–05–01（1A）.

❸　如同性间、双性等特殊性倾向或癖好的性骚扰案件，由于此类案件案情复杂多样，本书导论已做研究限制说明，此处不做阐述。

美国联邦下级法院在以往判例中对性徇私行为是否构成"间接骚扰"，以及该行为是否违反 1964 年《民权法案》第七章规定的禁止性别歧视存有不同意见。❶ 如第一宗涉及此类争议的托斯卡诺诉尼莫案（Toscano v. Nimmo）❷ 中，美国联邦地方法院认为，该管理监督者并未特别对原告提出性方面要求，但原告符合竞聘该职位的资格要件，而管理监督者将此职位给予了顺从他性要求的雇员，该行为即违反 1964 年《民权法案》第七章规定，因为同等情况下，男性是不会有此后果的。但美国联邦上诉法院在德科尼特诉威斯切斯特县医疗中心案（Decintio v. Westchester County Medical Center）❸ 中作出了不利于原告的判决，认为雇主的代理人给予与其有亲密关系的雇员有优先录用的机会，并没有违反 1964 年《民权法案》第七章的禁止性别歧视规定，因为这种亲密关系是两情相悦、无强制或骚扰的因素，且美国平等工作机会委员会和法院干预职场亲密关系，即职场的自愿、合意的亲密关系并不构成性别歧视。有关性徇私是否构成间接性骚扰或性别歧视的争议自美国联邦最高法院对性骚扰作出性别歧视判决后就一直存在，也成为学界热议的课题，但美国联邦下级法院在此期间作出的相关判决之间都存在歧异。

1990 年美国平等工作机会委员会特别对各地区单位颁布了一项关于性徇私制定的政策指导原则，将该行为区分为三类：对一位"爱人"徇私的孤立个别事件不构成性别歧视；基于强迫性质提出的与性有关的性徇私行为，可能构成交换性骚扰；工作场所普遍发生的性徇私情形，可能会构成敌意工作环境性骚扰。❹ 2005 年，加利福尼亚州最高法院在审理米勒诉矫正部案（Miller v. Department of Correction）❺ 中作出划时代意义的判决，支持美国平等工作机会委员会颁布的政策指导原则中的前述观点，判决认为

---

❶　Joan E. Van Tol. Erroes Gone Awry：Liability under Title VII for Workplace Sexual Favoritism［J］. Industrial Relations Law Journal，1991（13）：178.

❷　570 F. Supp. 1197（D. Del. 1983）.

❸　807 F. 2d 304（2d Cir. 1986）.

❹　108 S. Ct 89（1987）.

❺　115 P. 3d 77（Cal. 2005）.

任职于该州女子监狱的两名女性受雇者因该监狱的男副监狱长给予与他发生性关系的女下属以优惠待遇，而导致她们遭受敌意工作环境性骚扰及性别歧视的不平等待遇，该行为违反了该州平等就业的规定。即职场上普遍发生的性徇私行为会构成敌意工作环境性骚扰，这种行为传递了贬抑职场女性的信息，加州最高法院以全体无异议表决通过该判决意见，也引发媒体及法学界的广泛报道和讨论，认为该判决会引起其他州法院甚至联邦各级法院对此问题的态度。❶ 因为各国的办公室恋情已普遍存在，2005 年加州有项调查表明，约有 58% 以上受访者与同事有约会关系，其中，发生在上级与下属之间约为 19%；同年另一项调查显示，受访者中约有 75% 认为同事间在工作场所谈情说爱很正常。❷ 因此，该加州最高法院的判决影响力的意义重大，如果忽视职场中发生的较为普遍的性徇私事件，将会影响职场的性别规范及深化性别刻板化印象，不利于职场中男女平等交往，也不符合 1964 年《民权法案》第七章的性别平等理念。

2. 性骚扰行为是否应考量受害女性的衣着言行

如前所述，美国联邦最高法院对默塞尔案件作出的判决具有划时代的意义，同时也引发很多的争端。其中最为妇女团体及劳资关系专家所诟病的观点，则是首席大法官瑞恩奎斯特在评判性骚扰诉求时的意见。他认为：依受害女性自身行为是否有明确表示被控的性方面示好的举动是不受欢迎的，与原告本身作出的性方面挑逗的衣着言行等是有一定联系的。❸ 由于该案判决已将受害女性是否明确表示该行为不受欢迎列为最重要的评判标准，也将原告的衣着言行等因素列为法院需考量的证据，此情形下，则会对受害女性有关性方面特质列为该案的主要考虑对象，而不是评断性骚扰

❶　Veronica Diaz. Playing Favoritism in the Workplace：Widespread Sexual Favoritism as an Actionable Discrimination under Miller v. Department of Corrections ［J］. CAL. REV. & Social Justice，2006（16）：168.

❷　焦兴铠. 美国工作场所性骚扰争议新兴课题之研究［J］. 台湾法学杂志，2009（122）.

❸　Meritor，477 U. S. at 68.

行为本身不应被接受，这将无法避免传统性别刻板印象，对于绝大多数为女性受害者的性骚扰案件而言，实际是不利于保护受害女性的立场，也阻止其提起控诉的意向。

由于美国联邦最高法院在此案判决中过分注重受害女性本身具挑逗性的衣着言行，这引起一些美国女权主义和评论者的讨伐与批判；特别是美国特殊职业者，雇主为逃避法律责任，故意将脱衣舞女或其他与性有关从业者不视为受雇者。❶ 受害女性的衣着言行纳入考量性骚扰行为是否受欢迎的因素，这在一定程度上有对与性有关特质具有误导之嫌，即采取传统性别角色的观点，将女性与性方面特质的行为进行分类：一类是主动表达性方面的女性，另一类属于被动隐忍女性。依此判决的观点，一旦女性在性方面表现得活跃主动或其行为举止不同于社会普遍观念赋予的传统形象，则无论他人对该女性作出何种与性有关的、具有冒犯性的言行，都是理所当然、应该接受的，则她属于男性猎物；依此判决还可以推理出，女性出于非性方面的行动，也有可能被诠释为一种具有性含义邀请的行为，这势必会加深传统观点认为女性用外貌及行为来引起男性关注，即使在工作场所，用所谓"要约引诱"来获得男性回应。值得担忧的是，这种观点也具有相当强烈的"认定危险"之意，即只要女性进入工作场所，则她们遭遇性骚扰侵害就是面临的直接危险之一，此事件则应如同就业中遭受职业灾害一样，应通过职业灾害补偿机制获得救济。但对于从事某种与性有关的特殊职业，如特定行为的从业者、成人情趣商店的女职员等，则会因为所从事的工作性质而属于易被性骚扰的"高危群体"，如果性骚扰侵害来自于雇主、顾客或第三人等，该行为本身是不受欢迎的，则无胜诉可能了。因此，出于对此类从业者的工作尊严和人身安全考虑，法院应正视这一问题。目前，美国联邦各级法院尚未作出相关判决，但面对日益复杂的性骚扰问题，仍应正视其发展趋势。

---

❶ Cahill, Kelly Ann. Should There Be an Assumption of Risk Defense to Some Hostile Environment Sexual Harassment Claim [J]. Vanderbilt Law Review, 1995 (10): 1121.

第二节　我国女性受性骚扰案件的判决发展趋势之分析

性骚扰问题逐渐被职业女性视为就业中的恐慌。据中国职场性别歧视调查显示，大约每 25 个女性中就有一名女性遭遇过强行行为。而当发生性骚扰后，只有 45.6% 的被骚扰者会明确警告骚扰者；向单位人事部门、工会或者管理者投诉的员工也仅占 34.3%；而选择法律诉讼和报警方式的比例均不到 1/5，但选择屈从和睁只眼闭只眼的高达 54.4%，多数受害人都选择了隐忍或离职。❶ 此处将阐述经我国新闻媒体报道且引发广泛讨论的几起性骚扰案件，并对其判决发展趋势进行相应法律分析。

一、国内首例性骚扰败诉案

1. 案情始末

2001 年 6 月，西安一国有企业的童姓女职工指控其总经理对她实施性骚扰，向西安市莲湖区人民法院提起诉讼，认为该上司侵犯了其人身权利，要求对她赔礼道歉。该案是我国首次导入法律程序的性骚扰案件，❷ 国内外媒体纷纷报道了这一消息，舆论哗然。

童女士在诉状中称，早在 1994 年，总经理就屡次以将她调到好的部门为诱饵对她动手动脚。在遭到她严厉斥责后，总经理仍无收敛，反而变本加厉在不同场合对她进行性骚扰，并要求和她一起去酒店开房。直到 1997 年，总经理的要求更多了，童女士有好几次被总经理邀请到西安市东方大酒店和东方时空夜总会去"谈工作"，在那里，总经理便对她动手动脚甚至拥抱她，几次都被她挣脱跑回去。童女士还多次向主管这家国有企业的陕西省新闻出版局提出申请，要求调离办公室；但因童女士并没有说出调离的直接理由，调离的请求一直没有得到允许。童女士家人也证实，她多

---

❶　骆倩雯. 性骚扰困扰六成职场女性［N］. 中国妇女报，2011-05-17.

❷　全国首例性骚扰案审结　原告败诉引起轩然大波［EB/OL］.［2001-12-24］. http：//news. sohu. com/23/57/news147495723. shtml.

次向家人诉说工作不顺心，在单位很苦恼，很长一段时间内，童女士的心情十分抑郁。她经过几次抗争后，总经理的性骚扰行为才有所收敛，但是，她在单位的麻烦也从此开始了。总经理在工作中多次刁难她，后来停止了她发送文件的本职工作，让她去送报纸、开电梯，并扣除她的福利和奖金。由于童女士身体不好，几次被气昏倒，被迫请假回家休息了几个月。回家后，她越想越觉得生气，就咨询并委托了律师向总经理交涉，要求总经理不再骚扰童女士，并停止工作中的刁难；但该总经理坚持说，他并没有对童女士怎样，拒绝律师代表童女士提出的要求。童女士忍无可忍，鼓起勇气，向莲湖区人民法院递交诉状。因之前没有先例，法院对是否立案也可谓费尽思量，经过长时间的考虑，最终还是受理了这起不寻常的案件。

然而，童女士没有料到的是，她的麻烦从此更多了，假期结束后回单位上班，单位竟以"假条有问题"为由不允许她上班，并要求她撤回诉状，同时，她丈夫所在单位多次收到莫名其妙的匿名控告信，信中用很差的字体写童女士买假离婚证书来骗取住房，要求单位纪检部门调查童女士夫妇的住房情况。甚至童女士母亲所在单位也多次接到匿名电话，要求她作童女士的思想工作让其撤诉。

2. 判决结果

历经几个月的漫长等待，这起全国首例性骚扰案于 2001 年 10 月 26 日在西安市莲湖区人民法院开庭审理。鉴于这起案件的巨大社会影响，且具有"性"的色彩，并在一定程度上涉及个人隐私，法院决定采用不公开审理的方式。庭审费时一上午的时间，两个月后才公布了审判结果。法院认定原告童女士指控总经理对她进行性骚扰的"证据不足"，驳回起诉。

这起备受全国社会各界尤其是妇女界、法律界关注的案子以败诉告终，但此案所引发的性骚扰的话题才刚刚开始。

3. 遭遇的法律困惑

由于该案的特殊性，法庭在审理时十分谨慎；而对原告来说，该案最关键的问题是如何收集有力证据。而性骚扰案件最大的特性是隐蔽性，很难找到直接证人，也很难找到物证。童女士在律师陪同下到单位找人证时，多数人不愿搭理此事，对此，他们能表示理解；因为童女士控告的是这家国企的现任领导，职工一般不敢得罪。巧合的是，该总经理因工作原因恰好在开庭前调离原单位，律师才收集到两个有力的直接证据和几个间接证据。童女士的律师后来在一次访谈中称："这起案件的证据链中，有一个核心证据是童女士的同事的证词——一位马上要退休的老先生所提供的，他在单位曾是位领导，办公地点正好在总经理办公室隔壁，他之所以出具证词，一是他很了解总经理的为人，对他的行为看不惯；另一个是他曾经碰到总经理对童女士进行过骚扰。总经理办公室是一个套间，外面有个大厅，放了一圈沙发，里面是办公桌。因为那段时间童女士是总经理的机要秘书，正当他找总经理有事处理，他在大厅听见她说：'你不要这样子'，想到总经理平时的为人，这种情形下一般人都知道是怎么回事了。他赶紧退出来了，他看见童女士非常尴尬地从屋里出来。他快退休了，让他作证还做了很多工作，要不然他不会作证的。"❶ 在谈到对法官运用法律的看法时，该律师认为："凭良心说，我觉得，当时收集到的证据完全可以证明这个事实的存在。法律没有问题，法官也不是能力的问题，主要是胆子不够大。法官要创造法律，咱们的法官老害怕办错案。当时媒体都非常关注，法官就是胆子太小，没有魄力。看了判决书你会明显感觉到这个事情是存在的，但是不是说证据不行……法官原话是说，证据不够直接。"❷

此外，为了增强诉讼的力度，在诉状中还增加了精神损失赔偿的条款。尽管童女士和律师对精神损失赔偿不报以多大期望，只要他能道歉即可，但在当时，其律师也坦言对此案的胜诉没有信心。因为那时"性骚扰"还不是个法律概念，现行法律对"性骚扰"又缺乏明确的规定，只有在《民法通则》中有一些保护公民人身权益的条款，但不够具体、不易操作。

这起全国首例案件以败诉告终。它的困惑在于性骚扰的隐蔽性较大，

---

❶ 唐灿，黄觉，薛宁兰．走向法治——工作场所性骚扰的调查与研究［M］．北京：中国人民公安大学出版社，2012：90.

❷ 唐灿，黄觉，薛宁兰．走向法治——工作场所性骚扰的调查与研究［M］．北京：中国人民公安大学出版社，2012：93.

成因、损害程度、取证上都面临困难；界定的困难也直接导致难以确定赔偿金额的多少；敢于将性骚扰诉诸法律程序的受害女性常为此付出事业、社会偏见等沉重代价，很难得到法律更有力的支撑。

二、国内首例性骚扰胜诉案

1. 案情始末

2002 年 7 月，武汉市商业学校中外语言教研室女教师何某，因不堪原教研室副主任盛某的性骚扰行为，以侵犯名誉权为由，向武汉市江汉区人民法院提起诉讼。❶ 原告何女士称，自 2000 年下半年开始，被告盛某利用职务之便对她进行性诱惑，几次拒绝仍不改，在同事面前大肆张扬喜欢她，并说是他老婆；何女士很反感，但认为是玩笑，也不好多说。2001 年单位组织职工外出春游，何女士和一女同事住在一个房间，晚上，盛某跑来说要和她谈工作，女同事出去后，他突然将门反锁，行为举止轻薄，何女士大声喊叫，他才住手。回家后何女士不敢对丈夫说实情，只说想换一份工作。之后，盛某的骚扰行为越来越放肆，曾当着同事的面动手动脚，何女士很难受，却不好得罪他。何女士说，很长一段时间里，许多同事真以为他俩关系暧昧，她却碍于面子不敢"发作"，而盛某的举止越来越胆大，何女士备感身心疲惫，就将事实真相告诉丈夫。丈夫找盛某谈话，盛某才签了一份保证书，说是他和何女士属"正常的同事关系"，夫妇二人对此结果并不满意，于是向学校反映了盛某的骚扰行为。校方对此问题也很重视，在和双方谈话了解情况后，在本教研室和党支部大会上责成盛某作公开检查，并同意其辞掉该教研室副主任职务。该校随后又发出一份文件，称：盛某"由于思想上放松了政治学习，未注重对教师行为规范的约束，在与本教研室个别教师交往过程中言谈举止过于随便，由玩笑失当发展到

---

❶ 全国首例性骚扰胜诉案：赔礼不赔钱是放纵性骚扰？［EB/OL］．［2018-10-21］. http：//www. people. com. cn/GB/shehui/1063/2166706. html.

行为举止失当，有损教师职业形象，在校内造成了不良影响"。❶ 对于这样的处理结果，何女士仍然不满意。在向律师咨询后，她向江汉区法院递交了诉状，并索赔 1 万元。

法庭上，原告诉称，被告对原告进行言语挑逗、行为骚扰，进而发展为性侵害，不仅影响了其正常工作生活，而且对身心健康造成极大伤害，精神几乎崩溃。被告的行为侵犯了她的身体权、人格尊严权和名誉权。

2. 判决结果

2003 年 5 月 8 日，武汉市江汉区人民法院作出一审判决，认定被告侵权事实成立，判令被告向原告赔礼道歉，并支付精神损害赔偿金 2 000 元。被告不服，提起上诉。2003 年 10 月 24 日，武汉市中级人民法院作出二审判决，认定被告侵权事实成立，判令被告向原告赔礼道歉。至此，这起性骚扰案件得以胜诉，这也是我国首例胜诉的性骚扰案件。

3. 首例胜诉性骚扰案的意义

该性骚扰案得以胜诉，除了新闻媒体的高度关注及强大的社会舆论压力之外，在证据链中有一份重要录音资料最终被法庭采信，才赢得这场诉讼。这份录音资料是何女士以有限度的退让麻痹了对方，使对方以书面形式保证不再骚扰她时采用了录音的方式。如果其他被骚扰者都能像何女士一样注重搜集有力证据，胜诉的概率会大大增加。这起同样是原告以侵犯名誉权为理由提起的诉讼，而且是有意识地保留证据的情形下得以胜诉，这无疑给中国性骚扰立法带来很好的激活效应。该案在新闻媒介的关注下，受害女性使用法律手段的方法也会影响和促动在性骚扰面前保持沉默的人，使她们积极地寻求法律救济途径，从而提醒社会各界的是性骚扰已经是一个相当严重的问题，也为性骚扰立法提供了重要的参考。

现代法治社会，女性个人权利觉醒，维权意识不断增强，但是女性权

---

❶ 易菲. 职场梦魇：性骚扰法律制度与判例研究 [M]. 北京：中国法制出版社，2008：260.

利的维护仅依赖自觉的意识仍不足够，依赖高超的防范技术仍不行，更多需要在牢固的法律体系下对性骚扰规制予以坚实的支撑。

三、国内首例认定侵犯性权利的短信性骚扰案件

1. 案情始末

2004 年，北京市朝阳区人民法院酒仙桥法庭受理了一起发短信进行性骚扰的侵权案件，原告闫女士起诉被告齐某对其实施短信性骚扰，认为其行为侵犯了原告的人身权利，请求法院判决被告停止短信骚扰侵害，赔礼道歉，并支付精神损害赔偿费 3 000 元。原告在起诉书中称，闫女士的丈夫与齐某是同事，且两人是很好的朋友。2003 年 12 月，闫女士接到齐某的短信邀请两家人一起逛商场，闫女士到齐某家后发现只有齐某一人在家，且齐某欲对她施暴，闫女士便挣扎后离去，她顾于颜面没有报案也没打算追究。随后，齐某不断给她发短信，最初是赔礼道歉，接着不断发淫秽短信对她进行骚扰，闫女士倍感焦虑、无法忍受，咨询律师后向法院提起诉讼。❶ 庭审中，原告闫女士出示了 8 条含有淫秽性、威胁性内容的短信，齐某也承认这 8 条短信的内容是专门给原告编写且是自己发的。齐某辩称，他认为闫女士是自己的嫂子，两家人又很熟悉，发短信只是开开玩笑，尽管言词有些过火但并没有恶意，更没有侵权，因此，只愿意道歉，不同意闫女士提出的赔偿要求。

2. 判决结果

法庭经审理认为，被告齐某在违背原告闫女士主观意愿的情况下，以出于性意识的故意对原告发送淫秽性、威胁性手机短信的方式，引起原告的心理反感，侵扰了原告保持自己与性有关的精神状态愉悦的性权利，其行为已经构成性骚扰，应当停止侵害并道歉；由于被告的性骚扰行为已经对原告及其家庭造成一定程度的损害后果，理应进行赔偿。法院最后判决：

---

❶ 杨立新. 新类型侵权行为——发短信进行性骚扰的侵权 ［EB/OL］. ［2004-11-16］. http：//review. jcrb. com/zyw/n426/ca315516. htm .

被告齐某应停止性骚扰的侵害，赔礼道歉，赔偿原告精神损害抚慰金1 000元。

3. 短信性骚扰案件胜诉的意义

这是一起很典型的短信性骚扰侵权案件。该案胜诉的意义在于：确认了含淫秽内容的语言也属于性骚扰行为的方式；确认发送手机短信的方式也可能构成性骚扰；确认了性骚扰行为所侵害的客体是性权利；以往较多的案例对受害人进行行为上的性骚扰，较少有以单纯的言语实施性骚扰的判例，而性骚扰的表现形式中不仅有身体接触的行为方式，而且有口头或书面的语言进行的性骚扰，只要在语言中针对特定的对象、含有淫秽性内容，达到一定程度，则应认定为性骚扰行为。该案是第一起认为性骚扰侵害的是保持自己与性有关的精神状态愉悦的性权利，也是法院判例中首次明确认定性骚扰行为侵害的客体是性权利。

四、国内首例性骚扰以刑事案宣判

1. 案情始末

2008 年，四川省成都市高新区法院受理了一起性骚扰案件，原告是大学刚毕业进入成都市高新区某企业做文员的陈某，被告是该企业 29 岁的人事经理刘某。2008 年年初，作为公司人事经理的刘某参与员工面试工作，并决定录用陈某。第二天陈某接到刘某的电话，说"下班后到 407 房间来一下，有工作上的事情要和你谈一谈"，大厦 407 房间是刘某的办公室，下班后陈某敲开刘某的办公室，几句寒暄之后，刘某突然告诉陈某："我很喜欢你，你做我的女朋友吧？"陈某坚决拒绝，说自己已经有男朋友了。面对陈某的拒绝，恼羞成怒的刘某关了灯，强行将陈某抱住，卡住陈某的脖子，强行拥抱并亲吻，陈某大声呼救并奋力反抗。隔壁办公室的同事听到呼救声向公安机关报案，陈某也因被刘某用手掌卡住颈部阻止她的反抗而造成其软组织受伤。当日，公安机关就以涉嫌强制猥亵妇女罪对刘某刑事拘留。在公安机关的讯问中，刘某坦言，从陈某一进公司他就有和她谈恋爱的想

法，并在遭到拒绝后不理智地强行拥抱、亲吻陈某。❶

2. 判决结果

成都市高新区检察院公诉处检察官认为，被告实施性侵犯的过程中，面对受害人的奋力反抗不是停止其侵害行为，而是用卡住受害人脖子这一暴力行为并造成受害人颈部软组织受伤，性质恶劣，情节严重，已超出一般"性骚扰"的范畴，构成犯罪，应当追究刑事责任。❷人民法院经审理后认为，刘某利用主管人事的权力，用暴力强制手段侮辱女性，已经构成强制猥亵妇女罪，其行为应当受到刑事处分。2006 年，四川省成都市高新区法院不公开审理了该案，以强制猥亵妇女罪判处被告刘某拘役 5 个月；宣判后，刘某并没有对该判决提起上诉。

3. 该案的警示作用

2005 年《妇女权益保障法》修正案通过实施后，首次规定"禁止性骚扰"，此案是国内首例被告因实施性骚扰行为而被处以刑罚的案件。四川省妇联法律顾问、四川鼎立律师事务所主任律师江敏律师认为，性骚扰多发生在较隐秘的地点，取证比较困难，但该案原告提供的口供、证人证言、受害人的陈述和身体伤痕，形成较完整的证据链，对被告的指控具有充分的证据。从法律适用的角度，该性骚扰行为的情节、性质已符合刑法规定的强制猥亵、侮辱妇女罪的构成要件，因此对其判决刑事处罚。其判决结果对误以为"性骚扰不构成犯罪"的观点起到警示作用，自认为只不过实施了违法行为，这显然是对法律的误解，一旦行为情节严重，就会触犯刑法，构成犯罪。❸ 这起案件也给女性朋友一个借鉴，在受到性侵犯时，一定要注意收集相关证据，包括受到伤害后的鉴定、监控录像、寻找证人等。

---

❶❷ 成都判决国内首例因性骚扰获刑案件 [EB/OL]. [2008 - 07 - 15]. http：// www. sina. com. cn.

❸ 国内首例性骚扰刑案宣判，人事经理被判拘役 [EB/OL]. [2008 - 07 - 16]. http：//www. china - woman. com/rp/main？ fid = open&fun = show ＿ news&from = view&nid = 33715.

第三节　性骚扰的理论类型

一般来说，性骚扰行为表现为言词骚扰，如性要求、淫秽评论；视觉骚扰，如展示色情图片；肢体骚扰，如摸臀、捏腿。但依据法律规定或学说见解，性骚扰也可有多种不同的分类，本节对较为常见的法律类型进行详细阐述。

一、交换利益性骚扰和敌意环境性骚扰

此部分阐述的两种类型是根据美国女权主义法学家麦金农所著的开创性著作相关内容划分的，❶ 这两种类型经由立法转化为成文法，也成为世界各国性骚扰法律规定下普遍存在的两种基本形态。❷

1. 交换利益性骚扰

所谓交换利益，是指用来交换物质或获得报酬。交换利益性骚扰，是最常见的性骚扰类型，是指对他人要求性利益以交换其工作、教育训练或服务等有关利益而言。

交换利益性骚扰与工作条件有密切联系，有时被称为"性勒索"，因为常迫使受雇者在屈服于性要求与丧失就业利益的两者中抉择，如受雇者拒绝了雇主提出的性要求，则会被解雇；学生同意教授提出的约会要求则可获得奖学金等。如前文所述，欧共体部长会议认为交换利益性搔扰是当他人拒绝一种与性有关的行为，则会导致明示或暗示地作为雇用任职、晋升、报酬或其他决定基础，这种形式的性骚扰，实则是有权力者滥用权势的情形。❸

---

❶　Catharine A. Mackinnon. Sexual harassment in the workplace ［M］. Yale University Press，Connecticut，USA.，1979.

❷　焦兴铠. 我国防治性骚扰法制的建构 ［J］. 法令月刊，2006（57）.

❸　1990 年欧共体部长会议通过的一项《关于保护男女工作人员尊严的议会决议》中有关性骚扰概念界定的相关内容。

事实上，只有拥有一定雇用权力的人才有可能会触犯交换性骚扰，然而，它是在滥用权力、违背某种信任关系，因此，会被人视为一种特别令人厌恶的性勒索行为。交换利益性骚扰是美国法院第一次特别引证的非法形态的性骚扰;❶ 法国最近才制定完成有关性骚扰的立法，特别针对交换利益性骚扰作出了相应规定。

然而，规制交换利益性骚扰时，当有两种情形规定不完善时对禁止性骚扰起到一定程度的限制作用。第一，采用广义的"雇主"概念，将经理人员与管理监督者包括在内，要求禁止此类性骚扰行为，却排除了同事间的性骚扰行为。法国有关性骚扰的立法中有意识地将同事间的行为纳入其中，这意味着要用立法方式将"调情"之类的行为转化为法律约束的行为。❷ 其实，同事间与上级实施的性骚扰行为对受害人的身体和精神造成了同样的伤害。因此，如果受雇者向雇主提起同事性骚扰的申诉，而雇主未采取任何补救措施，则在法律和道德上雇主都应负有相应的法律责任。第二，虽然法律划清性勒索行为界限，但规定交换性骚扰时不认定性骚扰行为的本身不合法，仅认为事后的报复行动才是违法的。即受害人因丧失晋升或加薪的利益或拒绝性骚扰行为被雇主解雇而提起诉讼，则才可能获得救济补偿的机会，而不论受害人对性骚扰行为本身的厌恶反应;反之，如果受害女性没有遭到报复，则无法获得任何救济补偿，这往往会使侵害者逃避法律责任而不被处罚。❸

2. 敌意环境性骚扰

如前文所述，性骚扰给受害人带来许多不利的后果。一般认为，工作场所的性骚扰行为会破坏安全的工作环境，其结果会对受害人造成一种敌

---

❶ Michael Rubenstein. The Law of Sexual Harassment at Work [J]. INDU. L. J, 1983 (12): 16.

❷ International Labour Office. Combating Sexual Harassment at Work [J]. Conditions of Work, 1992 (14).

❸ 可参见美国联邦上诉法院哥伦比亚特区巡回法庭 Bundy v. Jackson, 641 F. 2d 934 (D. C. Cir. 1981) 案的判决。

意、虐待或冒犯的工作环境，处于这种工作环境的女性受雇者，遭遇较差的工作条件，导致此结果的原因则正与她们的性别因素有关，这也构成不平等的工作条件。

敌意环境性骚扰，是指对他人为违背其意愿的性利益要求、言词或肢体等行为而进行的干扰其工作、教育、训练或服务的，制造令人感到畏惧、敌意或冒犯的工作环境。如上所述，敌意环境性骚扰与交换利益性骚扰的主要差异在于，实施者提出的性利益要求是否用来交换受害者的工作、教育、训练、服务等有关权益。敌意环境性骚扰行为有以下几种表现形式：与性有关的低俗或露骨评论、粗鄙的笑话或故事；展示色情图书或照片；以不适当方式触摸或摩擦某人敏感部位；与性有关的嘲弄；性偏袒；强迫他人服从某冒犯行为、迫使他人陷入某种畏惧、敌意或冒犯的情景中等。❶

在认定标准上，敌意环境性骚扰不如交换利益性骚扰那样明确，主要是因为认定敌意环境性骚扰掺杂许多行为人的主观感受，如对某种冒犯性的行为，有人认为它是冒犯性的，而有人可能认为不具有冒犯性。这也导致在默塞尔储蓄银行诉文森案中美国联邦最高法院认为敌意环境性骚扰行为必须具有"严重或普遍而足以变更工作条件"要件的原因。

二、法兰克·提尔划分的五种类型

1980年，法兰克·提尔（Frank J. Till）首次依性骚扰行为的严重程度进行分类，在提交给联邦政府报告书《性骚扰：关于学生性骚扰的报告》（Sexual Harassment：A Report on the Sexual Harassment of Students）中将性

---

❶ Tracy O'Shea, Jane Lalonde. Sexual Harassment－A practical guide to The Law, Your Rights, and Your Options for Taking Action ［J］, Womens Internation Network News, 1999（15）：97.

骚扰分为五种类型。❶ 这五种性骚扰类型以渐进式表现，相互间有交叉且无排斥关系，如有些性骚扰行为同时属于两种以上类型，但由于性骚扰行为的多样性、复杂性，他所划分的五种类型不能囊括所有的性骚扰行为，❷但让人更容易理解性骚扰概念。法兰克·提尔认为，这种分类方式便于辨析性骚扰的行为方式，更加明辨与其他与性相关的违法犯罪行为的异同。这种分类引起了世界各国的关注，并为各界所引用。

1. 性别骚扰

性别骚扰（gender harassment）是性骚扰行为中最普遍、最常见的一种类型。它概括了蔑视、贬抑女性，即在正常的人际交往中，对女性自然流露出的一种冒犯、贬抑女性的言语或行为，甚至言论中带有恶意地对女性的性化或物化的言行，是一种对女性的性别歧视。❸ 更多的女性进入劳动市场，职业女性可能抢占了职位而致使男性的敌意或仇视，这种性别骚扰行为根源于传统社会中男性占据主导地位和根深蒂固的男权优势心理。当行为达到一定的严重或普遍的程度时，则可能构成敌意工作环境性骚扰。

2. 性诱惑行为

性诱惑行为（seductive behavior）是指没有实质侵犯、冒犯或不适当的身体伤害且与性有关的行为；这种行为本身不带惩戒性，但拒绝该行为则会遭受惩罚后果。❹该行为的精神伤害重于实质伤害，这种暧昧不明会导致受害人难以辩解。因为非公开的要挟和性诱惑的言行没有造成受害人身体上的伤害，且该行为本身也没有实质伤害，难以得到法律的支持，但受害人在人格被贬抑与对道德感的恐慌而使其焦虑，只有当行为达到故意使其精神痛苦的严重程度时才受法律约束。

---

❶ Till, Frank J. Sexual Harassment: A Report on the Sexual Harrassment of Students [R]. Washington: Nali. Advisory Council on Woment's Educ. Programs, 1980.

❷ Willian Petrocelli, Barbara Kate Repa. Sexual Harassment on the Job, What It Is & How to Stop It [J], National Public Accountant, 1995 (2): 9.

❸❹ Till, Frank J. Sexual Harassment: A Report on the Sexual Harrassment of Students, Washington: Nali. Advisory Council on Woment's Educ. Programs, 1980.

近年来，各国开启了精神损害赔偿理论，其发展给"性诱惑"所导致的精神损害赔偿带来了新希望，这种精神损害赔偿主要针对非直接性的精神损害，如名誉受损、心理焦虑、丧失个人发展的机会或由此引发的健康状况恶化等情形，而不是针对物质利益的损失。性诱惑行为作为性骚扰的一种类型的观点已得到理论与实践的支持，只是没有将发生某种损害纳入法律规制中，而仅将其作为一种侵权行为。

3. 性贿赂

性贿赂（sexual bribery）是指对他人要求发生某种与性有关的行为并承诺给其好处，即要求对方提供某种性方面的好处，允诺因此给予相应的回报，如给予升职、增加报酬或提供更好的工作条件或福利优待等。❶ 这种类型大致与狭义上的交换利益性骚扰相同。

据性贿赂的特征，它常存在两种不同情形：一是同意雇主或监督管理者提出的性方面要求而获得工作上的利益。此种情况构成"性徇私"问题，是因为这种性利益的互换导致了获得性利益的权力方先将就业利益给予顺从其好处的一方，这使得其他本身合乎条件的受雇者遭遇工作上的不利条件，这种情形也属于间接性骚扰。二是当顺从其性好处的人本身符合遴选条件且可能是唯一获得者时，或者凭自身资历条件就应获此工作上的利益，但对侵害人提出的性要求而不得已屈服来确保该项利益，这种情形是仅仅因为受害者是女性的性别因素而承担的额外负担。

4. 性胁迫

性胁迫（sexual coercion）是指以恐吓、惩罚或胁迫等暴力方式而实施与性有关的行为，是继性别骚扰之后较为普遍的性骚扰表现方式。❷该类型常发生在蓝领劳动者群体等职业技能含量较低的工作岗位，最主要的受害者则是处于底层的女性劳动者。这类底层的女性受雇者会被上级粗暴对待，并明示或暗示其屈服或顺从其提出的性要求。

---

❶❷　Till, Frank J. Sexual Harassment：A Report on the Sexual Harrassment of Students，Washington：Nali. Advisory Council on Woment's Educ. Programs，1980.

5. 性侵害

性侵害（sexual imposition or assault）是指用以触摸、戏弄、猥亵或强暴等方式实施的重大性侵害行为，它是性骚扰行为中最强烈、最严重的一种，也经常是前几种性骚扰行为方式的结果。❶ 值得注意的是，这种性侵害类型的性骚扰与刑事犯罪行为中的性侵害不同。如前述的默塞尔储蓄银行诉文森案中，因侵害人用要挟或胁迫方式使得受害人不得不同意与其发生性行为，在此过程中侵害人又实施强暴行为，这种仅因受害女性的性别因素而不得已额外承受此负担。因此，在发生行骚扰行为的同时伴随着性侵害人实施的强奸、性攻击或殴打等暴力性侵害行为，这在法律上是难以将其孤立地划分与定性的，它属于性骚扰行为中最严重的方式。因此，我国台湾地区的"性骚扰防治法"认为，伴随性侵害的性骚扰行为或结果，在救济方式上应当采取更严苛的方式和途径，即将其纳入刑法规制的性犯罪，使其区别于强奸罪。

纵观我国相关法律，以上五种类型中的性贿赂和性侵害不在其规定范畴。一般认为，性贿赂是女性自愿的行为，属于道德调整的范围；性侵害则是侵犯了公民的人身权利并触犯刑法，属于刑法调整的范围。因此，这种类型的划分并未得到我国学界的采信。因此，本书讨论的性骚扰行为的法律类型中不包括性贿赂和性侵害。

第四节 性骚扰行为的损害后果

性骚扰行为给受害女性带来的伤害不仅表现在人身权利和身心健康上，也表现在对其人格尊严和名誉权带来直接的损害。这种伤害往往更多表现为受害女性在被骚扰后的种种不安、受惊的心理状态，对工作或生活环境有一种不愉快、不安全的感受。性骚扰行为对受害个体的影响远远超出一般精神和心理伤害的范畴，因为此伤害一直延伸到她们的身体状况、工作

---

❶ Till, Frank J. Sexual Harassment：A Report on the Sexual Harrassment of Students, Washington：Nali. Advisory Council on Woment's Educ. Programs，1980.

环境、职业发展、婚姻生活、名誉、经济损害等各方面。❶ 出现特别严重的伤害后果主要发生在以下两种状况下：一种是双方当事人的权力地位悬殊；另一种是当性骚扰遭到拒绝或反抗时。

性骚扰行为给受害女性带来的危害是包括法学界在内的社会各界一直关注讨论的话题。据统计数据显示，有越来越多的女性被性骚扰，但很少有人说出真相，因为有一部分人在面临失业危险的压力下保持沉默，性骚扰给职业女性带来巨大的伤害。美国联邦政府曾对 8 500 名女性工人做过有关调查，表明约有 56% 的人遭受过性骚扰；美国《国家法律杂志》在文章中写道，在"粉领"工作领域中有 64% 的女性遭受过性骚扰，3 000 名女性律师中约有 60% 的人遭受过性骚扰，250 名顶级法律公司工作的女律师在她们工作时曾遭受过性骚扰。2012 年 8 月，腾讯网发起的关于"中国女人性态度调查"第 2 期网络问卷调查显示，73% 的女性表示被性骚扰过，大多数的参与调查者认为性骚扰会给受害女性带来一系列负面影响；其中，有 34.12% 的人认为最主要的影响是心理伤害，会产生害怕或者不信任他人的感受。本节将从对女性个人、公司和社会几个层面剖析性骚扰行为带来的种种不利后果。

一、对女性个人的伤害

遭遇性骚扰行为的受害女性常承受巨大的生理压力和心理压力，这种压力来自于性骚扰行为发生时的直接伤害以及受害女性反抗性骚扰的间接伤害两种情形。前者主要是性骚扰行为直接导致的伤害；后者是受害女性反抗性骚扰后遭受的报复或其他伤害，即性骚扰行为引发的间接伤害。

（一）直接伤害

调查显示，性骚扰对受害人的伤害远超出一般精神和心理伤害的程度，这种伤害继而会直接影响受害女性的身体健康、工作状态、经济损失、工

---

❶　工作场所中的性骚扰课题组，唐灿，陈明霞，等 . 工作场所中的性骚扰：多重权力和身份关系的不平等——对 20 个案例的调查和分析 [J]. 妇女研究论丛，2009 (6).

作前景、婚姻家庭以及名誉地位等方面，特别是在当事人双方权力地位悬殊的情形下。

1. 心理和生理伤害

大部分的女性会感到焦虑、恐惧、自我怀疑、窘迫、无助和压抑，她们会觉得羞辱，好像她们该对此骚扰行为负责；相比较，女性遭受如抢劫的犯罪侵害时，却不觉得自己该对此行为负责或羞辱。● 尽管性骚扰带来的社会危害性不及强奸等暴力犯罪情节严重，但同样也会给受害人带来极大的心理压力，还可能引起生理伤害或疾病。生理伤害一般为头痛、饮食失常和睡眠不良等。● 遭受性骚扰的受害女性会认为因自己的性别而被贬抑、矮化或被当作社会中的性对象，而实则该行为是剥夺了女性个人尊严，● 因为这种伤害而受到鄙视、纠缠、猥亵、欺辱，由此感到痛苦和恐惧。

工作场所中的性骚扰带给受害女性各种消极情绪与各式各样的心理问题，如无自信心、生活满意度下降、恐惧、抑郁、人际交往障碍和有关性问题。《工作女性》杂志社曾调查显示，60%的高端公司的女性说她们曾经遭受过性骚扰；约33%的人知道其他人也遭受过同样的情况。● 国外专家调查显示，受害女性除患有无力感、自责、失眠、愤怒、紧张、忧郁及其他心理病症外，还会有头痛、背痛、呕吐、高血压、体重变化及疲劳等心理症状，更严重的是她们有此症状后不得不选择辞职。同时，受害女性在工作中也表现出一些不良状态，包括工作满意度下降、自信心降低、经常

● Foote, W. E., Goodman – Delahunty. Evaluating sexual harassment：Psychological, social and legal considerations in forensic examinations ［M］. Washington, DC：American Psychological Association, 2005：28.

● Foote, W. E., Goodman – Delahunty. Evaluating sexual harassment：Psychological, social and legal considerations in forensic examinations ［M］. Washington, DC：American Psychological Association, 2005：29.

● 性骚扰多数成了"闷骚" ［N］. 南方周末, 2006-03-23.

● ［美］Claire A. Etaugh, Judith S. Bridges. 女性心理学 ［M］. 苏彦捷, 译. 北京：北京大学出版社, 2003：220.

缺勤等，同时，还可能患上如头疼、胃肠、进食障碍等相关身体病症的疾病。❶

2. 对生活的影响

性骚扰对受害女性的婚姻家庭生活和名誉的影响是不可忽视的话题。很大程度上，中国对女性的性道德和恪守贞操的道德约束大于对男性的约束，无论其事实怎样，多数男性难以接受妻子与性丑闻有某种关联。当女性遭遇性骚扰时，舆论会出现一些社会偏见并产生怀疑，如"苍蝇不叮无缝的蛋""一个巴掌拍不响"等流言蜚语，使受害女性的颜面或名誉受到损害。

3. 自杀行为

国际劳工组织在亚太地区 12 个国家的研究报告中指出，孟加拉国、尼泊尔和斯里兰卡的国家报告中显示，性骚扰行为已经导致大量严重后果发生，有很多的受害女性选择自杀，因为她们难以忍受其生存条件、缺乏其他受害者的支持而选择自杀。一旦受害女性把性骚扰事件公布出来，那么她们将被贴上"烂货"的标签，❷ 生存的羞辱与当地文化传统直接把这些受害者送到自杀的边缘。我国有学者在实证调研中发现，受害者因为难以忍受屈辱，时常会有自杀的念头。❸

（二）间接伤害

这里的间接伤害是指受害者因反抗性骚扰而带来的不利后果，如骚扰者对受害者进行的打击报复、所在单位给予的不适当处理方式以及社会舆论给受害者带来的各种伤害。其中，工作场所性骚扰实施者利用权势地位或其他借口伺机报复是最常见的一种报复方式。

---

❶ ［美］Claire A. Etaugh, Judith S. Bridges. 女性心理学 ［M］. 苏彦捷，译 . 北京：北京大学出版社，2003：220.

❷ 南莲·哈斯贝尔等 . 拒绝骚扰——亚太地区反对工作场所性骚扰行动 ［M］. 唐灿，等译 . 长沙：湖南大学出版社，2003：23.

❸ 唐灿等 . 走向法治——工作场所性骚扰的调查与研究 ［M］. 北京：中国人民公安大学出版社，2012：30.

受害人因被性骚扰而提起诉讼常常会遭受持续被骚扰、报复或遭遇单位施加的精神打击，如对业绩的消极评价、降级或被解雇，甚至觉得主动辞掉工作才是唯一能解决的方法。也有人屈从性骚扰，忍受不喜欢的工作环境，因为拒绝该行为的后果则是被解雇，另外有 1/4 的人因为担心遭到报复或遭受明显的挫折感而主动辞职。❶ 这种情形下的辞职使受害人损失的成本是很大的，如自信心、经济损失、工作经历的扰乱以及获取与失业有关的利益资格等。一般来说，受害人以公开方式反抗性骚扰，会因此遭受周围舆论的压力会给受害者的精神、工作或家庭造成恶劣影响，这样受害者认为反抗性骚扰行为会带来严重的后果，只能选择沉默来忍受性骚扰带来的伤害。

二、对公司的影响

（一）公司的财务风险增大

一些国家在法庭判决中成功地要求企业赔偿受害人损失，或对企业进行罚款，企业的财务风险也越来越大。美国的风化保护委员会（MSPB）在调查中发现，由于性骚扰带给企业道德败坏、旷工、注意力下降等后果而使美国政府每年遭受 9 000 万美元的损失。❷ 曾发生在伊利诺伊州努马镇的美国三菱汽车制造公司内，有 300 多名女工声称遭到了性骚扰，该汽车制造公司为此付出了 3 400 万美元，此案后经 EEOC 和解才得以结案。❸

据澳大利亚新南威尔士大学主管平等事务的负责人估计，一项正式诉讼反性别歧视委员会的案件，会使公司面临可能比司法和行政机构的处罚高 5 倍的罚金。❹ 对用人单位而言，性骚扰会导致工作场所的氛围紧张，打破团队凝聚力和协作，影响公司业绩，增加旷工人数，降低生产效率。

---

❶❷　南莲·哈斯贝尔等. 拒绝骚扰——亚太地区反对工作场所性骚扰行动［M］. 唐灿，等译. 长沙：湖南大学出版社，2003：24.

❸　［美］凯思林·内维尔. 内幕：职场权力滥用与性骚扰［M］. 董熠韬，译. 北京：中央编译出版社，2004：41.

❹　［美］凯思林·内维尔. 内幕：职场权力滥用与性骚扰［M］. 董熠韬，译. 北京：中央编译出版社，2004：24.

（二）公司的优秀人才流失

性骚扰的另一后果是企业的优秀员工流失。公司或企业忽视性骚扰的存在或不予理会受害人提起的申诉，一旦受害人提起诉讼将其遭遇曝光，则会使公司形象蒙羞甚至恶化。

在日本，平等就业机会法修正案出台后，规定凡拥有 1000 名以上员工的大公司应采取措施防止性骚扰。而在修正案颁布的两年前，由日本工作场所性骚扰研究小组（隶属于劳动省）进行的一项调查发现，虽然有 90% 的雇主承认有必要采取措施在工作场所预防性骚扰，但是只有 5.5% 的雇主在实际上采取了一些相应的行动。❶继修正案出台后，日本工人发展研究所作的一项调查显示，71% 的被调查公司按照劳动省推荐的反性骚扰行动指南，制定了防治性骚扰的措施，其中包括三个主要部分：开展和宣传雇主的反性骚扰的规章制度；建立性骚扰受害人的申诉系统；采取措施处理性骚扰事件。❷公司制定的规章或措施，无疑起到了防微杜渐、防止公司人才流失的重要作用。

三、对社会的影响

人们逐渐意识到，性骚扰行为妨碍了两性之间的平等地位并宽容了性暴力，对单位的效率和职工的健康都产生相应的不利影响，因此它妨碍了经济和社会的发展。性骚扰是社会中常见的现象，常隐藏在沉默忍受中，随着社会对其认知越来越深，人们了解性骚扰破坏男女平等的实现。因此，从经济、社会和人力资源发展层面来看，仅仅关注部分人群在性、种族、民族、年龄等方面的歧视问题是不够的，这一点已经被社会普遍认可。容忍性骚扰行为，就会对社会的生产力和人们的身体或心理健康造成破坏，降低生产力，阻碍社会发展。

---

❶❷ Zaitun，Mohamed Kasim and Barter，P. A. 2001. Zero Visibility：A call for more attention to the neglected area of gender in transport planning in Malaysia，paper presented at the National Seminar on Sustainable Transport Issues and Challenges in Malaysia，Pulau Pinang［C］. Malaysia 7-11 September 2001.

小　　结

美国是所有工业先进的国家中应对性骚扰案件有着最丰富经验的国家，司法判决向着有利于受害女性的方向发展，逐渐强调雇主负有事前预防和事后防范的责任和义务等发展趋势值得世界各国参考借鉴。在我国，纵观媒体披露的几起性骚扰案件的诉讼历程，不难发现性骚扰案件已不再难以立案，法官对侵权行为认识不再拘泥于已有的民事权利种类，原告的诉讼权利逐渐得到保护，法官的自由裁量权与法律技术支持成为性骚扰案件胜诉的坚实后盾。

"禁止性骚扰"作为一句宣言列入法律中，但配套的法律法规仍不完善，性骚扰规制还没有直接的、明确的法律依据，因此，司法实践中，法官的自由裁量权对案件的审理起到决定性的作用。而法官的法律常识、法律素养、生活经验、性别意识等不同，甚至在审判之外的影响会产生不同的主观感受，可能对同类案件作出截然不同的判决。法官行使自由裁量权时需谨慎考量，以期判决结果对社会导向有其法律价值。同时，证据的收集是性骚扰案件能否胜诉的关键。在现有法律规范的保障下，最终能否胜诉不但取决于原告积极主动收集证据捍卫个人权利，而且需要人民法院在举证方面给予坚实的法律技术支持。与此同时，我们对性骚扰诉讼中出现的立法空白也有了进一步的认识：性骚扰案应当确定统一的侵犯客体或案由，避免适用人格权中繁多种类的诉讼局面，维护司法统一性，减少当事人起诉时的两难选择，法官能准确运用法律依据。随着社会的多元化发展，性骚扰仍将是一个永久性的问题。法律不仅应当强化和完善，更重要的是法律需以一种严谨、慎重的态度尝试改变社会对性骚扰规制的态度。

第四章　性骚扰发生的原因、场域及侵犯客体分析

第一节　性骚扰发生的原因

马克思认为："人和人之间的直接的、自然的、必然的关系是男女之间的关系……从这种关系的性质就可以看出，人在何种程度上成为并把自己理解为类存在物、人；男女之间的关系是任何人之间最自然的关系。因此，这种关系表明人的自然的行为在何种程度上成了人的行为，或人的本质在何种程度上对他来说成了自然。"❶ 在社会进化的历史长河中并没有某种迹象显示男女之间的关系应该是不平等的，使女性受控并臣服于男性。随着人类在进化中的群体分类、社会分层中形成支配秩序，客观上与动物的内部社会秩序一致，并在未来的社会发展中予以隐蔽地保留了该支配秩序，对女性的性骚扰行为的发生也有许多客观因素。

一、社会学之因素

1. 马斯洛的支配理论

当人类出现经济上的钳制、性化的贬抑时，一些古老的问题就凸显出来，如明显的经济不平等、性骚扰等，并在社会发展中露出丑陋的一面：经济要挟与性剥削的双重枷锁，使女性劳动者面对比家庭暴力、家庭附属

❶ [德] 马克思.1844 年经济学哲学手稿 [M]. 北京：人民出版社，1985：76.

品更复杂和残酷却表面很光鲜的歧视。

20 世纪下半叶，作为人类最有影响力的心理学家之一的马斯洛提出了"性与支配"论，该理论是在对猴子的行为研究基础上产生的。他认为，猴子的行为是一种支配行为，支配性强的猴子骑跨在支配性弱的猴子身上交配，而性别是无关紧要的。❶ 随后，他把发展出的支配理论自然地转向人类性与支配关系的研究，在经历一系列调查研究后指出，猴子的这种支配行为主要是通过性交行为在社会秩序中表达和传递，这与人类社会中的人际互动极为相似，男女在社会中的主我与他者的角色分配将女性置于被支配的弱者地位。女性作为弱者为了在职场中求生存和发展就必须遵从这一社会等级制度，接受男性的支配以换取经济上的分配，而男性的支配往往包括并表现为性要求、性行为。职场中强者多为男性，少数女上司或女性为主导的领域出现的女性对男性的性骚扰也同样是支配心理的体现。马斯洛从心理学的角度解读性骚扰的自然原始根源，以此论证性骚扰是基于人类动物本能遗留的社会心理，具有不可避免性。

马斯洛的支配理论展示了人类在生物进化过程中继承了自然社会心理恶习的观点，同时也指出，为了维护其在历史上获得的支配地位，文明社会中的男性群体更恶意地利用这一恶习。从而推之，性骚扰有其不可避免性：只要男权社会还将继续存在，性骚扰便仍将是女性进入职场的家常便饭，仍将是职业妇女需要承受的生命之重。

2. 权力不对等

一般而言，除了一般日常生活中的陌生人性骚扰外，性骚扰事件多盛行于职场与校园，最主要的原因是职场与校园都充满了不对等权力关系。如职场中雇主对职工的不对等权利的阶级差异；校园中教师对学生在权力上的落差。这种权力不对等使得性需求常具强迫性，如果她们顺从就会得到经济或学业上的好处，如果不同意就会有严重后果。因此，性骚扰剥夺

---

❶ ［英］柯林·威尔森. 心理学的新道路——马斯洛和后弗洛伊德主义［M］. 杜新宇，译. 北京：华文出版社，2001：130.

了女性的独立人格，使女性首先被视为性玩物，而不是聪明、有技能的职员或学生。由此可见，无论是性别权力的不平等，还是阶级地位的不平等，权力不对等是性骚扰行为发生的主要原因。

依据泛性角色理论，在工作场所中男女分布不均衡的情形下，性别是一个十分突出的特征，❶ 这样的环境中男性更多地把女职员当作女人而不是工作者。也就是说，他们将性别角色充溢到工作场所，影响到和女性工作者间的互动。在蓝领工人中，性骚扰的高发生率支持了这一理论，并指出男性身体特征比较突出的工作情景的重要性。❷ 在这种类型的情景中，性骚扰体现了一个有局限性的性别建构，将男女的行为和角色具体分开，这样就不把女性视为有能力的工作者，而是男女交往的目标。

二、受害者心理之因素

1. 沉默面对

2012 年 9 月，腾讯网发起的关于"中国女人性态度调查"第 2 期网络问卷调查显示，46% 的被骚扰者佯装镇定、忍气吞声。❸ 无论性骚扰带给受害者怎样的恶果，总有多数女性不愿站出来或说出来，更不用说提起诉讼。为什么受害者很少揭发性骚扰？学者认为首先要分析女性对性骚扰的反应。路易斯·费杰拉尔（Louise Fiezgerald）将女性对性骚扰的多种反应归纳为指向内部的反应和指向外部的反应两大类。❹ 指向内部的反应是指那些试图去调整对其事件的情感和认知的反应。它是一种为了让自己减少负面情绪和想法所做的调整，如试图去忘记整个事件或说服内心不要因为该事件而影响自己的工作前景。指向外部的反应是指那些试图寻求解决问题的反

---

❶❷　［美］Claire A. Etaugh, Judith S. Bridges. 女性心理学 ［M］. 苏彦捷，译 . 北京：北京大学出版社，2003：221.

❸　2012 年 8 月 30 日由腾讯网发起的第 2 期《中国女人性态度调查》中"关于性骚扰"调查部分显示的数据。

❹　Louise Fiezgerald, Swan Fischer. Why didn't she just report him? The psychological and legal implications of women's responses to sexual harassment ［J］. Journal of Social Issues，2010，51（1）：117-138.

应,如躲避骚扰者或向组织寻求帮助等,也可称为"非典型反应"。当受害人遭遇性骚扰时,有人的反应是指向内部的,即忽略问题;而更常见的是指向外部的反应,即采取避开骚扰者、禁止他的骚扰行为、辞职或向有关机构投诉与控告等策略。

那些保持沉默的受害人会担心提起正式申诉或诉讼后,权力人会施加更大的物质和精神的压力,因此会选择沉默面对。此外,权威的正式声明或非正式的投诉是不常见的反应,而控告则是最少发生的反应。❶ 费杰拉尔认为,受害人不对外声明曾被骚扰的主要原因是恐惧、羞耻和尴尬。受到性骚扰侵害的女性会因被骚扰而感到羞耻和尴尬,再加上害怕报复或丢脸,使得她们很少说出骚扰者的名字。她在研究中发现以往那些采用了积极手段处理性骚扰问题的女性后期在工作中也遭遇负面结果,如工作评价降低、羞辱和健康问题,受害女性仅仅在当其他努力都以失败告终后才求助于组织和法律。❷

2. 担忧失去经济收入

大量女性涌入劳动场所,经济上的独立使得女性地位也随之提高,但职业女性在面对经济压力时也不得不屈服于性骚扰;特别是处于社会底层的女性,拒绝性骚扰就意味着她的家庭失去养家糊口的来源,失去经济收入。此外,工作安全性高度与雇主个人紧密联系,以及特别惧怕经济损失的人群最为突出,如从事家庭服务业的移民女工。工作中的女性因为经济收入的提高,就意味着她们脱离了女儿、妻子是负担的观念,对自己的女性地位有新的评价;因此,为了寻求生计,得到一份有收入的工作,她们对性骚扰采取一种容忍的态度。同时,容忍也因为她们害怕被家人知道,

---

❶❷ Louise Fiezgerald, Swan Fischer. Why didn't she just report him? The psychological and legal implications of women's responses to sexual harassment [J]. Journal of Social Issues, 2010, 51 (1): 117-138.

从而阻止其外出工作，这样她们通过工作而得到的收入和自由就都会失去。❶

3. 缺乏应对性骚扰的意识

公众对性骚扰的意识和认知水平存在很大的差别。一些公司或机构能够承认性骚扰问题的存在；但是对个人而言，他们必须在行为发生后才了解哪些是性骚扰。马来西亚的政府部门曾对 61 名男性、41 名女性进行有关性骚扰的调查，其中 83% 的男性、88% 的女性承认性骚扰问题的存在，但是只有 5% 的男性、30% 的女性将实际发生的行为界定为"性骚扰"。韩国平等热线指出，由于普遍缺乏对性骚扰的意识，在收到的投诉中，有近一半的性骚扰案例和身体接触骚扰有关，因为女性更倾向于把身体接触认定为性骚扰；而言语调戏或者讲黄色笑话，就不知道是否是性骚扰。❷

许多人不愿公开其遭遇过性骚扰，是因为不知道怎样处理以及向谁寻求帮助。如跨国移民或刚从乡村来到城市的群体，因语言上的差异导致这种障碍更严重；受教育程度不高的工人，因缺乏了解或熟悉性骚扰信息传播途径。即使是法制较为健全的国家或地区，如我国香港地区从事移民咨询的当地组织接到移民打来的电话，说她们被老板性骚扰，其中大部分受害人并不了解该行为已经触犯当地的法律，只有当受骚扰的程度加重或遭遇严重的性侵害时，他们才会报警；澳大利亚的研究报告也同样表明，移民群体，特别是没有语言背景的移民，不知道当地的法律规定，更不知道该如何获得社会援助。❸

三、监管机制不力之因素

1. 社会援助机制的缺失

从理念上讲，性骚扰规制最重要的支撑手段采用正式制约机制，即加

---

❶❷ Zaitun, Mohamed Kasim and Barter, P. A. Zero Visibility: A call for more attention to the neglected area of gender in transport planning in Malaysia [C]. National Seminar on Sustainable Transport Issues and Challenges in Malaysia, Pulau Pinang, 2001-09.

❸ Zaitun, Mohamed Kasim. Action against sexual harassment in the workplace: Asian women's perspective, working paper for the ILO and the Committee for Asian Women (CAW) [R]. Kuala Lumpur.

强用人单位、国家、联盟等各社会层面的法制和规章制度建设，这是一种不必考虑企业规模、工人组成状况也是最容易被公众接纳的正式制约机制。但是，在还没有建立这种正式机制的情况下，缺乏保护的挫败感就会促使受害人的家庭或社群组织来解决。如印度一位工会领导在接受采访时说，一些性骚扰案例并没有到法庭立案，而是私下用把骚扰者打一顿或群起孤立的方式来解决。❶ 这表明，在缺少正式援助机制的情形下，受害人只能依靠亲属或熟人社群的帮助，但是这种解决方式会产生负面影响，甚至会让受害女性害怕升级矛盾，给将来带来更多隐患而不敢说出事实真相。

还有些缺乏正式保护机制的地区，一些女性联合起来组织自己的保护和网络系统，如斯里兰卡成立的一个妇女团体，对反性骚扰行动进行声援和游说宣传，还推选出最有名望的女性作为她们的代表，她有权代表这个组织来处理女性遇到的各种问题，包括女性遭遇性骚扰；印度曾有一个女工发起了对骚扰者采用吊起来鞭打的活动，自此，性骚扰行为逐渐减少。❷ 但这种由非政府组织参与发起的社团很少；如果正式保护机制逐渐增多，在规制性骚扰行为时会取得更好成效。

2. 法律机制的不力

国际社会中法律的多视角，且社会性别意识十分突出，法律规定具体而明确，实际运行效果较好；但也有许多国家立法起步较晚，立法滞后，在司法实践中无法操作，这是对性骚扰行为的纵容与轻视。

法律对有关性骚扰的规定不够详细和明确已成为性骚扰案件败诉最重要的原因之一，其中，举证难和法律责任规定不明确成为性骚扰案件难以胜诉的主要问题。多数遭遇性骚扰的受害女性选择沉默，是因为考虑到很现实的问题是性骚扰案件取证非常困难，难以打赢官司。据调查数据显示，

---

❶ 南莲·哈斯贝尔等. 拒绝骚扰——亚太地区反对工作场所性骚扰行动［M］. 唐灿，等译. 长沙：湖南大学出版社，2003：69.

❷ Wihayatilake, Kamalini and Zackariya, Faizun. Sexual harassment ar work－Sri Lanka Study－with focus on the plantation sector, working paper for the ILO（unpublished）［R］. Colombo, 2000.

有 20.2%的职业女性经历过不受欢迎的黄色笑话和故事；13.4%的职业女性表示遭遇过不受欢迎的黄色图片、短信；5.7%的职业女性经历过不受欢迎的身体抚摸。更严重的是，平均每 25 个女性被调查者中就有一个曾遭到强行性行为。其中有被调查者认为："摸你一下就去告他性骚扰，谁能证明？万一他反咬你一口，岂不是里外不是人。"●

此外，目前性骚扰规制中加害人承担的法律责任多以民事责任为主，有学者主张将性骚扰定为一种犯罪行为，我国台湾地区制定的"性骚扰防治法"就如此规定。也有人认为将性骚扰罪化这无异于在私领域的两性间立起一道墙，让男性不要接近女性会引燃两性战争的火药库。● 尽管日常中不经意的失礼行为会被认定为性骚扰，如对异性表示友善询问家庭或男女朋友状况，就可能成为言语性骚扰，有时候或是一种安慰性的搭肩动作就可能成为身体性骚扰，但这似乎忽略了性骚扰受害人可能造成的心理阴影与伤害。只要做出了受害人不受欢迎的与性有关的行为，这种伤害更甚于被偷盗或毁损的严重度，自然应该给予惩处。如果这种行为已经严重影响到他方的人格尊严或自由权，难道法律不应予以规范吗？事实认定以及界限划定的困难固然存在，但不应该就此否定性骚扰行为作为一种犯罪的形态。

随着社会的飞速发展，越来越多的受害者面对性骚扰时能大声说"不"；修正后的《妇女权益保障法》出台后，性骚扰案件如雨后春笋般涌出。如"地铁性骚扰"事件，面对公共场所的性骚扰，敢于当即呵斥；职场上的性骚扰，受害女性借助法律手段保护自己的应有权利。但目前我国尚未建立有效、健全的法律与社会机制，更缺乏多方协调、合作与补充机制，法律机制缺位会影响建构社会机制，法律机制与社会机制的责任与作用难以互动，导致性骚扰问题处理与干预机制面临诸多障碍。因此，法律与社会机制责任与作用仍需在立法中得以充分发挥。

● 职场女性遇性骚扰后维权困难 [N]. 法制日报，2010-05-10.

● 高凤仙. 性暴力防治法规——性侵害、性骚扰及性交易相关问题 [M]. 台北：新学林出版股份有限公司，2006：310.

第二节 性骚扰的发生场域分析

从欧美国家对性骚扰事件规范的发展历程来看，性骚扰事件多发生于权力地位不平等的当事人之间，因此欧美对于性骚扰事件的立法都从规范工作场所性骚扰开始。职场确实是性骚扰事件发生率极高的生活场域，其他各国有关性骚扰的立法规制与欧美各国相同，都以工作场所为起点，再延伸到其他生活场域。尽管性骚扰并不局限在某个特定的空间和场所，多数国家的性骚扰规制却集中在职场或机构，因为这些场域性骚扰直接影响到受雇者的经济来源、教育状况和雇佣前景等。本节着重阐述性骚扰行为发生的相关场域，以期更深入研究性骚扰的法律规制。

一、工作场所

性骚扰行为多发于工作场所。本书对工作场所采取广义的概念，主要有传统观念上的工作场所和延伸意义上的工作场所两种。

1. 传统观念上的工作场所的性骚扰

传统观念上的工作场所是指工厂、公司、机关事业单位、私营企业、工厂车间等工作场所发生的来自上级、同事或其他第三人等实施的性骚扰，或者服务行业的服务人员在工作时间遭遇顾客的性骚扰。因为这些场所的性骚扰不仅包括来自雇主、管理者或同事实施的，还会涉及更加广泛的工作关系，如与客户、顾客、消费者、患者、合同工，包括维修工、供应商、清洁公司和提供其他服务的供应商等主体之间的关系。因此，性骚扰规制的主体范围应不仅涉及企业中的雇员，还应包括出现在日常工作环境中的第三人。

2. 延伸意义上的工作场所的性骚扰

传统观念上的工作场所常被理解为付酬劳动发生的物理空间。随着现代社会的经济、科技的高速发展，性骚扰行为发生的场域比以往任何时候都更具有延伸性；因此，对工作场所的界定外延也应不断扩充，如涵盖家庭、田地或街上等这些非传统的工作场所，因为这些工作场所的女性也极有可能受到性骚扰，主要有以下几种情形：

（1）种植园里工作的女性也容易遭遇性骚扰侵害，因为种植园的工作环境和生活环境常常是同一场所。对于那些日益增多在农田、养殖园等工作的女性来说，无论是传统还是现代的场域界定都应关注她们的处境，常常会遭遇雇主或第三人的性骚扰。

（2）对从事家政服务的劳动者而言，工作场所已不再局限于雇主的家中，甚至有的会陪伴雇主家庭成员到市场或学校，那些生活在雇主家中的佣人每天 24 小时面临雇主和雇工之间的关系。实际上，无论是在家里还是在购物路途中遭受雇主的性骚扰，其冒犯的严重性都是一样的。

（3）企业提供食宿的工人也常面临性骚扰的困境，如规定女性宿舍只有经理级别人员才能进入等。若相关管理者对下属员工（尤其是年轻女性）享有升迁或聘用等权力，则在雇用和招聘时性骚扰就有可能发生。

（4）科技的快速发展，电话和电脑等电子产品的普及，使得以往工作场所的范畴已突破了传统观念上的界限。如接收来自相同或不同部门同事的性骚扰邮件或发送与性有关的短信骚扰受害者的方式都打破了传统工作地点的范围。

（5）上下班路途中遭遇的性骚扰甚至遭受性暴力，特别是对工作到深夜才下班的女性，以及缺乏安全交通工具的地区，这一严重问题尤其突出。

传统观念与延伸意义上的工作场所不同于其他场所发生的性骚扰，因为它具有长期性、经常性的特点，其危害性也是最大的，性骚扰实施者常常是具有就业支配权的上级，感受的心理压力会更大。因此，法律规制性骚扰时应慎重考虑"工作场所"的概念，它不仅包括实际工作场所，还包括因特殊的工作环境或经济关系常被忽略的隐形工作场所的范围。

二、公共场所

中国社会科学院曾以非随机抽样的方式进行调查：119 名受访者中约有 70%的人曾在公共场所被陌生的异性抚摸；102 名受访者中约有 60%的

人在公共场所遭到过异性以性事为内容的玩笑、谈论、辱骂。❶ 如长沙某职业学校的一名 15 岁少女多次在公交车上遭到一陌生男子的骚扰，起初她以为是车上拥挤而没有在意，便往外挪了挪。对方见她不作声，又跟着往她身边挤了过来，还用手掐她的手臂；到站下车后该男子一直尾随到她学校门口。❷ 2013 年 12 月，一男子在地铁列车内躺在座椅下对女乘客摸腿骚扰；北京市公安局公交总队接报警后，民警在地铁二号线东直门站列车内将嫌疑人抓获；嫌疑人对多次在地铁站内对女乘客进行骚扰的事实供认不讳。❸

发生在公共场所的性骚扰是指向不特定的行为对象实施的不受欢迎的、与性相关的行为。这与发生在雇主、同事或第三人的工作场所性骚扰相比，公共场所发生性骚扰行为具有突发性，受害者甚至无法预料这种突发行为，主要在公共汽车、电梯、地铁、商场、酒店饭馆、娱乐场所以及其他各种服务性营业场所等。因此，公共场所性骚扰发生在平等主体之间，当事人之间不具有权力不对等的情形，它是一种民事侵权行为，它不同于工作场所性骚扰具有性别歧视的特征。

三、校　　园

性骚扰行为多发于工作场所。除了日常生活中的陌生人性骚扰外，性骚扰行为多发生在校园。我国台湾地区一项针对校园性骚扰事件的调查数据表明，在受访的 453 位教师和 663 位学生中，有高达 50% 的教师和 38% 的学生曾听闻校园内有性骚扰事件发生；有 29% 的受访学生曾听闻同学或朋友有此类不愉快的遭遇；有 40% 的受访学生曾被性骚扰甚至性侵害。其中女学生的受害率约为男学生的两倍。如以学校级别来细分，小学女生约

---

❶　中国公共场所性骚扰情况严重 [EB/OL]. [2005-07-30].http://eladies.sina.com.cn/nx/2005/0730/2112177946.html.

❷　15 岁少女公交车上遭性骚扰　求助乘客无人理 [N]. 当代商报，2005-09-19.

❸　地铁摸腿男被抓　躲在椅子下猥亵无人反抗 [EB/OL]. [2013-12-10]. http://www.fabao365. com/news/shyf/998526. html.

为 12%，中学女生约为 20%，而高中女生则高达 24%；而加害人则以陌生人居多，其次才是同学。❶ 近年来，我国发生的校园中老师对学生的性侵害事件，其数量在逐年增多，引起社会各界的关注与研究。

四、其他场域

由于性骚扰行为本身具有复杂性和多样性，随着社会多元化发展，其发生的场域无法进行详尽罗列，如在私人场所性骚扰，包括住家、朋友聚会等场合来自同学、朋友或其他熟人的性骚扰，或来自陌生人的电话、短信、网络邮件等各类场域的骚扰。2007 年，北京众泽妇女法律咨询服务中心从 12 个省区市的 190 个投诉中，选择代理了 50 起较为典型的性骚扰和性侵害案件；其中涉及职场的有 18 件，占全部代理案件的 36%。分析表明，目前我国职场性骚扰主要发生在企业、公职部门、校园、医院等部门，如山木教育集团总裁宋山木强奸女员工案、广东鹤山桃源镇委副书记强奸女下属案、重庆教师文静被校长性骚扰案，等等。❷ 世界各国对性骚扰的规制领域也在逐渐扩充与完善，如美国近年来对性骚扰规制也逐渐从工作场所向航空业、房屋租赁、教育、军队、服务以及福利行业等领域扩展。

第三节　性骚扰侵犯的客体

第三章考察了国际社会、其他国家或地区对性骚扰概念的立法模式，其从一开始就是沿着两个方向发展的，主要是以美国为代表的性别歧视和以欧盟为代表的维护个人尊严的两种模式。我国法学界在讨论性骚扰问题上也借鉴了此两种模式来分析性骚扰侵犯案件：一种是"职场主义性骚扰"，是以保护劳动者的权利为主的劳动制度、雇主承担责任为主；另一种

---

❶ 罗灿英 . 政策面 vs. 执行面：校园性侵害及性骚扰防治之政策分析、现况检视及实务刍议 [J]."国家"政策季刊，2005，4（1）.

❷ 职场性骚扰诉讼认定难赔偿难，受害者多隐忍不发 [N]. 检察日报，2013-07-16.

是"权利主义性骚扰",是以保护人的私权利——人格权的司法制度、适用一般侵权责任为主。● 本节将从这两个方向分别阐述性骚扰侵犯的客体。

一、问题的主流观点及重要性

1. 问题的主流观点

由于性骚扰形式的多样化与复杂性,各国法律适用不同意义上的性骚扰概念,导致学者对其行为到底侵犯哪些权利争论不休。目前学界没有统一的观点,众说纷纭,归纳起来主要有以下几种:●

(1) 人格尊严说。其认为性骚扰行为违背了他人意愿,强加给他人某种行为,受害人因此感到不被尊重、侮辱或失去人格尊严。因此,性骚扰行为侵犯了他人的个人尊严。

(2) 隐私权。其认为性事属个人私事,性骚扰是一种实施了不受欢迎的、与性有关的言语或动作,侵犯他人的私生活等隐私权。

(3) 健康权。性骚扰行为致使受害人产生种种心理不健康的后果,它侵犯的是心理健康。

(4) 身体权。性骚扰行为具有某种性侵犯的主观意图,故意触摸或碰撞他人身体,特别是触摸、碰撞他人身体的敏感部位,侵犯了他人的身体权。

(5) 人身自由权。性骚扰行为主要特征就是违背他人意愿,侵犯他人的意志自由,即该行为侵犯了他人的人身自由权。

(6) 劳动权、平等就业权等公权利。

(7) 性自主权。性自主权强调的是男女两性对性享有自主及性的尊严的权利。性骚扰行为属违背他人意愿、实施与性有关的接触,它既侵犯性的自主也侵犯性的尊严。

(8) 复合性权利。性骚扰行为侵犯的条件并不是单一的,而是复合性

● 杨立新,张国宏. 论建构以私权利保护为中心的性骚扰法律规制体系 [J]. 福建师范大学学报(哲学社会科学版),2005 (1).

● 李静. 关于我国性骚扰法律规制研究的文献综述 [J]. 财经政法资讯,2010 (1).

的，它不仅侵犯了性自主权，还侵犯了人格尊严、身体权、劳动权、隐私权、平等就业权等。

2. 问题的重要性

现代社会人们不断增强人权意识，特别是逐渐提高女性权利意识与社会地位，性骚扰问题已引起世界各国的关注，法学、社会学、女性学、哲学等领域都对此进行了研究。我国也开启了性骚扰立法历程，但是对性骚扰如何界定、侵犯的客体为何、如何规制性骚扰、其法律后果有哪些等问题都没有规定，致使司法实务中处理性骚扰缺乏统一而明确的法律依据。性骚扰行为侵犯客体的不明确，最突出的表现是法院立案难。在司法实践中较为普遍的做法是，以性骚扰行为导致的间接侵害提起诉讼，如影响合同继续履行等后果，该行为则似乎不是纯粹的性骚扰案件，而是名誉权、就业权等其他相关权利遭到侵害的普通案件，以至于有人认为应该从法律规范中抛弃性骚扰这一概念，因为根本就无法制定出一个可以操作的性骚扰的判断标准。❶ 如果硬要保留性骚扰概念，就会成为欲加之罪何患无辞的工具。

这种观点极不利于防制性骚扰、保护受害者的合法权益。现存的性骚扰法律规制体系的缺失也与我国法学研究不力、结论不清晰有密切联系。因此，我们必须明确性骚扰行为是否侵犯了受害人利益，侵犯了何种权利；只有明确了其侵犯的客体，才能准确地定性性骚扰行为，构建起法律规制体系。在这些问题中，笔者认为最重要的症结在于对性骚扰侵犯的客体认识模糊，因此，研究此问题具有重要意义。

二、权利主义性骚扰的客体分析

20 世纪 90 年代后期，一些国家和地区在反思性别歧视立法模式的缺陷的基础上，进而对性骚扰问题进一步深入研究，采取广义的性骚扰概念。各国法律相继规定性骚扰是一种侵犯个人人格尊严的行为并且更侧重对受

---

❶　侯举. 浅论"性骚扰"法律概念适用 [J]. 法制与社会，2009（8）.

害人的权利救济，由个人决定哪些是冒犯性行为或哪些是可被接纳行为。

1. 权利主义性骚扰侵犯的客体是性自主权

维护人格尊严的性骚扰立法模式注重维护公民的基本人格尊严、保护公民民事权利神圣不可侵犯为中心；因此，所对应的权利主义性骚扰为核心的侵权行为，其侵犯的客体从民事权利的各种类型来分析，不应涉及民事权利之外的其他权利，如身体权、隐私权或劳动权。笔者认为，权利主义性骚扰侵犯的客体是性自主权，而隐私权、健康权、名誉权、身体权等其他权利则是侵犯性自主权所导致的间接后果。即某骚扰行为没有侵犯性自主权，即使他人的身体权、隐私权、健康权等遭到侵犯也不属于性骚扰，而属于其他侵权类型，而该行为只侵犯了性自主权，即使对其他人格权没有损害也应认定为性骚扰。如 2004 年北京市朝阳区人民法院判决了一起发短信进行性骚扰的侵权案件，这也是我国司法实务中第一次明确认定性骚扰行为侵犯的客体是性自主权，❶ 也是较典型的性骚扰案。

2. 性自主权的结构体系

"权利"一词本身是一个较为复杂、庞大的体系。作为独立人格权的性自主权，有其自身的内在结构体系。据性自主权的特性以及美国法学家霍费尔德对权力的分类，❷ 可将性自主权的结构体系作如下分类：

（1）保持权，是指权利人享有不为他人所侵害的性操守和性品德的权利，它是性自主权里面最主要的权利。❸ 它主要表现在两个方面：

---

❶ 该案件经审理后，法院认为，被告对原告有性意识上的主观故意，在违背原告主观意愿的情形下，发送淫秽和威胁性手机短信给原告，引起原告心理上的反感和厌恶，侵犯了原告保持自己与性有关的精神状态愉悦的性权利，其行为构成性骚扰。具体可参见：杨立新，张国宏. 论建构以私权利保护为中心的性骚扰法律规制体系 [J]. 福建师范大学学报（哲学社会科学版），2005（1）.

❷ 霍费尔德在《法律的基本概念》中提出权利可以分为以下几类：权利，即请求权或主张权，与义务相联系；特权，即个人对自己拥有的东西享有自由行使的权利，他人无权干涉；权能，即据自己的意愿建立或改变某类法律关系的权力，与责任相联系；豁免，即不会因他人的意愿改变特定法律关系的自由。

❸ Stephen J. Schulhofer. Unwanted Sex：The Culture of Intimidation and the Failure of Law [M]. Harvard University Press，1998：111.

①物质性的完整保持权，指权利主体对于属于自己的性生理载体完全享有保持不被他人非法接触、侵入或破坏的权利。它属于一项身体性的权利，但又不同于一般的身体权，因为它保持的是身体中承载性利益、性功能、性愿望和性隐私的生理器官的自由和完整，即性表示的物质载体的完整。

②精神性的完整保持权，指权利主体在精神、心理上保持性感知或性意识的安宁、平静且不受非法侵扰的权利。

物质性和精神性的完整保持权都是性骚扰行为主要侵犯的权利，分别从不同角度来规制性骚扰。前者抵御来自有身体接触的侵扰，后者抵御来自语言及其他非身体接触的侵扰。作为性自主权中保持权的两个分支，缺一不可，这对认清性骚扰侵犯客体研究具有一定的理论意义。

（2）承诺权，指权利主体对他人所提出的性要求，有完全按自己意愿作出是否同意、不受任何干涉的权利。但权利主体行使此承诺权也是有一定限制的，即不以违反法律、违背社会道德为底线，如禁止卖淫行为；此外，行使承诺权还需权利人有一定性意识能力为要件，如未成年人或无法辨认自己行为的精神病人则无承诺能力，即使经此类人同意也会构成性骚扰。

（3）选择权，指权利主体有选择何种性行为方式及选择与何人进行性行为的权利。它是性自主权中性自由和性意愿的完全表达，但行使选择权须以遵守社会公序良俗、不侵犯他人权利为前提。

（4）拒绝权，是指权利主体以自己意愿自主地拒绝与他人发生某种性的关系的权利，又称"反抗权"，在保持权基础上衍生而来。作为人格权中的性自主权，它的非财产性特质决定了其一旦受到侵犯则无法恢复原状；因此，权利人遭遇非法侵害时，享有拒绝权则必不可少。在遭受性骚扰侵害时的反抗、喊叫或打骂即为权利主体行使拒绝权的表现方式。

综上所述，任何违背权利主体性意愿的行为都是对性自主权的侵犯。该行为可以是口头的，也可以是动作上的；前者如下流语言挑逗，后者如故意触摸、碰撞身体的敏感部位。"性骚扰"这个词语本身就突出了

"性"，与"性"无关的骚扰不构成性骚扰；"骚扰"是指扰乱他人，使其不得安宁。因此，只要加害人的言语或行为使受害人不安宁，就可构成性骚扰，不需一定有身体上的直接接触。这正是性骚扰比强奸的侵害程度和后果轻微很多的主要原因。

3. 具体人格权与一般人格权不成其客体

（1）具体人格权的内容很广泛，主要包含身体权、人身自由权、隐私权、健康权等，损害这些权利并非表现为对"性"的支配实施的侵害，因为不以"性"为利益的支配的行为，也会构成对这些权利的侵害。而这些客体不能说明以发短信等无身体接触、也不涉及第三人的情形下如何成立性骚扰的问题，而这些权利在很多性骚扰案件中视为侵犯了间接客体，如在实施性骚扰行为的同时，因为受害人的反抗、拒绝或喊叫等，使侵害者采取暴力等手段报复受害人，侵犯了受害人的身体健康或被披露隐私、名誉受损等后果。具体人格权的内涵，不仅限于对性自由的侵犯。

（2）一般人格权。以欧盟为代表，认为性骚扰侵犯了作为人的基本人格尊严，此观念的产生及延伸都与不断增强的人权意识、人格尊严不受侵犯的理念息息相关。但作为性骚扰行为侵犯的直接客体而言，一般人格权、人格尊严主要起辅助功能，简言之，当没有侵犯到具体人格权中所包含的人格利益时，即可依侵犯一般人格权认定为侵权行为，追究行为人的侵权责任，对人格利益损害进行救济。❶ 这属于不得已为之时才适用一般人格权为侵犯的直接客体；当条件成熟时，最终会提升为具体人格权。此外，一般人格权的范畴较宽，它可以适用于任何案件，致使性骚扰案件没有具体性或针对性，这样会让性骚扰缺失它存在的独立价值。

权利主义性骚扰侵犯的直接客体适用一般人格权或人格尊严仅是权宜之计；而一个国家拥有完善、成熟的法律制度或法律体系时，必须有其独特的构成要件，包含其独特的、与其他制度相异的客体。因此从长计议，性骚扰的法律手段规制，必须将性自主权上升为具体人格权，独立于一般人格权。

---

❶ 杨立新. 人格权法 [M]. 北京：中国法制出版社，2006：114.

三、职场主义性骚扰的客体分析

从欧美国家的成功规制性骚扰的法律经验来看，职场是发生性骚扰比例最高的，也是最早引起学者关注性骚扰的问题。因为工作场所的性骚扰针对的权利主体相对较固定，受害人与侵权人之间在劳动关系中有某种特定关系，持续时间较长，产生的固定经济损失较固定，因此职场主义性骚扰产生的损害后果比一般性骚扰（如公共场合性骚扰）的结果更严重。

1. 职场性骚扰侵犯的客体是复杂权利

由第三章阐述的职场性骚扰概念可知，职场性骚扰与一般性骚扰的特性相似，都可以是肢体行为、语言、文字、音像、电子信息等形式实施的、与性有关、违背他人意志的侵权行为，对受害人而言，侵犯了他作为一般主体所享有的基本权利，即前文阐述的性自主权。此外，性骚扰的发生场地与当事人之间具有特殊关系，该行为还侵犯了在劳动关系中劳动者或雇员所享有的相应的劳动权利，即职场性骚扰侵犯的是复合权利；❶ 但该复合权利中，被侵犯的与性骚扰相关联的则是平等就业权和劳动安全卫生权。

2. 平等就业权和劳动安全卫生权

（1）平等就业权。从广义上说，平等就业权既包括形式上的平等就业权，也包括实质上的平等就业权。它指国家在立法、司法和执法的法律运行过程中保护劳动者在就业中享有平等的身份、权利、机会和规则等方面拥有形式平等的一种权利；同时，国家也采取包括禁止就业歧视、保护特殊群体的就业、就业培训和就业社会保障等在内的多种措施保障劳动者拥

---

❶ 《世界人权宣言》第 23 条和第 24 条规定了劳动者的劳动权利和休息权利，包括就业权、自由选择职业权、获得公正报酬和平等待遇权、组织和参加工会权以及休息和休假权等。我国《劳动法》第 3 条和第 13 条规定，劳动者享有平等就业权、就业职业权、获得劳动报酬权、休息休假权、劳动安全卫生权、接受职业技能培训权、享受社会保险和福利的权利和提请劳动争议处理权等劳动权利。

有实质上的平等就业权。❶ 平等应不限于机会平等，平等的就业权必须是在求职、工作或离职的就业全过程中，而不仅是机会上的平等。因此，在工作场所，不论雇主或雇员包括客户对雇员的性骚扰，都应是歧视的表现，而不仅限于性别歧视，侵犯的是雇员的平等就业权。

（2）劳动安全卫生权。其是指劳动过程中，劳动者享有适宜的劳动条件和必要的保护措施的权利，包括事前防范和事后补偿。事前防范是指提供多种保护措施防止发生职业上的伤害，让劳动者拥有健康卫生的工作环境；事后补偿是当劳动者在执行职务时受到人身或财产损害或遭受职业伤害时的赔偿制度。保障劳动者的安全卫生权，不仅包括身体与物质环境，还包括健康的心理精神，预防我们熟知的职业病伤害，使劳动者享有安全卫生的工作环境。随着现代社会的发展，应不断增强人权意识与丰富权利范围，更应关注劳动者的身体和心理健康，将其纳入权利保护的范围。

综上所述，职场性骚扰侵犯的客体是复杂客体，侵犯了性自主权、平等就业权和劳动安全卫生权，但并不是任何一个职场性骚扰案件都会同时侵犯这三种权利。职场性骚扰主要由交换利益性骚扰和敌意性骚扰两种类型构成。前者是以获取性利益作为雇佣条件或雇佣决定为前提，侵犯员工的平等就业权。后者因实施性骚扰的主体是雇主或主管，受害人没有受到有形损害，其类型很难认定；但是在这样一种充满敌意的、不友好的环境下工作，对于受害雇员而言没有享有安全卫生的劳动环境，侵犯了雇员的劳动安全卫生权。

小　结

本章首先从社会学、受害者心理以及监管机制的角度阐述性骚扰发生的原因；世界各国有关性骚扰的立法规制都以工作场所为起点，再延伸到其他生活场域，如公共场所、校园。我国法学界在讨论性骚扰问题上借鉴了两种模式：职场主义性骚扰和权利主义性骚扰。工作场所以外发生的一

---

❶ 李雄. 论平等就业权的界定 [J]. 河北法学, 2008 (6).

般性骚扰行为，其侵犯的直接客体是性自主权；而发生在工作场所或与工作有关的职场性骚扰行为，基于存续的雇主与雇员之间的劳动权利义务关系，性骚扰侵犯的客体是复杂客体，即侵犯了性自主权、平等就业权和劳动安全卫生权，但并不是任何一个职场性骚扰案件都会同时侵犯这三种权利。因而，我们不能笼统地断定性骚扰侵犯了何种客体，须具体案件具体分析，而且与此对应的承担责任的主体、性质和形态也不尽相同。

目前我国尚未建立有效、健全的法律与社会机制，更缺乏多方协调、合作与补充机制，法律机制缺位会影响建构社会机制，法律机制与社会机制的责任与作用难以互动，导致性骚扰问题处理与干预机制面临诸多障碍。因此，法律与社会机制责任与作用仍需在立法中得以充分发挥。本章分析了性骚扰发生的原因、场域和侵犯的客体，深入剖析性骚扰产生的现象，有助于未来我国通过立法规制性骚扰时反思其法律路径。

第五章 境外性骚扰规制的
制度分析

性骚扰问题已成为世界各国关注的议题，尽管仍有许多国家对性骚扰未能提供相应的法律保护，但世界各国家和地区都一直在努力地探索有效的法律制度，实现对性骚扰的法律规制，都会针对某些类型的性骚扰行为制定某种形式的法律保护方法，至于提供哪种法律救济或补偿方式，则可能要看各国和地区本身所采取的法律制度，才能决定其所能发挥的功能。总体来说，除美国和英国外，为性骚扰提供法律保护的多数国家是在20世纪80年代或90年代初才有了相关的法律，还有一些国家在司法判决中通过传统的侵权法为性骚扰受害人寻求救济。❶ 各种规制方法有利有弊，本章通过列举并分析不同国家和地区性骚扰规制的法律制度，藉以期望未来我国在起草性骚扰防治的相关法律制度时应予重视和考虑的相关问题。

第一节 美国性骚扰规制的法律规定及评析

由于美国是二元制国家，采取联邦及各州法律并行制度，因此，遭受性骚扰行为侵犯的受害人可自行选择依据相关的联邦法及州法获得救济。目前美国各州都已制定保障公平就业机会法律处理造成性别歧视结果的性骚扰案件，下面对美国联邦宪法和普通法规定的有关性骚扰主要法律制度，做一详细说明，并评析其优劣之处，以期为我国未来采取类似制度以参考之用。

---

❶ Tariq Mundiya. Conditions of Work Digest：Combating Sexual Harassment at Work ［J］. COMP. LAB. L. J.，1993（15）：49.

一、美国联邦宪法关于性骚扰规制的法律规定

与普通雇员相比较，在公共部门工作的雇员在遭到性骚扰侵犯时，还可依据美国联邦宪法第五及第十四增修条文有关平等保护条款的规定寻求救济。即联邦宪法第五增修条文保障联邦政府机构雇员不受性骚扰侵犯，而各州及地方政府机构的受雇者则可依据第十四增修条文来请求保护。

（一）联邦宪法第五增修条文的平等保护规定

在1971年著名的里德诉里德案（Reed v. Reed）❶中，美国联邦最高法院首度正式确认性别歧视情形可以依据联邦宪法增修条款的平等保护条款寻求法律救济，随后又在戴维斯诉帕斯曼案（Davis v. Passman）❷中更进一步强调依据联邦宪法第五增修条文平等保护条款的规定，联邦政府应对性别歧视事件负责。由于美国法律认为性骚扰是性别歧视的一种类型，因此，为美国联邦政府工作的受害人即可依此平等保护条款的规定向联邦政府请求救济。

而该条款自实施起，联邦受雇者很少直接引用该规定作为诉讼的理由。首先，联邦政府即使具有雇主身份，但基于主权免责原则，也不可能成为直接被告；其次，美国联邦最高法院在相关判决中认为，如果要提起直接的宪法诉求，受害人必须是在没有其他替代性救济方式时才适用，而根据《美国联邦雇主法律责任法》以及《美国联邦侵权赔偿法》的相关规定，受害人不得适用更高阶层次的联邦宪法，而只能依据这些成文法来控诉联邦政府；最后，美国联邦各级法院在具体的相关判决中规定，与联邦受雇者有关的就业歧视诉讼，都应由1964年《民权法案》第七章来提供唯一的补偿。因此，受害人在理论上可直接依据联邦宪法第五增修条款来控诉联邦政府，但除非她不属该民权法所保护的对象，否则根本没有提出这类诉

---

❶　404 U. S. 71（1971）.

❷　442 U. S. 228（1979）.

讼的可能。因此，理论上联邦政府的供职雇员可适用联邦宪法第五增修条文性别歧视的规定向联邦政府提起诉讼，但是它又属于 1964 年民权法中所保护的主体，即无权向联邦政府提起有关诉讼，两者有相互矛盾和冲突之处。

（二）联邦宪法第十四增修条文的平等保护规定

在 1981 年沃尔诉比塞茨克案（Woerner v. Brzeczek）[1] 中，美国联邦地方法院首度判决性骚扰案件受害人得依联邦宪法第十四增修条文的平等保护条款，向州政府提起性别歧视诉讼。该条文比联邦宪法第五增修条文的适用范围更广，性骚扰案件受害人依据此平等保护条款控诉的对象范围不仅包括各州政府在内，还包括下级政府，同时，依 1871 年《民权法案》第1983 条规定任何基于州法色彩而实施的性别歧视，侵害者应负法律责任，除了政府主体外，私人也可能会由此负法律责任。一般来说，性骚扰受害人援用此宪法条款时，不需先用尽行政救济程序，仍可寻求给付补偿性及惩戒性损害赔偿金，更有请求陪审团参审的权利，而且没有时效期间的限制，可以说对当事人提供了更周全的保障。

然而，在适用联邦宪法第十四增修条款时，也面临三个难题：首先，该条文的适用对象主要是州政府，只有在极其特殊的情形下，主体才包括下级政府及私人，则真正引用此条文的机会很少；其次，州政府也会适用主权免责原则，拒绝对此类事件负责；最后，据 1987 年《民权法》第1983 条的规定，成立这类控诉的前提是须证实被告具有歧视性意图，由于取证难，这一规定减弱了此条文保护性骚扰受害人的功效。[2]

二、美国联邦公平就业法律及相关规定

1. 1964 年《美国民权法案》第七章的规定

美国 1964 年制定的《民权法案》第七章是所有联邦禁止就业歧视法律

---

[1]　519 F Supp. 520（N. D. I11. 1981）.

[2]　Susan　M. Mathews. Sexual　Harassment：Beyond　Damages　Control　［J］. YALE J. L. &FEMINISM，1991（3）：304.

中范围最广、影响最为深远的法律规范，它规定雇主不能因受雇者的种族、肤色、宗教信仰、性别或原始国籍等因素拒绝雇用或解雇，或在薪资报酬、工作条件、待遇或优待等雇用条件上有任何歧视待遇的情形，同时，还特别设置美国平等工作机会委员会来负责该法的执行与监督。1972 年该法又历经一次修正，适用范围扩大到各级政府的公务员、达 15 人以上员工的跨州营业的私营事业单位之外，并委托美国平等工作机会委员会代受害人提起就业歧视诉讼，取得该委员会的同意后，准许个人向美国联邦地方法院提起此类诉讼。目前，该法已成为工作场所性骚扰受害人提起美国联邦地方法院最重要的联邦法律依据。

2. 1991 年美国民权法的规定

美国国会为推翻美国最高法院在 1988~1989 年庭审的几则特别不利于女性及少数族裔有关的就业歧视的判决，1991 年大幅修正 1964 年《民权法案》第七章，即 1991 年《民权法案》，经修正后该法规定性骚扰受害人可请求一定金额惩罚性的损害赔偿金，❶ 还有请求陪审团参审的权利。总体来说，此修正案的新规定提供给性骚扰受害人更周详完备的法律保障，也将促使受害人更积极主动地提出此类诉讼，为防治性骚扰起到一定的推动作用。

3. 平等就业机会委员会提供的救济手段

1964 年美国《民权法案》第七章中特别创设了平等就业机会委员会这一重要机构，它是美国负责执行就业歧视相关事项的联邦立法最重要的机构之一，专门处理有关申诉、调解及诉讼的相关事宜。它是一个独立的联邦机构，其职责在于消除招聘或解雇、晋升、薪资福利、培训或训练等有关的就业条件中产生的基于种族、肤色、宗教信仰、性别、原始国籍、残障情况及年龄等因素的任何歧视现象。因此，任何适格受雇者或求职者认为遭受性骚扰行为侵害时，都可向该机构提出正式的控诉或向美国联邦地方法院提起就业歧视诉讼，以寻求其法律帮助及救济。

---

❶ 惩罚金在 5 万~30 万美元，具体要视雇主事业单位规模大小而定。

美国平等工作机会委员会接收当事人有关性骚扰的正式控诉后，即展开初步调查工作，判明该项控诉是否存在确实合理的理由。1995 年 4 月以前，为快速处理此类案件，该委员会特别采用一套所谓"加速处理控诉事件制度"，先由该委员会的一位平等机会专家与提出控诉者面谈，协助其了解相应的处理程序及填写相关的书面资料，如果该委员会认为控诉者所提出的指控并无依据或并非其管辖范围，则不会批准该项控诉；反之，则会正式提出控诉，通知雇主，并举行一项发现事实的协商会议，由该专家提出和解使双方均能满意，若未能达成调解，则应由该委员会的专属律师决定是否提出诉讼。自 1995 年 4 月以后，该委员会为快速结清积案和需优先处理有一定价值的案件，又采取一套"控诉案件优先处理程序"，即把案件划分为 A、B、C 三大类，以此决定处理的顺序：A 类属于主要调查并努力调解的控诉案件；B 类属于表面看需要优先处理且有价值的案件，但仍需深入调查决定是否需要处理的案件；C 类是不属于美国平等工作机会委员会管辖，也无证据支撑须立即结束的案件。此外，该委员会还在 1996 年时推行一种以和解为基础的替代性解决争端来处理案件，以便尽快为控诉案件寻求解决途径。

美国平等工作机会委员会依 1964 年《美国民权法案》第七章的规定对性骚扰受害人提供的救济十分有限，该章规定当事人最多只能请求衡平性救济，如颁发禁令、归还拖欠工资、复职及合理的律师费用等，而无法请求补偿性和惩罚性损害赔偿金。此规定导致当事人提起性骚扰诉讼的理由减少，特别是在敌意工作环境性骚扰的情形，因为受害人并未蒙受经济性的有形损失，因此，往往会有投诉无门的遗憾。

三、普通法关于性骚扰规制的法律规定

美国规制性骚扰行为最早的法律依据是依普通法上传统侵权行为法及契约法的理论，向法院提起诉讼并寻求救济，之后各级法院在判决中将 1964 年美国《民权法案》第七章诠释为禁止性骚扰行为后，该章成为对抗有关性别歧视案件的最重要利器，但对受害人来说，普通法中传统的非制

定法诉因，仍具有很大吸引力。如只要受害人能证明敌意侵权行为确属成立，则将可获得无上限的惩罚性损害赔偿金，与上述的 1991 年美国民权法所规定的一定数额的损害赔偿金相比较，则十分有利。因遭受性骚扰而导致受害人精神上的痛苦或苦恼时，仍可补偿性损害赔偿金。尽管 1991 年美国民权法规定受害人可请求陪审团参审的权利，但受害人提起普通法诉讼时仍有较长的时效期间，以及较为熟知而不复杂的诉讼程序。下面就受害人依普通法所能提出侵权行为法或契约法的各种诉讼分别加以说明，并进一步分析利用法律制度来寻求解决这类争议的利弊得失。

（一）侵权行为法

在对 1964 年《美国民权法案》第七章修正前，各级法院为弥补该法在衡平救济手段上的不足，曾特别引用普通法的侵权行为理论，来保障性骚扰受害人的权利。这也是美国性骚扰案件受害人寻求救济有效、常见现象，其中有几项诉讼是最常见的情形。

1. 作势攻击或伤害之诉

传统理论上，作势攻击或伤害之诉适用于受雇者在工作场所遭受冒犯性肢体接触或有这种行为时所提出的普通法上侵权行为之诉，尽管是两种不同的侵权行为，但在司法实践中，两者常被合并使用提起相应诉讼。一般来说，在提出作势攻击诉讼时，受害人须要证明两种情况：侵害人故意造成有害或冒犯的肢体接触，这类行为导致受害人忧虑不安。❶ 然而，如果仅仅是与性有关的言语侮辱及暗讽受雇者，则须寻求其他法律救济途径，因此，如果受雇者仅是性方面言语侮辱及暗讽的对象，单纯言语骚扰行为则不能构成作势攻击的要素，除非有预期会立刻产生肢体接触。❷

给受害人造成伤害方面，受害人须证明侵害人确实实施了冒犯性的肢体接触，并故意使受害人或第三人造成损害，这种冒犯性接触会触碰到受

---

❶ RESTATEMENT (SECOND) OF TORTS, 21, 1977.

❷ Schoenheider, Krista J. A Theory of Tort Liability for Sexual Harassment in the Workplace [J]. 134 U. PA. L. REV, 1986. 134 (6): 1277.

害人身体的任何部位等，则构成作势攻击或伤害。此种诉讼最适用于肢体性骚扰，然而无论是交换或敌意工作环境情形，缺少明显肢体上的威胁，则不能发挥其法律功能，只能寻求其他法律途径。

2. 有意造成情绪苦恼之诉

一般来说，工作场所性骚扰侵害人故意造成情绪苦恼之诉是受害人最常引用的普通法救济途径，但受害人要符合四项要素才能提起此诉讼：受害人的行为是极端令人厌恶的；性骚扰行为导致受害人情绪上的烦恼；不顾受害人的拒绝反复实施骚扰行为使受害人产生严重的情绪苦恼情形；受害人指控的性骚扰行为造成其严重情绪苦恼。❶ 这四项要件中，所控诉的骚扰行为是否令受害人到了充分厌恶的程度，是判断性骚扰行为最重要的因素，如具有涉及暴力因素、性方面暴露行为或冒犯性触摸受害人隐秘部位等情形，各级法院都会认定为具有敌意性、导致受害人情绪上苦恼的判决结果。在单纯言语骚扰、违背受害人意愿但不具有猥亵性质的触摸行为，则不能构成此诉讼。

诉讼中判断侵权法上令人厌恶的行为标准，与 1964 年《美国民权法案》第七章所决定构成普遍严重的标准虽不能完全等同但也有类似之处。根据美国联邦各级法院的相关判决，雇主或工会组织未能对性骚扰案件作出合理有效的处理，则法院可能会判决其承担直接的法律责任，理由是雇主或工会组织忽视受害人的合法权益。

3. 雇主过失雇佣与留任之诉

受害人提起该侵权诉讼的理由主要是控诉雇主因过失雇佣与留任触犯这类行为的受雇者，致使其遭到侵害，此类诉讼中常会出现多个控诉人提出相关控诉，但如果其中有未成立的控诉时，可能会导致原告对雇主所提过失雇用与留任的控诉遭到败诉。据美国各级法院的相关判决显示，雇主只有在知晓其受雇者有性骚扰的倾向，随后又未能及时处理这类不当行为

---

❶ Harper F. V. Book Review：Handbook of the law of the law of Torts ［J］. Harvard Law Review，1941（60）.

时，才有负担法律责任的可能，❶ 在受害人提起诉讼时，雇主一般不得以受害人必须承担风险为由提出抗辩。尽管此类诉讼纳入雇主须承担法律责任，但它在保障受害人权益时其功能很有限，表现在以下几个方面：第一，只有当雇主完全疏忽到不能遵守一般注意义务时，法院才判决雇主负法律责任，而即使负责人未能依公司章程调查性骚扰时判决常认定负违约责任，而不属根据过失所提出的独立侵权行为；❷ 第二，普通法的理论上规定雇主负有保证安全工作场所的责任，但多与肢体伤害有关，因而，只有当受害人受到此肢体伤害时，才须对过失监督或留用的侵权行为负责。❸ 此外，各级法院认为职员灾害补偿法的有关排他条款会排除适用该骚扰行为，因而普通法对该类诉讼的作用较为有限。

4. 侵犯个人隐私权之诉

根据侵权行为法受害人通常会对骚扰者本人提起侵犯隐私权诉讼时，根据过失理论以及上级对下级执行职务行为负责的原则，雇主也有可能成为被控诉的对象。一般而言，受害人提起性骚扰侵犯隐私权的诉讼需要有以下三个理由。第一，侵扰了独处时的安宁，即侵害人故意打破受害人的平静，而这种侵扰必须具有冒犯性且是不受欢迎的。❹ 第二，具有误导性的公开传播，即在普通公众面前对受害人作具有误导性的言论，但这种误导并不一定具有诽谤的性质，此情形下的行为必须是合理个人加以反对的。第三，对民众公开隐私事实，❺ 包括公开一项隐私的事实；对具有正常感觉的个人而言，这种公开是具有高度冒犯性及不愉快的；让民众知晓的此

---

❶ 关于这类法院判决，参见 Cox v. Bvazo, 303 S. E. 2d 71 (Ga. Ct. APP. 1983)；Perkins v. Sprvey, 911 F. 2d 22 (8thCir. 1990)。

❷ Noye v. Hoffman-LaRoche, Inc, 238 N. J. Super. 430, 1990.

❸ 此判决，参见 Spencer v. General Elec. Co., 894 F. 2d 651 (4th Cir. 1990)；Perkins v. Spivey, 911 F. 2d 22 (8th Cir. 1990)。

❹ Harper F. V. Book Review: Handbook of the law of the law of Torts [J]. Harvard Law Review. 1941 (60).

❺ Barbara Lindemann, David D. Kadue. Sexual Harassment In Employment Law [J]. The Bureau of National Affairs Incorporated BNA, 1999: 357.

消息并不具有合法性的公共利益；给受害人造成损害。法院判决这类侵犯隐私的侵权行为诉讼时，通常都会整体调查，而不仅重视受害人的个人权益。如在卡明斯诉沃尔什建筑公司案（Cummings v. Walsh Construction Co.）❶ 中，女性职员声称雇主公开两人性关系是侵犯其隐私行为，但美国联邦地方法院认为，她曾在工作场所和他人议论，则意味着她已自动放弃这种隐私权。

5. 非法妨害人身自由之诉

依传统侵权行为的理论，所谓"非法妨害人身自由"，是指行为人企图将他人限制特定范围，而这种行为对他人造成拘禁的结果。一般在涉及侵略性肢体动作的性骚扰案件中，某些性方面示好的举动往往会导致错误限制人身自由的情形。如在普里斯特诉扶劳特莱案（Priest v. Rotary）❷ 中，酒店雇主抓起调酒女服务员并带到房间，然将她强按倒在地，并抚摸她身体，美国联邦地方法院认为带到房间和强按并触摸身体是两个独立的行为，已构成非法妨害人身自由的情形。

6. 诽谤之诉

实施性骚扰行为时可能会产生诽谤的言辞，多数受害人在提起性骚扰诉讼时也会同时提起诽谤的控诉。依侵权行为的传统理论，受害人想要胜诉须证明以下几点：首先，被告已做出错误或诽谤的声明；其次，在对第三人传播时，该声明属于不受特别保护的交流；再次，被告在传播该项声明时，具有过失情形；最后，对原告来说，该声明是导致伤害的最直接原因，但不论是否造成特别伤害都可提起诉讼。此外，诽谤分为书面诽谤和口头诽谤两种形式，前者多以文字形式，原告则不需证明任何特别伤害即可提起诉讼，而后者需原告证明已遭受实际损害后，才能提起诉讼。值得注意的是，不论是书面或口头诽谤，性骚扰受害人均可在提起性骚扰控诉时附带提出。

---

❶　561 F. Supp. 872（S. D. Ga，1983）.

❷　634 F. Supp. 571（N. D. Cal，1986）.

7. 故意干扰雇用契约之诉

一般来说，性骚扰行为来自雇主或同事所为的，势必会影响受害人与雇主的雇用契约关系，根据传统侵权行为理论，性骚扰受害人还可以对侵害人提起故意干扰雇用契约诉讼。受害人希望获得胜诉，则必须证明侵害者有故意或不当干涉其执行雇用契约的情形，即受害者须证明侵害人有不合法的意图才有胜诉的可能，这些干涉手段包括诱使雇主辞退原告、实施报复或采取其他各种不利的措施等。因此，该诉讼仍然面临很多障碍，使其功效大大减弱，理由在于：首先，由于多数受雇者基于所谓"雇用自由意志"原则，并未与雇主间签订可执行的雇用契约，这导致能引用书面雇用契约来寻求权利保障的受雇者为数极少；其次，此类诉讼只能向个别骚扰者提出，而不能涉及雇主，因而受害人获得实际损害赔偿金的数额较少；最后，此类诉讼通常仅针对受害人所遭受的经济损害，而精神或心理的伤害则不予纳入保护范围。

（二）契约法

一般来说，依契约法的不当解雇理论，性骚扰受害者因被解雇或被迫自动辞职而去寻求法院司法救济。但因美国的普通法根深蒂固的"雇用自由意志原则"，雇主有很大范围的人事任免权，无须说明何种理由即可任意解雇受雇者，而受雇者也有权随意辞职，劳资双方并不存在持续性的契约关系，因此，这必然导致性骚扰受害人难以主张与雇主间有可执行的雇用契约，而阻碍了其提起此类诉讼。但随着20世纪80年代兴起的不当解雇的三项例外情形的理论，主要包括公共政策、默示契约及公平诚信原则等，各州法院也逐渐采纳这些见解，发现雇主的解雇行为如违反上述例外条款，判决认为构成不当解雇的要件，被解雇者应获得相应的救济。

这三项例外条款中，在美国各州最常被引用的不当解雇理论是雇主违反公共政策作出的解雇行为，该理论是最早被用来保障因遭受性骚扰而被解雇的受雇者；默示契约理论，主要是劳资双方对某种雇佣关系有明示或默示的意思，因而雇用自由意志原则不得推定适用，而这些明示或暗示的合意常包括雇用手册、私人协议或经宣布的人事政策等，当遭受性骚扰的受害人提起此诉讼时，主要是主张雇主的解雇行为违反人事手册中约定的契约保证；根据公平诚信原则，在雇佣关系存续期间，雇主应避免故意损害受雇者享有该利益的权利。然而，目前仅有少数州承认存在这种例外条款，这导致该理论保障性骚扰受害人权益的作用有限，在承认不当解雇的三种例外理论的各州，受害者如能证明其因性骚扰而被解雇，也符合上述雇用自由意志原则的例外情形时，则也可依契约法理论请求救济。但在使用这一理论的各州，雇主仍有可能会被法院判决违反此原则。❶

（三）相关刑法规定

工作场所性骚扰行为情节严重的，尤其是有关侵袭身体敏感部位情形，也可能同时触犯刑法的相关规定，因而，受害人可寻求刑事追溯的救济途径，据学者的分析，有以下情形的类罪可适用于此类控诉。❷

1. 强奸等严重妨害人身自由的罪名

据一项调查表明，性骚扰行为仅有 1% 的概率涉及强奸或性侵犯的情形，❸ 但对相关案件的诉讼与惩戒，通常都适用各州的刑法来规定，尤其是在针对未成年受害者时。至于刑事处罚的轻重程度，也是视各州相关法律的规定以及该骚扰行为是否未经受害人同意而实施的。如上文所述，性骚扰在实施过程中有与性有关的肢体动作，常会构成非法妨害人身自由的情形，而受害人可提出普通法上侵权行为诉讼，实际上，该行为也会同时触犯刑法上的相同罪名，❹ 特别是使用暴力或欺诈手段时情节更严重。非法妨碍人身自由罪行通常不被单独起诉，而是在其他较严重的罪名时附带追诉，如强奸等，以便作为鼓励侵害人认罪协商、加大刑事处罚力度以及

---

❶　关于这类案件，参见 Drinkwalter v. Shipton Supply Co. , 225Mont. 380，P. 2d 1335 (1987)；Luca v. Brown&Root, Inc, 736F. 2d 1202 (8ᵗʰ Cir. 1984)。

❷　Barbara Lindemann, David D. Kaude. Sexual Harassment In Employment Law［J］. The Burean of National Affairs Incorporated BNA, 1999：369.

❸　Wendy Pollack. Sexual Harassment：Women's Experience v. Legal Definitions［J］. HARV. WOMEN'S L. J. , 1990（35）：46.

❹　Wendy Pollack. Sexual Harassment：Women's Experience v. Legal Definitions［J］. HARV. WOMEN'S L. J. , 1990（35）：375.

让陪审团审酌时参考。

2. 性方面侵犯的轻罪

若未经受害人同意而实施了性方面接触，虽然侵害人的骚扰行为未遂，但已完成该项行为的实质步骤，则也足以构成性方面侵犯罪，而成为各州刑法追诉的对象，虽然各州在刑事处罚力度相差很大。❶

据各州的多项刑法规定，以满足自身性欲的行为而触碰受害人身体敏感部位，会构成性方面侵害的轻罪，各州法院认为该行为属于性骚扰的一种类型。如果在实施过程中使用暴力致使受害人无法抵抗与他人协助共同作为的，则该情形将会转化为一项刑法上的重罪。如召妓及猥亵行为罪，某些性方面示好举动，尤其是在交换性骚扰时涉及金钱交易的行为，如该行为触犯召妓，行为人也会因此被判触犯轻罪。此外，在公共场所暴露私处，也会被认为是在公共场所从事猥亵行为，而被判触犯轻罪；又如电话猥亵罪，利用电话对受害人进行言语骚扰的侵犯也属于性骚扰的一种情形，各州刑法对此也有相关规定。如果侵害人跨州在商务行为时进行猥亵或电话骚扰，联邦刑法规定也构成违法行为。❷

尽管目前探讨性骚扰受害人权利救济问题时，常侧重于公平就业法、劳工法或他民事法律领域，但刑事法律在这方面所扮演的角色也不可忽视，特别是导致雇主或事业单位的损失后果更为严重，除公司或企业声誉受损外，由此刑事诉讼所附带提起的民事赔偿数额巨大，因而，雇主或事业单位对性骚扰事件采取事先预防及事后纠正措施显得尤为重要。

四、其他法律制度的相关规定

(一)《美国职业灾害制定法》的相关规定

前述的各项法律制度在规制性骚扰行为不能提供一个完全令人满意的

---

❶ Barbara Lindemann, David D. Kaude. Sexual Harassment In Employment Law [J]. The Burean of National Affairs Incorporated BNA, 1999: 373.

❷ Barbara Lindemann, David D. Kaude. Sexual Harassment In Employment Law [J]. The Burean of National Affairs Incorporated BNA, 1999: 371.

解决途径，各级法院在判决中开始引用美国各州所制定的职业灾害补偿法给予受害人以救济补偿。受害人提起与职业灾害有关的性骚扰事例主要有以下几类：管理监督者或同事对其要求性方面好处；对其作出与性有关的身体结构的评论；对其作猥亵的评论；对其进行威胁、触摸或该强暴等。但该法所提供的救济具有排他性，一旦接受此补偿后，受害人则不得再寻求其他法律救济途径，而其所需给付的补偿数额，却只是受害人平均薪资的 1/2 或 2/3 而已，这对雇主而言极其有利。❶ 因而，雇主或事业单位希望利用这种制度来处理性骚扰事件争端的意愿极高，法院处理性骚扰案件的数量也逐渐增多。

当性骚扰受害人遭遇与工作有关的职业灾害伤害时，可依据各州的职业灾害补偿法获得四种给付：过去及未来的医疗给付，以便治疗受害人因此伤害造成的不利影响；暂时性伤残给付；永久性伤残给付；职业复健给付。这四种给付须属于职业灾害制定法要求的该伤害必须严重到造成伤残或需要医疗，包括精神或心理医护在内，否则，不能申请这类给付。而性骚扰行为要符合职业灾害，必须要符合两项要件：该伤害必须属于特定职业灾害州法所特别规定的；该伤害是在执行职务过程中或由雇主所引起的。这两种要件是由于各州职业灾害法的规定存在很大歧异，而导致性骚扰伤害有两个基本标准，具体标准仍需视各州的特别规定来判断。

（二）失业救济法的相关规定

当工作场所性骚扰行为导致受害人与雇主之间的雇佣关系终止后，不论受害人是因自动辞职、被迫辞职，或因实施该行为而被开除的侵害人，都可以根据各州的失业补偿法的规定来请求失业保险。由于各州规定的失业保险制度要求存在很大差异，在此无法逐一阐述，但需注意的是，失业保险给付是由各州特别行政机关负责该项业务，而不是由法院来决定，法院只审查行政机关诠释法律是否正确，或是否有证据证明事实发现部分，

❶ Darryll M. Halcomb Lewis. Sexual Harassment Under Workers' Compensation Law［J］. LAB. L. J. , 1993（44）: 297.

因此，因工作场所性骚扰事件导致的失业保险给付案例比较少。

受害人因工作场所性骚扰事件而自动辞职，这种基于正当理由离职条件通常都能符合各州失业补偿法的规定，能顺利获得此类救济金。在寻求此救济之前，受害人有义务告知雇主发生了性骚扰行为，以便让雇主有及时补救的机会，如企业或单位设有内部申诉渠道，那辞职者还须证明已使用过该程序，虽然受害人不会提出正式控诉，但至少让雇主知道在离职前已适用合理途径，若侵害者是管理监督者时，其申诉应向更高级主管提出。尽管雇主可能抗辩受害人辞职的理由除性骚扰事件外还有其他原因，但根据法院的相关判决，受害人离职的主要原因之一是性骚扰，则足以构成正当理由的条件。在举证责任归属问题上，一般是由自动辞职者负责证明离职的正当理由。

因实施性骚扰行为而被解雇的侵害人，也有可能申请失业保险给付，对这类给付是否发放引发的争议则根据各州失业补偿法的规定，如果该侵害者实施性骚扰行为已达到某种错误的程度，则丧失领取给付的资格。当雇主抗辩受雇者因骚扰行为而辞职去申请给付权利时，则由雇主承担举证责任来证明究竟是否实际发生该性骚扰行为。而有关性骚扰行为是否构成不予发放失业保险金的标准，则通常是由相关行政机关或法院来决定。

五、对美国性骚扰规制的综合评析

在过去的几十年里，美国通过国会的积极立法、行政机关的主动配合以及各级法院判决的全面诠释，使其性骚扰法律制度趋于完备，也成为其他国家竞相效法的对象。但其性骚扰法律制度也有优劣之处，只有加以客观评析，并参酌援引，才能在将来制定出符合我国国情的单行法规。

1. 判例法与成文法并重，顺应社会需求

美国是世界上最早立法禁止性骚扰的国家，特别是在工作场所性骚扰的法律规制上，美国是判例法和成文法并重，相应的法律规范和司法判例都为性骚扰规制发挥着指导作用。

在性骚扰规制的成文法方面，如前所述的 1964 年《美国民权法案》第

七章是规制工作场所性骚扰行为最重要的法律依据，其他还有《美国联邦宪法》第 5 条、第 14 条增加条文有关平等保护条款的规定、职业灾害补偿法、失业救济法等。此外，美国平等就业机会委员会的《性骚扰指南》（1980）、《有关性骚扰之政策指导原则》（1988）、《有关性骚扰近期争议之政策指导原则》（1990）等对工作场所性骚扰的规制起着重要指导作用。但美国作为英美法系的重要分支，其"遵循先例"的司法惯例对工作场所性骚扰的法律规制有着重要作用，它主要依据联邦上诉法院和联邦最高法院的司法判例形成一系列侵权法规制，包括性骚扰行为的界定、雇主民事责任的性质、规则原则的适用、举证责任的分配、专家证人制度的确立以及惩罚性赔偿制度的适用，等等。❶

美国采取的是联邦及各州法律二元并行制度，多数州的民事法律均规定禁止工作场所性骚扰，性骚扰事件受害人可同时选择依据相关联邦法及州法来请求救济，但各州有其不同立法态度的法律规范，容易出现分歧。与美国联邦性骚扰法律规范相比较，美国各州在许多领域性骚扰规制的法律制度范围更广，如州性骚扰法律最常见的是工作场所性骚扰规范，许多州法律规定了与雇用相关的法规，其保护性规定范围常比美国《民权法案》第七章要广，如损害赔偿范围更大、雇主的界定更广等；许多州法律规定工作场所中雇主制定禁止性骚扰的训练或通告、书面的性骚扰申诉程序以及性骚扰的严重行为有刑事处罚的规定等；在各州的租赁性骚扰法规中，有些州法律明文禁止房主性骚扰，有些州法律则禁止在租赁时发生包括性骚扰在内的性别歧视行为；在有关教育场所性骚扰的法规中，有些州法律禁止在教育场所实施性骚扰行为，有些州规定教育机构应制定并公告书面惩处程序、提供性骚扰通报程序、对被骚扰的学生提供援助等；此外，在规范专业服务场所性骚扰者，许多州法律都规定凡专业人员为性骚扰者均应吊销其执照，如医师在内的医疗人员为性骚扰者应吊销其执照；心理学家如实施性骚扰行为则应吊销其执照等；有些州法律在大众住宿、服务

---

❶ 熊进光. 美国工作场所性骚扰雇主民事责任之研究 ［J］. 西南政法大学学报，2004（11）.

及福利场所等方面也有关于性骚扰的规定，如禁止对于接受该州照护的人实施性骚扰；对老人及残疾者禁止性骚扰；有些州法律则规定公务员实施性骚扰则应遭到解雇。

各级法院在司法实践中作出的判决对各州法律规定以及美国平等工作机会委员会的政策指导原则予以尊重，作出的判例也顺应时代的发展，如1994年加州地方法院曾判决，该州一警员在上班期间利用电子通信系统向女性同事传达具有性意味字样的信息，是构成敌意工作环境的性骚扰行为，❶由此判决可以看出美国是所有工业先进国家中，对工作场所性骚扰事件规范最完备者，是其他各国在制定相关性骚扰法律制度时竞相学习的对象。

2. 保护范围周延，但重要公平就业法律的适用对象不够周延

如前所述，美国对遭遇性骚扰的雇员保护性规定或给予救济的法律规定范围很广泛，美国各级法院在适用法律处理性骚扰案件出现争议时能充分发挥阐释法律和法官造法的功能，让受害者得到更多一层的保障。❷同时，根据1991年美国民权法中确立的在境外仍适用美国联邦公平就业法律的法律效力，即在海外美国籍公司任职时，美国受雇者遭受性骚扰事件时，仍可适用美国公平就业法律的保护性规定，这是世界其他国家在同类法律无法企及的。

尽管美国法律制度的保护范围很广，重要公平就业法律的适用对象范围却较狭窄，如最重要的1964年美国《民权法案》第七章的规定不适用于雇员少于15人的事业单位，在现实中往往最易遭受性骚扰侵害的却是这种小型事业单位的受雇者，他们也难以依靠工会保护其员工的权益，因而如果各州法律也规定相关雇员人数限制，那么这意味着这些小型事业单位的员工无法寻求任何救济或保障。因此，在未来法律制度改革时，针对此观

---

❶ Workplace Sexual Harassment Enters into Electronic Age［N］. SAN JOSE MERCURY NEWS，1996-05-25（1）.

❷ 焦兴铠. 美国联邦最高法院与就业歧视问题［M］//劳工与劳工权利的保障——美国劳工法论文集，台北：月旦出版社，1995：344.

点是否应取消这种人数上的限制，仍值得考虑。

3. 救济渠道完备，但平等就业机会委员会处理效能不彰

在性骚扰受害人的救济途径方面，除了寻求各事业单位所采用的内部申诉渠道、团体协议的诉愿程序之外，也可向美国联邦平等就业机会委员会请求行政诉讼，或向联邦法院提起相关诉讼，也可向各州法院或地方政府的平等就业机构寻求救济，其申诉渠道可谓极具多样性。还可以通过一些知名公益社团或妇女权利团体等采取其他非正式的途径来寻求协助，如美国民权自由联盟、全国妇女组织、全国职业妇女协会、全国妇女法律中心及妇女就业平等联盟等社团，在这些组织的帮助下向新闻媒体公开，给雇主施加压力，甚至由这些团体的公益律师提出诉讼。如1991年的美国民权法规定原告有权请求一定限额的惩戒性损害赔偿金，这使得受害人有物质保障去请求律师代为出庭以及请求支付专家出庭费，提供给受害人更为周详的保障，也促使受害人更积极地提起这类诉讼。

如前文所述，在消除一般就业歧视及促进良性工作平等理念上，美国平等工作机会委员会发挥了很大的作用，特别是在性骚扰法律规范制度的形成和发展方面，做出了不可磨灭的贡献。但它在具体实施期间的表现，可以说褒贬不一。近年来，美国平等工作机会委员会在控制人员预算和过多积案的多重压力下，在处理性骚扰争议的效能上逐渐显得力不从心，如美国平等工作机会委员会约77%的预算用于人事，而其他开销都已有固定用途，因而，随着联邦政府人员的不断精简及预算减缩，该委员会根本不会有新进人员，或对原有人员进行必要训练来应付日益增多的案件。❶美国的一些评论者曾指责该委员会积案过多，如嘉理高斯委员指出该委员会平均要花费约270天去处理完一件控诉案件，历年所累积的旧案已高达7

---

❶ May Kathryn Lunch. The Equal Employment Opportunity Commission: Comments on the Agency and Its Role in Employment Discrimination Law [J]. GA. J. INT'L&COMP. L., 1990 (89): 102.

万件以上。❶ 而在当时美国平等工作机会委员会受理的有关性骚扰控诉案件呈稳定增多趋势，如 1995 年有高达 15 500余件性骚扰案件，为 1990 年的 3 倍，❷ 各界也不断质疑美国平等工作机会委员会是否有足够能力来应对日益增多而又复杂的就业歧视案件。这种积案由于受各项时效期间的限制而导致原本有胜诉机会的案件无法获得申诉处理。❸

4. 诉讼过多而造成社会负担

1991 年美国民权法鼓励性骚扰受害人通过诉讼来寻求权利保护，随着诉讼案件的数量日益增多，也为整个美国社会带来不必要的负担。美国是好讼的社会，1993 年统计律师的数量为 80 万位，每年所提出的各类诉讼案件共达 1800 多件，而产生的社会成本高达 3 000亿美元。❹ 虽然无法精确估算每年所发生的性骚扰案件的数目及所耗费的金额，但根据前文所阐述的内容，随着性骚扰案件的逐年累增，所耗费的金额一定是非常可观的。目前美国社会提倡运用其他可替代的解决途径来解决此类就业歧视争议，却未见有具体成效，相信在短期内可能还是无法获得某些改善。

第二节　欧盟主要成员国性骚扰规制的制度评析

随着欧共体执委会、部长理事会及欧洲议会对性骚扰问题的日益重视，欧盟成员国逐渐采取多项国内措施予以规制，社会工会组织或雇主等也积极投入参与。然而，由于各成员国在国情、文化及法制等方面存有差异，因而，要建立起对全体成员国都具法律拘束力、统一性立法规范的目标迄

---

❶　Michelle Lecander. Funding, Caselosd Disable EEOC [N]. SAN JOSE MERCURY NEWS, 1994-02-04 (10).

❷　Elizabeth Wasserman. Workplace Harassment: Hot Button Issue of '90s [N]. SAN JOSE MERCURY NEWS, 1996-05-01 (1).

❸　Richard I. Lehr. EEOC Case - Handling Procedures: Problems and Solutions [J]. ALA. L., 1983 (34): 259.

❹　Evan J. Spelfogel. Legal and Practical Implications of ADR and Arbitration in Emplyment Disputes [J]. HOFSTRA LAB. L. J., 1993 (11): 247.

今仍未能实现，仍需依赖各成员国自身的努力。本节对在推动两性平等理念和性骚扰规制问题上作出了较有成效的英、法、德三个欧盟成员国的雇主法律责任的范围、惩戒及补偿制度、申诉或控诉程序等相关法律规定进行综合探讨，期望在研究这些国家相关法律制度的实际运作过程中，找出可供我国攻错援引之处。虽然在文化背景、经济基础等领域存在差异，这些国家所实施的相应政策并不一定完全符合我国的需求，但至少可以指出问题的症结所在，因而，仍具有参考撷取的价值。

一、英国关于性骚扰规制的法律规定

在欧盟成员国中，英国深受美国性骚扰规制的相关法律制度的影响，近些年它在性骚扰规制方面所作出的努力是有目共睹的。

1. 1975 年性别歧视法

1975 年《英国性别歧视法》❶ 规定禁止性别歧视，其中包括被法院判定为性骚扰行为在内的规定，归纳一下，发生情形有以下几类情况：在招募及聘用活动期间的求职者；有关雇用的情况及条件，包括晋升、调职、培训等利益、设施或服务等；有关解雇的条件；将某位特定的受雇者置于任何其他受损害的情况等；该法第 41 条第 1 款特别规定："个人在其雇用期间的任何行为，均应被视为其雇主及其本人所为，不论该行为是否为雇主知晓，或曾获得其同意。"由此条款可知，该法是要禁止雇主及同事所从事的性骚扰行为。英国法院认为，如果要将性骚扰视为一种非法的性别歧视形态，则它必须是根据性别歧视法规定的"国会有明确意图来加以限制的行为即可"。❷

关于雇主法律责任方面，性别歧视法规定雇主因实施性骚扰而被控诉的，判决承担法律责任，如果雇主采取相应的补救措施阻止其实施性骚扰行为，或在任职期间防止其从事该行为，雇主可免受该法律责任。然而，

---

❶ 饶志静. 英国反就业性别歧视法研究［M］. 北京：法律出版社，2011：28.

❷ 关于此案例，参见 Strathclude Regional Council v. Porcelli, IRLR 134, 1986。

该法未特别处理有关雇主所从事性骚扰情形，但如果因为雇主或管理监督者的故意或疏忽，而将雇员置于可能会遭受性骚扰的境地时，这种基于雇员的性别因素的缘故而将其置于受损不利的处境，则该雇主或管理监督者应负法律责任。

关于惩戒及补偿制度方面，该法规定受害人所遭受实际经济损失、精神损害赔偿金与所谓加重的损害赔偿金等赔偿总和不超过 1 万英镑。实际上，受害人所遭受损失的程度与判决给付的赔偿金额，要远高于其他类型的歧视案件的数额。若要权衡受害人精神损害的程度，则须依合理女性受雇者的感受来作为标准才可以判定。同时，该法还准许法院在判决时应对雇主及被控实施性骚扰行为者提出一项建议，劝告其尽早采取行动来中止性骚扰活动；如果雇主及实施者不能遵循该建议，则受害人可以另行请求额外的损害赔偿金。

关于申诉或控诉程序方面，该法规定性骚扰的控诉案件须向劳资关系裁判所正式提起诉讼。

2. 1978 年雇用保护法

1978 年《英国雇用保护法》❶ 规定雇主不得对其女性受雇者进行持续而违反当事人意愿的示爱举动，这也是该法所规定的推定解雇情形。然而，该法也有不足之处，即对未满两年雇用期限的受雇者实施不当解雇的，不能适用该法规定。

雇用保护法规定的损害赔偿属于一种基本给付，即根据薪资和服务期限长短计算出来的一种给付，以及一种补偿性给付在内，而对于这种损害赔偿金总额，该法定有各种制定法的限额。❷ 同时，该法还授权法院建议雇主让受害者予以复职，如果双方不采纳法院的此项建议时，雇主必须支付本法所规定的损害赔偿金。

❶ 饶志静．英国反就业性别歧视法研究 [M]．北京：法律出版社，2011：150.
❷ 关于此点，见《英国雇用保护法》第 72 条的规定。

3. 刑法

《英国刑法》❶ 早期并未明确提及 "性骚扰" 一词，通常情况下，处理有关性骚扰问题也不会适用刑法。但目前据英国的 1994 年刑事正义及公共秩序法、1997 年骚扰保障法的相关规定，某些类型的性骚扰行为已足以构成刑事犯罪行为。刑事制定法中所禁止的一般攻击或殴打、不合道德的攻击行为或错误限制自由等行为导致实际或严重的身体伤害，则可能适用于被控从事性骚扰活动者所为与工作场所有关的犯罪行为。

如果雇主或管理监督者、同事或所谓非受雇者（如主顾及一般顾客）等实施了性骚扰活动，而该行为又足以构成刑法上的某类犯罪行为时，都应承担法律责任，此时，提起公诉的对象则只能是被控从事性骚扰行为，而雇主不必承担刑事法律责任。

关于刑事处罚方面，该法对此类可归为性骚扰行为的刑法上的犯罪行为，常适用的刑法处罚为科处罚金或有期徒刑，其刑事处罚的轻重程度，仍需依罪行的严重性而定，并无一定标准可循。

4. 普通法

根据普通法❷的规定，雇主有义务提供安全的工作环境，如因故意而疏忽发生性骚扰事件的后果，则可请求雇主的侵权行为责任。司法实践中，虽有此类控诉案件向法院提起诉讼，但依据侵权行为法及契约法的请求通常都能在私下获得和解，而并没有达到实际予以审理裁判的阶段。受害人能证明因雇主违反契约的履行而遭到有形的经济损失，也可提起诉讼。

侵权行为法的适用主体范围较广，可适用于雇主或管理监督者、同事或所谓非受雇者触犯的性骚扰行为，同时，根据代理法律责任的原则，如果受害人能够证明在雇用范围内发生了侵权行为，则雇主应承担法律责任；

---

❶ 焦兴铠．向工作场所性骚扰问题宣战 [M]．台北：元照出版有限公司，2002：328.

❷ 焦兴铠．向工作场所性骚扰问题宣战 [M]．台北：元照出版有限公司，2002：331.

但基于对违反契约的履行而提起诉讼的情形，则只有雇主自身负法律责任。

关于惩戒及补偿制度方面，无论是依据侵权行为法或契约法提起的普通法诉讼，都没有任何限制性规定。针对侵权行为的诉讼，经济损失的损害赔偿金、精神损害赔偿金以及所谓加重的损害赔偿金等，都能同在普通法院的诉讼一样提出；而对根据违反契约所提出的诉讼而言，当事人所遭受的损失，仅限于实际的经济损失。

5. 平等机会委员会

英国于1975年制定性别歧视法时也设立了平等机会委员会，● 该委员会的目标是要消除各种歧视现象、增进男女两性的平等、从事或协助相关的专案研究、审查卫生及安全立法中任何具有歧视性的条款、从事正式的调查工作并对其作出建议或报告。随后，英国的大不列颠和北爱尔兰地区也分别另设平等委员会，大不列颠地区的平等委员会于1985年颁布了一项"实施准则"，旨在消除各种基于性别因素所产生的歧视现象、增进就业机会的平等，该实施准则中有一小段说明是适用于有关禁止工作场所性骚扰的事项；北爱尔兰地区的平等委员会也曾出版一本名为《性骚扰并非可笑之事》的小册子，特别提供了某些替代方案给女性、工会组织或雇主等，以期设法解决这一问题。

二、法国关于性骚扰规制的法律规定

1992年，法国通过了两项修正刑法及劳工法的新法后，在性骚扰防治方面作出更多积极的行动，如通过官方发起多项宣导及训练活动、赋予工会组织进一步协助其会员对性骚扰行为提起申诉或控诉的权力。

1. 劳工法

法国修正新劳工法●后，受雇者享有更周全的保障体系，如在雇用契

● Sexual Harassment at the Workplace–Part Three [J]. Eur. Ind. Rev. Rev. , 1998-02-13-19, February 1998.

● 郑爱青. 欧盟及其主要成员国反性骚扰立法的主要内容 [J]. 妇女研究论丛, 2006 (8).

约存续期间，受雇者享有免于遭受性骚扰侵害的法律权利，此类行为的受害者、目睹发现此类事件者或对受害人提供援助者，都不能因此受到不利待遇或惩戒，也不能被解雇。

雇主也有积极防范此类事件的责任，如要让受雇者了解及熟悉性骚扰议题、制定相关的程序来应对此类争议、特别授权专人负责处理该申诉案件等。该法规定超过 20 人以上雇员的事业单位，企业必须公开明确禁止性骚扰让员工知晓。由于性骚扰事件也被视为劳工安全卫生及性别歧视的相关问题，因此，超过 50 人以上雇员的事业单位的安全及卫生委员会，则要向雇主提出如何预防性骚扰事件的建议。值得注意的是，与其他国家相关法制不同的是，对被控属实的性骚扰者，该法科处 2 个月至 1 年的有期徒刑，并处 2 000 法郎至 2 万法郎的罚金。

关于雇主法律责任方面，该法认为雇主是应承担法律责任的，而管理监督者所触犯的性骚扰行为，也可归责为雇主。

关于惩戒及补偿制度方面，该法也授权雇主对被控属实的性骚扰者加以惩戒，并构成正当的解雇理由。雇主未能依正常的解雇理由将受雇者解雇的，对不当解雇者主要赔偿方式是给付损害赔偿金，赔偿金不低于 6 个月的薪资，对不当解雇情形，法院可建议恢复原职，若该受雇者拒绝回去工作，则雇主即应给付不得少于 6 个月薪资的损害赔偿金。

2. 民法

一般而言，性骚扰有可能被认为触犯了属于法国民法第 1383 条规定的一种侵权行为，❶ 实际上，该条可以说是法国制定法上一种普通法的侵权行为，它特别规定：任何个人均应就其造成他人伤害的故意或过失行为负有法律责任，但是，在所有的司法判例中，并没有将此案诠释为应包括性骚扰行为在内。

关于雇主法律责任方面，所有个人均应对造成损害的侵权行为承担法

---

❶　焦兴铠. 向工作场所性骚扰问题宣战 [M]. 台北：元照出版有限公司，2002：237.

律责任，因而该法适用于涉及性骚扰的行为规制，雇主或管理监督者、同事或非雇佣者的侵权行为，都应被包括在内。

关于惩戒及补偿制度方面，据法国民法第 1383 条提起的侵权行为受侵害者给付的经济损害赔偿是预期的救济形式，需依损害程度来决定赔偿的数额，若该侵权行为同时构成性骚扰造成损害的情形，这项条款则很有可能用于给付损害赔偿金。

3. 刑法

法国于 1992 年制定新刑法以前的某些条款是可以推定适用于对抗性骚扰案件，虽然刑法中并未明确提及 "性骚扰" 一词。[1] 如禁止攻击及殴打的刑法条款、[2] 公务人员不正当的暴力行为、[3] 不正当使用报界及相关舆论界的行为、[4] 侵犯公共道德规范的行为、[5] 不正当的行为以及基于性别因素的歧视等，都可适用于性骚扰行为。[6] 司法实务中，法院将禁止不正当行为的刑法条款诠释为可适用于对女性受雇者所做出的不受欢迎而重复发生的触摸情形；法院对有关禁止攻击及殴打的条款诠释为可适用于负责招募员工者、以发生性关系的交换条件为由对其承诺提供给予工作机会的情形。对此，基于禁止滥用权利来取得性方面好处的原则而制定法国新刑法，仅能适用于管理监督者的性骚扰，却不能针对同事或所谓非受雇者实施的性骚扰情形。

法国新刑法典修正案增加了 "性骚扰罪"，规定："为获取性方面的利益，滥用职务赋予的权势，采取命令、威胁或强制手段，骚扰他人的，处 1 年监禁和 10 万法郎罚金。"

---

❶ 焦兴铠 . 向工作场所性骚扰问题宣战 [M]. 台北：元照出版有限公司，2002：238.

❷ 《法国刑法》第 309 条规定。

❸ 《法国刑法》第 186 条规定。

❹ 《法国刑法》第 283~284 条规定。

❺ 《法国刑法》第 330 条规定。

❻ 《法国刑法》第 333 条规定。

4. 相关主管部门

法国通过制定新法来处理性骚扰问题，无论是修正刑法或劳工法，都是由主管妇女权利事项妇女权利国务秘书处所主动提案，而该办公室是由劳动、雇用及职业训练部统一管辖的。

三、德国关于性骚扰规制的法律规定

在规制性骚扰问题上，德国作出的努力与取得的成效在欧盟成员国中是有目共睹的。自 1994 年德国正式制定第二号平等机会法后，对性骚扰作出的相关立法界定都适用于所有受雇者，包括公务员在内。随后，德国各邦也开始采取相应措施，如以布莱梅市最为积极，除颁布一项明确的政策声明外，还设置咨询局，为对性骚扰受害人提供协助及法律咨询意见。

1. 第二号平等机会法

德国正式施行第二号平等机会法旨在保障男、女两性受雇者免受性骚扰侵害，维护其尊严，雇主及管理监督者均有采取各项预防措施来防范此事件发生的义务或职责。一旦发生性骚扰行为时，受害人可通过合适的申诉途径弥补其损害，不论被控从事此类行为者是雇主本人、受害人的上级、同事或第三人；当接到这类申诉后，雇主及管理监督者应先调查并予以处理，立即停止此类行为并使其不再发生。

与其他国家相关法制相比较，该法的特色在于如果保护受害人权利实属必要时，允许受害人主动停止工作而并不会遭到薪资酬劳受损；受雇者提供此类申诉时，雇主或管理监督者不应给予任何不利待遇；还特别规定应提供给公务人员以特别培训，让他们在面临性骚扰控诉案件时如何去应对，尤其是那些专门负责人事业务或管理训练责任者。

关于雇主的责任方面，雇主对此事的防御责任范围也在扩大，该法责成雇主必须采取多项预防措施来认识和处理性骚扰事件，如对专门处理性骚扰问题的负责人应提供相关的职业训练课程。经调查而确认性骚扰行为属实的，雇主即有义务来担保受害人不致于再遭受进一步的侵害，但该法没有规定申诉或控诉程序，而是规定委托各公私部门事业单位自行处理。

2. 柏林邦的反歧视法

柏林邦的反歧视法明确规定对性骚扰受害人的保护措施，❶ 特别谴责公务人员实施性骚扰行为，认为工作场所上级主管部门应采取所有必要措施，以防止发生性骚扰行为，受害人提出此类控诉时应立即着手展开调查，对公务人员实施的有关性骚扰案件的管辖要适用既存的对公务人员的惩戒规则。

该法规定有关性骚扰的控诉案件，受害人应向平等机会委员会官员提出，该委员会对此负责予以追踪调查并提供相应咨询服务，当其与受害人达到一致处理意见时向雇主提出报告。关于雇主法律责任方面，当遭遇性骚扰的受害者提起正式控诉后，雇主即应担保该受害人不再因性骚扰招致任何不利后果。

3. 公务人员规则

公务人员规则规定，公务员人员实施性骚扰行为，应视该行为严重程度而作出各种不同的救济补偿制度，并予以警告、罚款或调职、解雇或减薪等惩戒方式。❷ 对有关性骚扰的正式控诉，一般适用正常的惩戒程序进行处理。如果雇主未能对性骚扰事件采取任何对抗措施，法院则应判决雇主承担法律责任。

4. 民法典

德国民法的相关条款可以适用于处理性骚扰案件并提供相应的保护措施。❸ 民法第二篇第五部分第六章有关服务契约的规定，禁止男女两性的歧视，尤其是在招募、晋升、工作指导及不当解雇的情形下；该法第 618 条规定雇主应采取必要措施，保护受雇者的生命与健康安全。任何一位个人的行为，如某人在故意或因过失的情形下，作出伤害或侵犯他人的生命、

---

❶ 郑爱青. 欧盟及其主要成员国反性骚扰立法的主要内容 [J]. 妇女研究论丛，2006 (8).

❷ 焦兴铠. 向工作场所性骚扰问题宣战 [M]. 台北：元照出版有限公司，2002：243.

❸ 卢映洁. 德国工作场所性骚扰法制简介 [J]. 中正大学法学集刊，2004 (14).

身体、健康或自由的行为，可以认定为性骚扰行为；根据该法第 626 条第一项，若整个工作环境已变成无法忍受去继续维持此工作关系，受雇者则有权自动辞职，该辞职行为可推定为被解雇而请求提供损害赔偿金，但在司法判例中，在此情形下受害人可依据雇用契约的规定，列举证据来证明雇主确有违反义务的情形。

关于雇主法律责任方面，该法规定如果性骚扰被认定为"一项未经授权的行为"，雇主与性骚扰实施者则都有可能被认为应承担法律责任；如果性骚扰是轻率行为的一项结果，雇主因过失而未及时采取有效措施去防止或对抗该行为发生，雇主则有可能承担法律责任。性骚扰受害人可能招致任何不利情形的，则雇主也应同样承担法律责任；如果导致受害人的身体或精神受损，则性骚扰行为实施者也应承担法律责任。

关于惩戒及补偿制度方面，因雇主违反契约义务致使受性骚扰侵害者以正当理由自动辞职的，则雇主对该行为造成的伤害应给予损害赔偿金；若受雇者对他人实施性骚扰，雇主基于自身责任将其解雇的，雇主无须给付任何损害赔偿金。该法还明确规定："如果法院认为某种雇佣关系尽管并未因受雇者自动辞职而被解除，而受雇者却又无法合理预期是否继续此雇佣关系，法院可据该受雇者的申请，依职权直接解除该契约，并命令雇主对受雇者给付适当的损害赔偿金。"即雇主与受雇者之间的雇佣契约没有继续履行的必要，受雇者也不可能为该事业单位继续提供服务，根据 1969 年解雇保护法的相关规定，即可申请法院判决解除此项雇佣关系。

关于申诉或控诉程序方面，有关性骚扰的正式控诉是向劳工法庭提起的，则不适用任何特别程序。实际上，在德国一个邦或几个市镇，如布莱梅市等，检察官已经采用制度化的特别程序来应对性骚扰案件，而这些处理性骚扰事件的检察官必须接受如何处理相关事件的训练课程，以便能用一种合适的方式处理这些案件，德国民法修正了各邦检察官对受害人所采用的侦查方式。

5. 刑法

在德国刑法典中并未特别提及"性骚扰"一词，但如果对其管制的未成年人实施性骚扰则受刑事惩戒，特别是受侵害人滥用权力实施的性骚扰行为。❶ 该刑法也禁止侵犯与性有关的隐私权或性暴露狂的行为、禁止散布传播春宫杂志及图片的行为、禁止性方面的侮辱行为等。诱使他人从事性交易的，也会触犯刑法。

该刑法规定，性骚扰行为触犯了刑法上的犯罪行为，依该行为的严重程度，判处有期徒刑或罚金；如果管理监督者对女性职员实施性胁迫的，则判处有期徒刑，特别是滥用权势地位将受害者置于不利情形时；如果管理监督者或其他劳工实施的性骚扰行为同时触犯了刑事法律的，判决结果中雇主不对该犯罪行为承担代理性的法律责任。

6. 相关主管部门

联邦政府没有针对性骚扰事件的处理设立任何特别政府机构，但德国社会出现越来越多的公共机构任命女性的平等机会委员会，以便能更进一步实现两性待遇平等的目标。这些女性平等机会官员的职责主要是密切关注在招募或录用活动等有关雇用条件的事项，如晋升、调职、训练以及其他涉及利益及服务过程中，是否都能遵守并适用相关平等待遇有关的规则及政策。

四、对欧盟成员国性骚扰规制的综合评析

欧盟各成员国关于性骚扰规制的法律制度多为近期发展成果，如以法国和德国为代表，欧盟对性骚扰问题的关注起步较晚，但选择以人格尊严为基础界定性骚扰有其重要根源。因为人格尊严的价值观在欧盟成员国已有悠久历史，欧盟成立后，这种价值观很快融入欧盟的价值体系，也形成了欧盟法律体系中的核心思想。尽管欧盟各成员国的文化差异，对个人尊严的内涵理解有异，但是，谁又能反对人应该有人格尊严呢？像在法国和德国，以人格尊严受损为诉因的性骚扰诉讼比采用美国以性别歧视为诉因

---

❶ 焦兴铠. 向工作场所性骚扰问题宣战 [M]. 台北：元照出版有限公司，2002：245.

的性骚扰案更容易胜诉，因为它吸取了美国以性别歧视为基础的性骚扰概念所带来的某些问题的教训，如避免解释上的纷争、避免需要证明存在歧视等诸多问题；更关键的是，以德国和法国为代表的欧盟法律框架的人格尊严核心思想，已充分体现出欧洲人民的核心价值观。总体而言，一般有四种类型的法律规范可以适用，即平等机会法、劳工法、侵权行为法和刑法，从某种程度而言，这四部有关规制性骚扰的法律体现了各国传统文化、法律精神的差异。

近些年，欧盟提出自身要制定一套规制性骚扰的统一性规范，这一观点引起激烈的争论。支持者认为，在禁止性骚扰行为时无论适用哪种形态的法律，都比不上一个全国性的法律制度，因为这种统一规范对性骚扰行为存有基本共识，比起承认性骚扰是法律上的一种特殊形态而应该被禁止更为重要。关于此点论争，能尽早制定统一性的法律规范呼声最高。但反对者认为，欧盟本身具有较为有限的立法权，它只能依其签署的各项条约中明确授权的事项去制定对全体会员国有法律拘束力的规范，而各会员国对各自适格处理的事项应享有较大的立法自立权。同时，欧盟各会员国拥有不同的文化背景，运用着不大相同的法律制度，即使制定出统一性规范，然而在实际执行时，各国会根据不同情况作出各种不同的配合规定，反而是敷衍法律冲突的问题。针对上述正反两种不同意见，还存一种折中的观点，❶ 即肯定欧盟已作出的相关努力，先从制定国内完整的法律规范开始，在吸收美国最完备的经验基础上，保存其优点，再消除其不符合欧盟各成员国法律制度的部分，最后待时机成熟后，商定制定统一的规范。

认为最理想的是能制定一套适用范围广泛的法律制度，❷ 着重将"性骚扰"一词予以明确界定；对法律保护的范围给予明确规定；明确雇主及性骚扰实施者所应承担的法律责任；明确各种惩戒及补偿制度、申诉或控

---

❶　Anita Bernatein. Law, Culture, and Harassment ［J］. U. PENN. L. REV, 1994, 142: 1287.

❷　Victoria A. Carter. Working on Dignity: EC Initiatives on Sexual Harassment in the Workplace ［J］. INT'L L. &BUS, 1992（12）: 434.

诉程序，如应适用哪种特别救济途径来保护受害人与性有关的声誉权等；而对提供给性骚扰受害人的各种机构性援助等也可尽量予以投入实施。

第三节　我国台湾地区性骚扰规制的制度评析

随着性别意识的增强、女性组织的努力推动，我国台湾地区制定了各类防治性骚扰的有关规定。如以工作场所性骚扰为例，2002 年实施的"两性工作平等法"第三章明确规定了职场性骚扰的类别及雇主防治此类事件的法律责任；2004 年实施的"性别平等教育法"第四章规范了有关校园性侵害或性骚扰防治的事项；2006 年施行的"性骚扰防治法"更将规制范围扩大到职场及教育场所之外，侧重于保障性骚扰受害人的人身安全及个人尊严。这三部相当完备的规定使我国台湾地区成为全世界在性骚扰规制方面投注最多心力和资源的地区之一，尽管三部有关规定各有不同的制定目的，但在保护受害人与防治性骚扰的立场上是一致的。本节将对主要规范性骚扰事件的有关规定条文作相应说明，再对其相关内容的优劣及引起争议之处加以评析。

一、"两性工作平等法"的制定及评析

2002 年 3 月 8 日，我国台湾地区开始实施"两性工作平等法"，❶ 它是规范职场性骚扰事件最主要的依据。其中规制性骚扰的实体性条文仅在第三章的两个条文中体现，但连同程序性及其他部分的条款有 11 条之多，可见其对性骚扰规制的重视程度。

（一）"两性工作平等法"对性骚扰规制的相关规定

该规定规范性骚扰行为的相关条文，大体可细分为下列五项内容。

（1）界定了性骚扰，并于第 12 条将性骚扰行为划分为敌意工作环境和

---

❶　王如玄，李晏榕．认识"性骚扰"——从性骚扰防治法、两性工作平等法与性别平等教育法谈起 [J]．检察新论，2009（1）．

交换性骚扰两大类型。此点内容在第一章中已有详细阐述，在此不予累述。

（2）明确了雇主的防治责任，划分为一般防治和设置企业内部处理机制两种责任。该有关规定第13条第1项前段规定雇主应事先采取措施防治该行为的发生，以及同条第二项规定雇主在知晓该行为发生后应立即采取有效的纠正及补救措施属于雇主的一般防治责任。后一种责任是指第13条第1项后段规定所称有30人以上受雇者的企业，雇主应制定防治性骚扰措施、申诉及惩戒办法，并在工作场所公开展示，以便大家知晓。

关于雇主承担的损害赔偿分为三种情形：第一，工作场所性骚扰受害者遭受敌意工作环境或交换性骚扰损害，依第27条的规定，应由雇主及性骚扰行为人负连带损害赔偿责任；第二，如果雇主能提出"免责抗辩"的理由，则可不负赔偿责任，即雇主能证明采取了该规定的各种防治措施，且已尽力防止此行为发生但仍然发生的情形；但如果受害人依此规定而无法受偿时，法院可依照其申请，与雇主协商，依其经济情况判定雇主先履行全部或一部分的损害赔偿义务，雇主对此有权进行追偿；第三，如果雇主在发生该行为后未能立即采取有效的纠正及补救措施，将受害人置于不利处境导致受害人权利损害，雇主应承担赔偿责任。

（3）该规定第29~30条规定受害人有行使非财产损害赔偿及恢复名誉的请求权，而行使该请求权的时效期间为自请求权人明知有损害和赔偿义务人时起两年内，两年内不行使则消除其权利；若性骚扰行为发生超过十年，则无法请求损害赔偿。

（4）为打击性骚扰行为并鼓励该受害人主动检举，该规定也制定了事业单位内、外部申诉制度。如第13条第1项后段规定的特别内部处理机制，第32条也规定一般申诉制度可适用于调解程序等；受害人也可依第34条向地方主管机关提起外部申诉制度，对其处分有异议时，可向最高主管机关的两性工作平等委员会申请审议或直接提出诉讼，对其处分仍存有异议，也可直接提起行政诉讼等。

（5）关于罚则部分，该规定第38条规定雇主违反相关规定，科处新台币1万元以上10万元以下罚款。总体而言，雇主存有以下几种情形可能会触犯该规定：第一，有 30 人以上职工而雇主没有制定相关性骚扰防治措施、申诉及惩戒办法，并未在工作场所公示的；第二，当获悉性骚扰行为发生后未能采取及时有效的纠正或补救措施的；第三，该规定第 36 条规定雇主对提出或协助他人申诉的受雇者采取打击报复等不利处分的。

（二）有关性骚扰条文内容的综合评析

纵观前述规定的职场性骚扰的类别及雇主防治的法律责任等内容，"两性工作平等法"建构与防治工作场所性骚扰规定上有极为可观的进展。有关性骚扰防治的相关条款技能参酌并援引欧美国家的先进经验，能与我国台湾地区的实际需求相契合，尽管它在我国属于首创并堪称完备，但在运行时也难免有不足之处亟待完善。

1. 该规定的优势之处

（1）明确雇主的法律责任，这有利于雇主及时有效地作出事先防范，也能于事后寻求救济，不仅能吓阻侵害行为继续发生，还能提供给受害人合理的补偿，这一点与欧美国家的先进经验相契合。该规定还设有"免责抗辩"条款，鼓励雇主主动采取各种防治措施并尽力防止此类事件能有免责情形，此规定能发挥职场自治、避免法律过于直接地触及两性互动的微妙关系，具有正本清源的功能。（2）设置多元的申诉渠道来应对由性骚扰引发的纠纷，如单位内、外部申诉制度，由两性工作平等委员会中各级政府专业人员审议等程序，以便让受害人寻求合理的解决方式，并规定禁止事后报复，这也鼓励受害人主动投诉，进一步打击性骚扰行为。（3）因性骚扰行为提起诉讼，该规定规定了相应的法律援助条款，法院对两性工作平等委员会作出的调查报告、评议或处分的审议，都有助于受害人的救济。（4）行政管理机构的劳工委员会依该规定第 13 条第 3 项的内容制定了工作场所性骚扰防治措施、申诉及惩戒指导准则，适用于 30 人以上的雇员的企业，并宣示雇主有义务提供免受性骚扰的工作环境，还用第 15 条条文规范事先预防和事后处理的具体事项，使整个规制体系更完备周详。

2. 该规定不足之处

（1）第 12 条界定性骚扰概念的用语是直接译自欧美国家的文字，如

"性要求""性意味""敌意性工作环境""胁迫性工作环境""冒犯性工作环境"等，但其实际指向在该规定实施细则和前述指导原则中都未具体说明，这导致司法实务中可能会产生许多歧义，只能在审判具体案件时由司法人员对它的理解来做处理。(2) 雇主承担的法律责任轻重与否并未因性骚扰行为分属于交换型或敌意工作环境的不同而有所区分，该规定总体地规定了均应由该行为人连带负损害赔偿责任；而对情节较为轻微的敌意工作环境性骚扰行为来说，雇主所承担法律责任显得过重。(3) 对有特殊性倾向或性癖好者的骚扰行为是否构成性骚扰，因办公室恋情产生的性徇私问题等，该有关规定没有相应规定，而这类争议现已随社会发展多元化正逐渐凸显出来。

二、"性别平等教育法"的制定及评析

与"两性工作平等法"相比较，2004 年实施的"性别平等教育法"❶中规范校园性骚扰的相关条款达 20 余条，此外相关的实施细则和校园性骚扰防治准则的相关规定，其规范内容更为周详，即使美国的相关法制都无法相提并论，以下仅就该规定中规制性骚扰的重要条款进行阐述。

(一) "性别平等教育法"规制校园性骚扰的相关规定

该规定第四章重点规范了校园性侵害或性骚扰防治的事项，主要有以下几项内容。

(1) 性骚扰行为的法律内涵仍沿袭了前述"两性工作平等法"的相关规定，是指未达到"性侵害犯罪防治法"所指称的性侵害犯罪程度有符合下列几种情形的：第一，以明示或暗示的方式，实施不受欢迎、具有性意味或性别歧视的言词或行为，影响他人的人格尊严、学习或工作的机会；第二，实施与性或性别有关的行为，为自己或他人获得或减损其学习、工作等有关权益的条件，划分为敌意环境和交换性骚扰两种类型；第三，该

---

❶ 王如玄，李晏榕. 认识"性骚扰"——从性骚扰防治法、两性工作平等法与性别平等教育法谈起 [J]. 检察新论，2009 (1).

规定还特别明确界定了其适用对象，即实施该行为的一方为学校校长、教师、职员或学生，而受害方为学生。

（2）该规定制定了防治准则并详细规定了受害人提起申诉的两个程序：第一，遭受性骚扰的受害人或其法定代理人、检举人可以书面形式向行为人所属学校提起申诉；如果学校校长为侵害人时，则应向学校所属的主管机关提起；第二，任何人知道发生该侵害行为的，应依其规定向学校或主管机关检举。

受害人或检举人提起该申诉时并无时效的限制，而接受申诉的单位，如学校的学生事务处应在接受申诉的三个工作日内将该事件移交给校方的性别平等教育委员会调查处理。为避免拖延处理，该规定特别规定当接到申诉或检举后，学校或主管机关应以书面形式于20日内通知当事人是否受理，如果未收到通知或接受后不予受理的，申诉人应以书面理由的方式提起申请复议，而校方或主管机关也应在20日内以书面形式告知当事人申请复议的结果，如果有理由，则应由校方或主管机关将全案移交给性别平等教育委员会处理。

（3）为保证调查该性骚扰案件顺利进行，并对相关当事人的受教权及工作权予以保护，该规定及防治准则都特别重视调查程序。如宣示应遵循客观、公正及专业的原则，注重保护隐私，不得任意泄露姓名或其他足以辨识身份的资料等相关规定。由于校园性骚扰的受害方是学生这一特殊主体，该行为势必会影响受害人的身心健康，因此，该规定规定在调查时应充分告知其权益及救济途径，或转交至相关机关处理，必要时，应给予其心理辅导或相关协助保护措施。

案件的实际调查工作是由性别平等教育委员会成立的调查小组进行，因调查此案极具专业性，该小组由3~5人组成，其中女性委员应在1/2以上，专家学者占1/3，这部分调查委员需外聘。当双方当事人不属于同一学校时，则要求申诉方有学校代表参与调查。

由于该事件的调查过程中，当事人与调查人常会有互动关系，为维护程序正义，该规定及防治准则另制定有严谨的自行或申请回避规定，而为避免有破坏专业伦理的事情发生，该规定还增订调查人员及辅导人员相互回避的规定。调查该案件有涉及公益的性质，因而此类调查不受司法程序的影响，也不受行为人丧失原身份而中止，即使申诉人自动撤回调查申请，学校或主管机关仍要继续调查处理，该调查工作应在两个月内完成，必要时得延长一个月，最多只能再延长一个月，即整个调查工作应在四个月内完成。由此作出的调查报告是性别平等教育委员会据以认定事实的最重要基础，甚至法院在认定该案事实时，也应参考各级性别平等委员会的调查报告，因而，该调查报告应审慎作出，以免影响当事人的权益。

（4）当调查程序完成后，该规定还制定了相当详尽的处理及救济措施，即由学校或主管机关在收到报告两个月内应对侵害人作出相应适当的惩处，当该惩处涉及侵害人改变身份时，该规定给予其书面陈述意见的机会。如当事人不服该处分结果，可通过内、外部途径提起复议，内部途径是向学校及主管机关提出，只能提出一次；外部途径是对前项复议不服的，可依侵害人身份的不同，而根据相关规定提起诉讼，如"教师法""公务人员保障法"或"两性工作平等法"等。

（二）有关性骚扰条文内容的综合评析

我国台湾地区的"性别平等教育法"在建构性骚扰的规范内容上与其他先进国家和地区相比，特别是美国的相关制度相比，并无任何逊色，但其在相关规定中也存在用语含糊或有所疏漏等不足之处，有待进一步修正。

1. 该规定的优势之处

（1）在防治校园性骚扰事件上，是采用"性侵害防治法"所建构的所谓"三级预防"机制，即在初级预防策略方面，特别强调校方在规划和宣导防治性骚扰策略上的法定职责；第二级预防策略方面，侧重实际处理过程中的申诉、调查及复议等程序；第三级预防策略方面，包括提供咨询、移交、惩处及通报等各个环节层层相扣，构成相当缜密的预防网络，这一点是其他法规无法企及的。（2）该规定有较为明确具体的专业名称，如用"性别"一词取代范围较窄的"两性"一词，将"性意味""性"及"性别"等概念均涵盖其中，也纳入保护了具有特别性倾向及性癖好者，不会滋生异议。(3) 为保障进行公正调查程序，特别规定了申请回避、自行回避及强制回避的三种情形，这是其他相关法规所没有的，随后也被"性骚扰防治法"所采纳。(4) 鉴于性骚扰侵害人常有重复该骚扰行为的特性，因而，该规定的通报制度可发挥一定程度的预防作用。

该规定在于保护双方当事人（包括加害人）的相关权利，也因应了校园兼具工作、教育及公共场所的特性，而且强调了对侵害人的调查处理应维持程序公正的特殊需求。

2. 该规定的不足之处

(1) 该规定针对校园性骚扰行为适用主体的范围采取限制性规定，仅限于一方为学校教职员工或学生，而另一方为学生的情形，此点符合普通的校园性骚扰事件，但在较不常见、而仍有可能发生的学生对教员实施性骚扰的情形未加规定，只能依"两性工作平等法"或"性骚扰防治法"的相关规定来处理，此两部规定对校园性骚扰的一般认知有很大差异。(2) 该规定并未规定校园性骚扰申诉的时效期间，因而理论上受害人或检举人可随时提出，这与"两性工作平等法"规定的十年时效形成较大反差，申诉时效的模糊规定，不利于受害人权利救济。(3) 该规定没有对校方及侵害人承担连带赔偿责任的相关规定，也没有规定校方享有免责抗辩权，也未规定校方在解决纠纷时给受害人不当差别待遇时须承担损害赔偿责任，这些不能提供给受害人较充分的民事救济保障，乃是亟须完善之处。(4) 该规定相关重要条款规定中语意不清容易在执行时导致争议，如规定了对当事人、检举人或证人保密的条款，但同时又制定了所谓"调查的必要"或"基于公共安全的考量"的除外规定，这两点除外规定模糊不明确，不利于当事人的权益保障；如该规定及防治准则都高度重视性别平等教育委员会的调查，但对查证属实的校园性骚扰案件，该委员会仅有作出惩处的建议权，然而涉及侵权人的身份改变时，如实施性骚扰侵权的教师被建议解聘、停聘、不续聘或强迫早退休时，经校方的教师评议委员会作出调查审议结果，但该校的教师评议委员会基于对性骚扰问题的认知不足或迫于同事情谊压力等原因，而不认同性别平等教育委员会的惩处建议或淡化此事的严重性，则滋生出更多争议；再如，尽管规定各校性别平等教育委员会有权对校园性骚扰行为进行调查的法定职责，却未制定出足够的配套措施来发挥其作用；最后，该规定虽规定各级学校应指派专人处理相关事务并提供其公差或经费的补助，但各委员在忙于本职教学与研究的任务之外去兼职此事，额外工作的压力不得而知，碰到疑难或复杂案件则规定的四个月调查期限难以应付。因而，如何建构起完善的行政支援体系，在防治校园性骚扰问题上让性别平等教育委员会的职能得到充分发挥，也值得教育主管机关及法规制订者深思。

三、"性骚扰防治法"的制定及评析

上述两部规定以及相关民、刑事规定均规范性骚扰行为，我国台湾地区又基于制定一部能对性骚扰作规范整体防治的考虑在 2006 年 2 月 5 日实施了"性骚扰防治法"，❶ 该规定有许多对性骚扰防治的特别规定，对工作场所和校园性骚扰事件的处理有所区分。

（一）"性骚扰防治法"关于性骚扰规制的特别规定

该规定共有 6 章 28 条，总则中的第 12 条、第 24 条和第 25 条，特别排除对"两性工作平等法"和"性别平等教育法"相关条文的适用，使其与两部规定相区分。

（1）在界定性骚扰概念方面，除排除性侵害犯罪外，主要仍大体区分为交换性骚扰和敌意环境性骚扰两大类型，值得注意的是，与前两部规定不同，该规定还特别界定了适用于公务员、机关、部队、学校及机构的概念，明确规定当局内政部门、台北与高雄及各县市机关等作为最高和地方的主管机关，该机关应设置性骚扰防治委员会在调查、调解和移送等有关争议程序，如具体规定该类委员会设主任委员一人，由台北或高雄市长、

　　❶　王如玄，李晏榕. 认识"性骚扰"——从性骚扰防治法、两性工作平等法与性别平等教育法谈起 [J]. 检察新论，2009（1）.

县（市）长或副行政长官兼任，委员则是由机关高级职员、社会公正人士、民间团体代表、学者及专家出任，其中非机关高级职员以外委员的人数不得少于1/2，而女性代表也不得少于1/2。

（2）第二章是该规定最重要的内容，它规定了性骚扰的防治范围与责任归属。它规定机关、部队、学校、机构及雇主有义务避免性骚扰行为，当知晓已发生此行为时则立即采取有效纠正及补救措施；当受雇人或受伤服务人员等受害人达10人以上时，还应另设立申诉渠道协助处理，当受害人达30人以上时，则更应立即制定并公示相应性骚扰防治措施。该规定指出实施性骚扰侵权人应对受害人负赔偿责任，对非财产上的损害，受害人也可请求一定数额的赔偿，如侵犯其名誉权，并可请求恢复名誉；如企业主管等利用职务之便而实施性骚扰行为的，受害人要求恢复名誉时，雇主及机构应提供相应的协助；如学生、接受教育或训练人在学校、接受教育或培训时实施性骚扰，受害人要求恢复名誉时，学校、教育或训练机构也应提供相应协助。

该规定还特别规定对性骚扰案件进行申诉、调查或审理程序中，机关、部队、学校、机构或雇主等对提供协助或其他参与人不得有不当的差别待遇，否则应承担赔偿责任。为了使受害人隐私权有更多保障，该规定还规定广告物、出版品、广播、电视、网络等相关媒体，不得报道或记载受害人的姓名或其他足以辨识受害人身份的信息，但经过有行为能力的受害人同意或犯罪侦查机关依法认为有必要的除外。

（3）第三章明确规定对该事件的申诉及调查程序，共有两种程序：当性骚扰行为发生一年内，受害人可依法寻求协助，仍可向侵害人所属的机关、部队、学校、机构、雇主或县市主管机关提出申诉，相关主管机关应立即将该案件移送侵害人所属机关、部队、学校、机构或雇主进行调查并记录在案；当受害人对其有无所属机关、部队、学校、机构或雇主不明确时，则应移交到发生地警察机构调查，相关部门则要在接到申诉或移送到达之日起七天内开始调查，并应在两个月内完成调查程序，必要时延长一个月并通知当事人，并以书面方式将调查结果通知当事人及县市主管部门。

如果相关部门逾期未完成调查或当事人不服其调查结果，则应在期限届满或调查结果通知到达之次日起 30 日内，向县市主管机关提出再申诉，由性骚扰防治委员会主任委员在七日内指派 3~5 名委员组成调查小组进行调查。如果当事人逾期提出申诉或再申诉时，县市政府不予受理。此外，当性骚扰案件已进入侦查或审判程序时，性骚扰防治委员会认为有必要，可决议在终结该程序前暂停处理该事件。

（4）第四章规定了"替代性纷争解决途径"的调解程序，旨在寻求更合适的办法去解决性骚扰案件的问题，该程序需当事人用书面或言词的方式向县市主管机关提出调解申请。为减轻此事件当事人的负担，该规定还特别规定当事人除支付勘验费，该调解程序不得收取任何费用或报酬，调解成立后应制作调解书，不成立时当事人可向该地方政府性骚扰防治委员会申请将调解事件移送司法机关，并暂免收第一审裁判费。

（5）第五章的罚则除规定几种民事处罚外，还特别规定了情节特别严重的肢体性骚扰可以判处刑罚。其中，民事处罚有以下几种情形：由县市主管机关科处新台币 1 万元以上 10 万元以下的罚款，因教育、训练、公务、业务、求职等过程中，监督或者照顾者利用权势或趁机实施性骚扰的，则加重罚款；在机关、部队、学校、机构或雇主知道发生性骚扰行为而未采取有效的纠正及补救措施或未制定防治措施和申诉渠道，由县市主管机关科处新台币 1 万元以上 10 万元以下的罚款，如经通知限期改正仍不改正，得按次连续处罚；如果机关、部队、学校、机构或雇主对提出该行为的申诉人、证人等相关主体有不当差别待遇情形的，则由县市主管机关科处新台币 1 万元以上 10 万元以下的罚款，经通知限期改正仍不改正，得按次连续处罚；如果广告物、出版品、广播、电视、电讯、网络等相关媒体报道或记载受害人姓名，或出现其他足以辨识被害人身份的信息，可由各事业主管机关科处新台币 6 万元以上 30 万元以下罚款，在经通知限期改正仍不改正的，也得按次连续处罚。

鉴于某些肢体性骚扰行为有特别重大情节的，给受害人带来生理和心理伤害，该行为又不易区别于"刑法"上某些涉及性侵害的犯罪，对此，该规定特别指出：“意图性骚扰，乘人不及抗拒而亲吻、拥抱或触摸身体隐私部位的行为，处两年以下有期徒刑、拘役或科处新台币十万元以下罚金。”

（二）对该规定的综合评析

“性骚扰防治法”除了将防治性骚扰的领域扩大到军队、一般与专业服务以及公共场所领域以外，并特别规定了要保障受害人的人身安全及人格尊严，因而，随着我国台湾地区对性骚扰纠纷的日益重视，制定并实施该规定显得更具有特殊意义，特别是针对发生在职场及校园以外的性骚扰案件，常处于缺乏法律规制的窘境，该规定则发挥了其重要功能。但该规定在制定过程中，并没有同“两性工作平等法”和“性别平等教育法”一样做详尽的本土调查研究以及参考欧美等先进国家和地区的成功经验来发现问题所在，而是依特定女性组织在地区“立法机构”的理论说明，尽管“立法机构”在审查和制定中，曾举办过几场听证会，但并未容纳持保留态度专家学者的意见，以致该规定的相关条款规定也存在很多漏洞，在实际执行时难度增加，极大地削减了当初制定本法的意图。

（1）该规定旨在规制性骚扰之外，更侧重于保护性骚扰受害人的权益，但在实践中又面临许多难题。如发生在公共场所的性骚扰事件中，受害人积极主张自己的权益，将可能陌生的侵害人扭送到警察机关，并去设法“打听”其所属的机关、部队、学校、机构或雇主等，但仍要面临证据是否充分的问题，比较它与工作场所或校园性骚扰事件的不同，该行为多属于突发事件证据难以获取，除非四周均有监控设备，否则只能依靠第三人出面作证，但依以前的职场或校园性骚扰事件的处理结果显示，人们存在“怕麻烦”的心理，极少有人愿意庭审作证，更何况是给陌生人提供证据，这导致调查时出现各说各话的情形，尤其是当侵害人所属单位做调查时，在没有任何足以支撑本案的人证、物证时，对自己熟悉的侵害人与陌生的受害人究竟如何评判则是很困难的事情，况且绝大多数的所属单位的相关调查人员没有接受过相关训练，难以判断是否具有较高的专业素养及性别意识，因此他们所做的调查结果几乎是可以预见的，一件本可通过维护社会治安的相关法律来规制解决的纠纷却要耗费太多社会成本去处理，其中得失泾渭分明。

（2）对侵害人所属单位或雇主来说，实施后的"两性工作平等法"要求职场内雇员相互之间或雇员与第三人之间等发生的性骚扰行为，负有事先预防及事后补救的法定职责，而"性骚扰防治法"又规定了雇员辞职时，该主体须进行申诉调查的责任，当对受害人请求恢复名誉时应提供适当的协助，否则将受到罚金处分，这对于小型企业或公司来说，其承担的法律责任较为适用，但对于拥有10人以上雇员的企业，如较为常见的小型企事业单位或小吃店等，因为依性骚扰防治准则的规定，这类企业只设立申诉的专线电话、传真、专用信箱或电子信箱即可；❶ 但是当服务对象超过30人时，还得要制定并公示性骚扰防治措施势必会让这些业主无所适从，更不用提及将要进行的申诉调查及处理程序。❷ 因而，对绝大多数的中小企业业主及雇用人来说，该规定所规定的法律责任实属过重，甚至有些不切实际。

（3）据前述两部规定的相关规定，规制性骚扰行为旨在寻求让当事人（特别是受害人）满意的解决办法来保障其工作权或受教育权等，但该规定对发生在公共场所的性骚扰事件侧重于处罚手段，尽管也规定双方对立情形时可适用调解程序，但其过程非常繁杂。❸ 因而，当侵害人想要逃避法律责任时，绝对会利用该事件不易取证为由否认事实，甚至还会提出诬告或诽谤的反诉，而申诉受害人无法得到公正处理时无其他办法来解决，只能向法院提起诉讼，这必然导致该规定的申诉调查程序形同虚设，不仅无法解决问题，反而滋生更多的纠纷，对双方当事人均属不利。

（4）比较前述两部规定，尽管该规定界定了性骚扰概念，但仍有许多地方不明确，容易产生处理上的困难。如该规定以行为违反受害人意愿为认定的标准，但在工作场所或校园内是否违背当事人意愿，则通常要根据

---

❶　关于此点，参见"性骚扰防治法"第4条第2项规定。

❷　关于此点，参见"性骚扰防治法"第4条第3项规定。

❸　关于整个调解程序的运作，除参见"性骚扰防治法"第四章（第16~19条）的规定外，也可参见"性骚扰事件调解办法"，另有13条条文。

客观情况，并参考双方当事人平时互动关系才能做出综合判断；而在公共场所发生的性骚扰行为，除了明显持续进行的骚扰动作外，也会有偶然甚至意外情况，仅凭受害人的主观感受来判断，则对侵害人来说也不太公平。当然，在其后的调查过程中，也可以用询问谈话的方式得知双方当事人的言行标准，但受害人面对完全陌生的调查委员会是否愿意谈论个人隐私问题，且调查委员是否有足够能力或专业素养去认定没有其他互动佐证的疑难事件，这些都是非常困难的事。

（5）尽管该规定是一部极为重要的社会规定，但其实际内容因为未经慎重地辩证和讨论导致条文本身存在较多明显错误或字义不清楚，仍需早日修正。如该规定第3条规定："所称公务员，指依法令从事于公务的人员"，但该规定28条中并没有出现"公务员"一词，显然属于多余应该删除；又如"雇用人"一词在该规定频繁出现，却未见明确规定具体包括哪类主体，这也需要进一步界定；该规定第11条第2项使用"学校或教育训练机构"的用语，应修改为"学校、教育或训练机构"，这样才与前面的用语相呼应；第23条使用的"机关、部队、学校、机构或雇用人为第十条第一项规定者"有语病，可以改为"机关、部队、学校、机构或雇用人违反第十条第一项规定者"较妥；第24条"其经通知限时改正，届期不改正者，得按次连续处罚"应修改为"经通知限期改正仍不改正者……"，以便与第22~23条文字相一致；第25条及第26条规定可以移列到规范性侵害犯罪的相关法律中，因为该规定已在第2条将性骚扰行为排除在性侵害犯罪外，容易造成法域混淆情形；而第26条第2项规定的"前项行政罚款的科处，由性侵害犯罪防治主管机关行使"，因该规定第4条所订的主管机关与"性侵害防治法"所规定完全相同，该规定则属多余。

小　　结

美国、欧盟成员国以及我国台湾地区有着较为先进和全面的性骚扰法规制度，但其性骚扰法规制度也有优劣之处，只有加以客观评析，才能为未来我国制定单独规范时对符合我国国情部分设法参酌援引。

　　美国通过国会的积极立法、行政机关的主动配合以及各级法院判决的全面诠释，使其性骚扰法律制度趋于完备，也成为其他国家竞相效法的对象。在推动两性平等理念和性骚扰规制问题上取得了明显成效的英、法、德三个欧盟成员国的雇主法律责任的范围、惩戒及补偿制度、申诉或控诉程序等相关法律规定进行综合探讨，期望在研究这些国家相关法律制度的实际运作过程中，找出可供我国攻错援引之处。我国台湾地区和大陆地区的情况大体一致，台湾地区有三部相当完备的规定使其成为全世界在性骚扰规制方面投注最多心力和资源的地区之一，规制领域涵盖工作场所、校园以及公共场合等，尽管三部规定各有不同的制定目的，但在保护受害人与防治性骚扰的立场上是一致的。

　　尽管这些国家和地区在文化背景、经济基础等背景方面存有差异，规制性骚扰的法律规范中也存有许多漏洞，所实施的相关政策并不一定完全符合我国的需求，但至少可以指出问题的症结所在，因而，仍具有参考撷取的价值。

第六章　我国性骚扰规制体系的法律构建

20 世纪 70 年代后，女权主义者为性骚扰的研究及解说做出巨大贡献，使得民众认识性骚扰的角度从道德逐渐转变到平等主义，性骚扰已不仅是道德层面的是与非，而且是牵涉女性的权力和地位问题。❶社会变迁过程中逐渐消除了职业区隔的现象，如部队、警察、法官、律师及工程类等原属于男性主导的职业，现已有相当多数量的女性融入其中，而某些原本以女性主导的职业，如护士、教师、餐饮业及金融服务业等工作行业，也有更多的男性加入进来。

性骚扰概念于 20 世纪 90 年代被引入中国并被公众认知，其实性骚扰行为在我国很早就已存在。尽管迄今为止尚未有足够科学且极具信服力的数据表明中国性骚扰的分布状况，但据我国的社会现状和调研显示，随着我国经济和社会结构的变迁，性骚扰状况日趋严重化的倾向，对性别的偏见和权力的滥用，使得受害女性的生存和反抗的空间越来越有限。❷ 从社会文化层面，对性骚扰规制的社会条件亟待形成；同时，性骚扰规制更需要制度的切实保障，法律即成为所有制度保障的根基。正是在此意义上，完善立法、守法、执法和司法制度，强化法律规则意识是我国迈向法治社会的必经之路。近几年，我国发生在地铁或公交车的性骚扰行为等案件都在显示当今现代女性意识到享有人身自由和安全不受侵犯的权利，面对性

---

❶ MacKinnon. C. Siegel, R. Directions in Sexual Harassment Law [M]. Yale Univ. Press, 2004.

❷ 唐灿. 走向法治——工作场所性骚扰的调查与研究 [M]. 北京：中国人民公安大学出版社，2012：3.

骚扰行为，很多女性不再保持沉默和容忍，而是敢于直面并拒绝，力争两性的和谐相处，相比较，这些社会现象都表明传统社会的男性主导观念正发生着极大的变化。然而，目前我国在规制性骚扰方面的法律体系尚不完善，甚至可以说仍处于起步阶段，面对此现状，制定性骚扰防治法势在必行，因为在一个法治程度较高的社会，法律不仅要覆盖政治、经济、文化、社会等各个方面，还要符合公平正义、自由公正、理性良知等法的内在精神。本章将研究我国目前规制性骚扰法律体系中的不足与发展，采取分散与集中的立法模式建构完善的法律体系。

第一节　我国反性骚扰法律制度的现状分析

我国对性骚扰问题的研究处于萌芽阶段，近几年相关研究报告的结果显示，性骚扰问题的严重性已逐渐受到重视，而近年来，接二连三的工作场所、地铁、校园性骚扰事件，更突显现行法律无法解决此一日益严重社会问题的窘境。目前，我国没有专门规制性骚扰的法律，对其的规制主要体现在宪法、民法、刑法、治安管理处罚法、妇女权益保障法等法律规范的部分条款中有一些零散的相关规定，这种分散的法律体系对司法实务审判性骚扰案件已经显现出一些缺失，如对性骚扰法律概念、性骚扰法律类型的界定、认定的标准、侵权客体、雇主的法律责任归属、证据规则制度等相关问题的缺失与空白，这种缺失让性骚扰受害者无力寻求法律救济，也不利于对性骚扰行为的打击与规制，因此，要完善我国性骚扰规制的法律体系已迫在眉睫。本节将我国规制性骚扰的法律制度进行梳理并评析指出我国相关规范的不足之处。

一、《妇女权益保障法》的相关规定

（一）性骚扰因受高度关注而列入《妇女权益保障法》

如前所述，我国没有专门的性骚扰防治法律，后经学者专家的多方博弈，2005 年《妇女权益保障法》修正时于第 40 条和第 58 条增加了有关性

骚扰的条款，该条款属于开创性规定，被誉为反对性骚扰行动上的里程碑。其中第 40 条规定：禁止对妇女实施性骚扰。受害妇女有权向单位和有关机关投诉。该条款赋予遭遇性骚扰的受害女性投诉的权利，也赋予法律部门可采取公法手段防治性骚扰的权力。第 58 条规定：违法本法规定，对妇女实施骚扰，构成违反治安管理行为的，受害人可以提请公安机关对违法行为人依法给予行政处罚，也可以依法向人民法院提起民事诉讼。

我国第一次把性骚扰写入法律，其产生背景是因为当时发生的几起性骚扰案件引起社会各界的高度关注，而且性骚扰确实是一个严重的问题。随后，很多地方性实施办法将修正案中的相关条款予以细化，如上海、湖南、广西等省、自治区、直辖市相继颁布《实施〈中华人民共和国妇女权益保障法〉办法》，其亮点在于试图更细化地解读性骚扰，如规定五种性骚扰形式为语言、文字、图像、电子信息、肢体行为；明确用人单位的责任，并强调用人单位有义务采取措施防止性骚扰的发生；公安机关、人民法院应受理反性骚扰的请求，等等。《江西省妇女权益保障法实施办法》第 33 条规定：本办法所称性骚扰是指违背妇女意愿，以含有淫秽色情内容或者性要求的语言、文字、图像、电子信息、肢体行为等方式骚扰女性的行为。各地实施办法在修改中充分借鉴和吸收该经验，如湖南、江西、天津等地的实施办法都强调了用人单位的责任。这些相应的法律条款颁布实施之后，我国司法实践中也突破一些模糊规定，❶ 如规定同性之间的性骚扰应适用相关民事侵权法律来约束其侵权责任，这是各级法院司法实践的通识做法。

（二）该法关于性骚扰防治的条款明显滞后

《妇女权益保障法》首次出现"性骚扰"一词，这意味着性骚扰已成为法律概念，明确禁止对妇女实施性骚扰，其法理依据是性别歧视，该法从基本法的高度禁止性骚扰行为，在法律上明示性骚扰是法律禁止的违法

---

❶　管斌．美国反性骚扰的规制沿革及启示［M］//劳动法评论（第一卷）．北京：中国人民大学出版社，2005：56.

行为，认为是男性侵犯女性权益的行为，也表明立法者正视性骚扰这一问题，已然将性骚扰行为从个人道德层面上升为法律层面，这对我国司法实务上对待性骚扰案件具有重要意义，也为进一步对性骚扰法律规制行为奠定了理论基础，与国际社会相比，修正后的《妇女权益保障法》除了简要地规定了禁止性骚扰，而其他相应保障实施的配套规定显得十分落后，如该法忽视了女性对男性、同性之间性骚扰等情形。该法在修正前曾有民法学者持怀疑态度，认为该规定很难概括性骚扰行为类型，且性骚扰的取证难是实务中最大的难点，现有民法规则已经能够给受害人提供人身权利和自由的法律救济。❶ 法律对性骚扰规制的条文中，原则多于措施，缺乏有效的法律救济方案。由此可见，该修正案的立法初衷是侧重回应社会关注，相比解决这一法律问题的实效性弱了许多。

《妇女权利保障法》修正案草案中曾规定"用人单位应当采取措施防止工作场所的性骚扰"这一对受害人保障最有力度、最有时效性能的条款，鉴于审议中考虑到性骚扰是否限于工作场所、用人单位采用的防范措施等情况比较复杂，仍需更多研究，最终被删除，认为该法应侧重于受害人的救济渠道和追究侵害人的法律责任。然而，最终规定救济的义务主体却是要求受害女性的投诉或起诉，正如学者所说："性骚扰案件无论能否胜诉，女性有义务将自己卷入一种高风险的诉讼，如果不去投诉，你就没有权利。靠投诉获得女性人身安全的成本要大到承担所有法律成本的程度，且会产生这样的逻辑：免予性骚扰的权利＝投诉义务。"❷

《妇女权益保障法》由于只有两条对性骚扰的规则，从整体来说过于宽泛，可操作性不强，使得在司法实践中没有形成具体、可行的规制体系。尽管绝大部分的地方妇女权益保障法的实施办法也尝试以列举的方式界定

---

❶ 周志铁. 性骚扰是个伪命题——评《妇女权益保障法》第40条［J］. 云南社会主义学院学报，2013（1）.

❷ 郭慧敏，于慧君. "禁止性骚扰"法律成本的性别分配［J］. 妇女研究论丛，2006（5）.

何为性骚扰，都明确规定禁止实施性骚扰，❶ 但由于各省市的相关实施办法法律位阶较低，导致其普适性较弱，对用人单位在防治性骚扰方面应承担的相关责任着墨不多，其功能也十分有限，这仍需要国家立法机关完善性骚扰法律制度。

二、民法规范的相关规定

在我国现行民法的相关规范中，有一些零散的相关条文可运用于处理性骚扰案件中。总体而言，性骚扰行为侵犯的客体主要涉及人格权、人格尊严或性自主权等，因不同的骚扰方式，涉及的侵权客体也不尽相同。民法中将人格权的某些权利，如名誉权、性自主权、隐私权、健康权等都统称为人格尊严，这些民事规范中所涉的权利已成为我国目前规制性骚扰行为的主要法律依据，也为遭受财产权或非财产损害的受害人提供了法律依据。

（一）民法相关规范赋予受害人民事救济权利

（1）《民通则法》对有关荣誉权做了相应规定，如第 101 条规定公民、法人享有名誉权、公民的人格尊严受法律保护，禁止用侮辱、诽谤等方式损害公民、法人的名誉；第 105 条规定妇女享有同男子平等的民事权利；第 119 条规定了有关侵害身体健康导致财产损害的，受害人可请求损害赔偿；第 120 条规定了有关侵害身体、健康、名誉或自由导致非财产上损害的赔偿等，如公民的姓名权、肖像权、名誉权、荣誉权受到侵害的，有权要求停止侵害、恢复名誉、消除影响、赔礼道歉，并可以要求赔偿损失。这些相关条款都赋予性骚扰受害人请求民事救济的权利。

（2）司法解释赋予性骚扰受害人可请求人身权损害赔偿的民事救济权。从法律适用角度看，2001 年《最高人民法院关于确定民事侵权精神损害赔偿责任若干问题的解释》第 1 条、第 8 条和第 10 条有适用于性骚扰受害人的保护性规定。如第 1 条规定：自然人因下列人格权利遭受非法侵害，

---

❶　王春霞. 完善法律体系，促进性别平等［N］. 中国妇女报，2012-10-20（A04）.

向人民法院起诉请求赔偿精神损害的，人民法院应当依法予以受理：①生命权、健康权、身体权；②姓名权、肖像权、名誉权、荣誉权；③人格尊严权、人身自由权。违反社会公共利益、社会公德侵害特任隐私或者其他人格利益，受害人以侵权为由向人民法院起诉请求赔偿精神损害的，人民法院应当依法予以受理。第 8 条规定：因侵权致人精神损害，但未造成严重后果，受害人请求赔偿精神损害的，一般不予支持，人民法院可以根据情形判令侵权人停止侵害、恢复名誉、消除影响、赔礼道歉等民事责任外，可以根据受害人一方的请求判令其赔偿相应的精神损害抚慰金。第 10 条规定，精神损害的赔偿数额根据以下因素确定：①侵权人的过错程度，法律另有规定的除外；②侵害的手段、场合、行为方式等具体情节；③侵权行为所造成的后果；④侵权人的获利情况；⑤侵权人承担责任的经济能力；⑥受诉法院所在地平均生活水平。

（3）《侵权责任法》第 2 条的保护性规定提供给性骚扰受害人一定的侵权请求权基础，尤其是该条尽管未明确将性自主权、人格尊严权等作为独立的民事权利形态列入当中，但其概括性阐述了 "等人身、财产权益" 成为受害人寻求法律保障的权益的救济依据。

（4）2012 年国务院发布的《女职工劳动保护特别规定》中规定在劳动场所，用人单位应当预防和制止对女职工的性骚扰。这一较新的禁止性规定尽管仍缺乏可操作条款作为其实际执行中的保障，但对防止职场女性遭遇性骚扰有了特别保护的法律规定。

（二）相关民事救济条款功能有限

民法的相关规范为我国性骚扰案件受害人的权利保护提供了法律依据，特别是在受害人请求精神损害赔偿时能获得法律保护，这些规范已成为司法实践中处理相关问题时的重要法律支撑。

然而，在受害人实际运用这些相关请求救济时，也会遭到许多实体或程序上的障碍，常常会遭遇投诉无门等困难。如《女职工劳动保护特别规定》中尽管规定了禁止对女职工的性骚扰，但是该法没有明确界定其概念，也没有明确雇主应承担的责任等。民法的相关规范没有区分性骚扰的类型或发生场域，受害人在寻求救济时没有涉及雇主的事先防范和事后补救等相关措施，性骚扰受害人常缺失重要的救济手段。由于民法上保护公民的人格权仅以关于生命、身体、名誉、自由、姓名、身份及能力等有关特别规定者为限，在此情形下的权利受损才能请求损害赔偿或慰藉金，而对情节较轻微的性骚扰行为没有相应规定，对此类受害人的保护明显不力；且诉讼程序的耗时耗力、昂贵的诉讼成本以及难以克服的举证责任，都成为受害人所必须面临的困难，因此，用民法来解决性骚扰争议显然并非良方。

三、《治安管理处罚法》的相关规定

1. 侧重于规制公共场所性骚扰

《中华人民共和国治安管理处罚法》于 2006 年实施，其中，第 42~43 条规定："有下列扰乱公共秩序行为之一，尚不够刑事处罚的，处 15 日以下拘留、200 元以下罚款或者警告……（四）结伙斗殴，寻衅滋事，侮辱妇女或者进行其他流氓活动的"；第 44 条规定，猥亵他人的，或者在公共场所故意裸露身体，情节恶劣的，处 5 日以上 10 日以下拘留；猥亵智力残疾人、精神病人、不满 14 周岁的人或者其他严重情节的，处 10 日以上 15 日以下拘留。为了对公安机关工作人员在工作中由于需要对违法者进行搜身等行为进行规范，防止因此产生性骚扰纠纷，该法第 87 条第 2 款明确规定，检查妇女的身体，应当由女性工作人员进行。该法的制定旨在维护社会的公共治安，客观上有助于防范及减少公共场所的性骚扰行为，因此，它较偏重于对公共场所性骚扰进行规制。

2. 处罚力度明显过轻

以上条文是我国在规制性骚扰时较常用的法律规范，但其处罚力度对比性骚扰带给受害女性生理和心理的伤害又明显过轻。尽管该法侧重于公共场合，对隐蔽环境中的性骚扰缺乏有效的惩处，但该法对侵权人的处罚性质上属于行政处罚，而不是对受害人民事权利的救济途径，因此，对发生在公共场所以外的性骚扰受害者而言，该法没有约束力，在司法实践中常常表现出对某类性骚扰案件无能为力。

四、民事诉讼证据的相关规定

1. 举证责任的分配形式

我国法律关于民事诉讼证据中举证责任分配上主要有三种形式：（1）一般规则，即我国《民事诉讼法》第64条第1款规定"当事人对自己提出的主张，有责任提出证据"——"谁主张，谁举证"的举证责任分配形式；（2）举证责任倒置原则，即最高人民法院于实施《关于民事诉讼证据的若干规定》中规定的举证责任倒置原则；（3）辅助原则，即在不属于法律和司法解释规定的举证责任倒置的情形下，依照举证责任的一般规则又无法确定、适用一般举证规则将导致不公正的情形下，人民法院有权力依自由裁量权来分配举证责任，这是举证责任制度的辅助性原则。

2. 性骚扰案件的举证责任分配不尽合理

民事诉讼法的举证责任一般是按照"谁主张，谁举证"的规则来分配的，但是在性骚扰案件中，按此种举证责任分配则不尽合理。因为性骚扰行为大多具有隐蔽性，且骚扰行为较多来自有权力主导受害人的上级或同事等，这无疑加大了受害人在调查取证方面的难度，而司法审判中遵循"重物证轻人证，重直接证据轻间接证据"，❶ 必然导致本处于弱势的受害人承担了败诉的风险，这也是目前受害人对待性骚扰行为时保持沉默的主要原因之一，这无疑也纵容了性骚扰实施者，使其逃避法律责任。

五、刑法规范的相关规定

1. 以"强制猥亵、侮辱妇女罪"作为情节严重的性骚扰的刑事罪名

实施性骚扰行为情节严重有可能涉及刑事犯罪，我国《刑法》第236条规定有强奸罪，用以规制较严重的性侵害案件，而我国司法实务上多以

---

❶ 管斌. 美国反性骚扰的规制沿革及启示［M］//劳动法评论（第一卷）. 北京：中国人民大学出版社，2005：56.

"强制猥亵、侮辱妇女罪"处理，但该罪是以强制手段为构成要件之一。因而，依此处理性骚扰案件会面临几个问题：第一，构成强制猥亵的行为，侵害人是以威胁或恐吓等较常见的性骚扰行为如袭胸袭臀、带有性色彩的触摸身体或侵害人大多乘人不备而非以强制手段而为，这导致对性骚扰行为在处罚上有过重之嫌，此规定较少适用于普遍存在的性骚扰行为。第二，"猥亵行为"的法律概念界定不清晰，司法实践中侧重"足以引起性欲"上，而没有区分是所谓客观上（以第三人的标准）足以引起性欲还是需满足行为人主观上的性欲，而将"是否能够引起性欲"作判定是否为猥亵行为的唯一标准。如前述第三章被媒体曝光的刑事处罚的性骚扰案，最终以强制猥亵妇女罪进行处罚。

2. 刑事处罚适用中仍面临很多难题

追诉性骚扰侵害人的刑事责任，往往也会遭遇与民事救济相同的困难，如刑事诉讼中运用的证据规则与民法的法律规范相类似，使得性骚扰侵害人所承担的刑事责任与追究民事责任一样面临举证难的困境。除举证责任的负担显得沉重外，受害人也无法因侵害人判处刑事责任而获得完全补偿。经过漫长诉讼程序所能获得者通常是"迟来的正义"，而在诉讼过程中可能遭受的"二度伤害"也会让受害人深受其害。

综上所述，我国在性骚扰的法律规制方面存在很多漏洞，这些缺失导致大多数受害者以败诉告终，权利无法得到救济，反而遭受再次伤害。因此，我国应进一步完善维护公民人身权利的法律，积极推动出台反对一切形式对女性暴力的立法，对已经多次论证过具有立法可行性和必要性的反性骚扰法进行先行立法，解决现实生活中女性的诉求。

第二节　性骚扰规制的立法模式建构

20世纪90年代起，我国各界围绕性骚扰议题一直没有间断过，法学界关于性骚扰规制的提议也从未停止过，如1998年、1999年、2002年、2005年、2009年都有全国人大代表、政协委员在"两会"期间提出制定性骚扰防治法的议案，其中，2009年性骚扰立法调研课题组将拟定的立法建议稿作为议案提交至全国人大会议，但由于各种原因被搁置。随着被媒体连续披露的几十起以性骚扰为诉因的案件的曝光，民众对反性骚扰立法有了更强烈的呼声，而选择怎样的立法模式至今仍未定论。立法模式的选择直接影响法律理论与司法实践的变革，影响保护公民权利的力度和质量。我国建构性骚扰法律规制的关键问题已不是争论反性骚扰是否入法，而其重点在于我国应采取何种立法模式有助于性骚扰的防治，因为鉴于我国目前禁止性骚扰的政策与法律基础，笔者建议采取分散与集中的立法模式从以下几个方面入手，尽早制定专门的性骚扰防治法。

一、在劳动法相关法律规范中建构反性骚扰制度

国际社会的相关法律规范多是先从工作场所发生的性骚扰，再扩及其他场所的，因为发生性骚扰行为的场域概率最大的是工作场所，作为调整工作场所法律关系的主要部门法——劳动法，在规制性骚扰问题上应承担起反性骚扰的重担。反性骚扰法律制度纳入劳动法范畴，有利于劳动合同法的前瞻性和实效性，这种立法范式也符合国际社会的主流趋势。

劳动法相关法律规范中应规定受害人遭遇性骚扰的救济途径或措施，如劳动合同中用人单位有义务为劳动者营造公平、安全、无伤害的劳动环境；用人单位应制定禁止性骚扰的相关措施；雇员对性骚扰的投诉请求须设立专门机构进行调查处理；对处理结果不服的，雇员可依劳动合同的相关规定向劳动仲裁部门提起申诉等。如果劳动法中设定了受害者的救济途径，受害者可以选择协商解决，也可以选择向本单位劳动争议调解委员会申请调解，尽快解决性骚扰问题，如用人单位违背相关法定义务，除应向劳动者承担相应的赔偿责任外，劳动者也可随时解除劳动合同，这是一种最直接、有效的防范性骚扰的措施。避免遭遇性骚扰的受害者因担忧丢失工作或顾及名誉而选择沉默或隐忍，而不选择向相关部门投诉或向法院提起诉讼的救济途径。

一般认为，工作场所性骚扰侵犯的是劳动者的民事权利，即本书第二

章中分析认为工作场所性骚扰是以侵犯劳动者的权利为主的行为，其侵犯的客体为复杂客体，如平等就业权和劳动安全卫生权。根据其特殊性和保护劳动者权利的需要，增加雇主的法律责任，作为其特殊的一种责任形态。劳动法的核心是劳动权，劳动者享有在安全和平等的环境中工作的权利，工作场所性骚扰多发生在男性对女性、上级对下属，但也不尽如此，用人单位有义务禁止工作场所性骚扰的发生，以期维持良好的工作环境和秩序，因此，在劳动法相关法律规范中增设反性骚扰条款具有重要意义：一是更好地保障劳动者的平等就业和身体健康；二是有利于社会经济的长期稳定发展；三是完善了我国劳动保护法律体系。

随着我国经济高速发展，我国已拥有很多大型跨国公司，与世界各国有了更频繁的经济往来，制定一套完善的反性骚扰防御体系，营造远离性骚扰的工作环境，会极大提高我国企业的经济效率与生产力。

二、增设性自主权作为独立人格权的法律规范

性自主权在各国各地区刑事法律中已经获得普遍认同，如我国台湾地区的刑事法规中就有"妨害性自主罪"的罪名。美国学者认为"性骚扰侵犯了性的自主选择权利，它与隐私权相比较，则是一项更基础的权利"；❶美国芝加哥大学斯蒂芬·J.舒尔霍夫（Stephen J. Schulhofer）教授认为"性自主权的缺失是美国法律的一个重大失败"，他认为每个人都享有性自主权，对他人以暴力、胁迫或诱惑等手段实施的不受欢迎、与性有关的行为都是侵犯性自主权，❷即除生存权以外，没有其他的人格权利和自由比性自主权更重要。在人际交往中，性存在于人所特有的脆弱感情和潜在的身体威胁的可能，性自主权甚至要比财产权更需要保护。然而，人们赖以独立存在和自由的基本权利名单中遗漏了性自主权。因此，斯蒂芬·J.舒

---

❶　Edmund Wall. The Definition of Sexual Harassment [M] // Edmund Wall. Confrontations and Decisions: Sexual harassment. Prometheus Books, 2000.

❷　Stephen J. Schulhofer. Unwanted Sex：The Culture of Intimidation and the Failure of Law [M]. Harvard University Press，1998：99.

尔霍夫呼吁，性自主权乃天赋人权，是与生俱来的自然权利，是一项值得尊重的权利，❶ 法律应认真对待性自主权，需要对它给予明确、培育和保护。

我国的人权入宪显示了应重视建设和保护人权，性骚扰所侵犯的性自主权也属于人权的重要内容之一，因此，对性自主权的保护也是现代人权保护理念的重要组成部分。在人类历史发展的长河中，观念和法律制度上身份、阶段或地位不平等剥夺了许多人的性权利，当消除了这种差别时，从基于配偶权身份的性权利转化为人权中的人格权，要想达到人人平等的理想状态，这种历史条件下，性自主权应成为每个人享有的人权。世界性学会会议通过的《性权宣言》中宣称"性权乃普世人权，以全人类固有之自由、尊严与平等为基础"，该宣言还规定了性完整、性自由权、性身体安全权、性自治权等几种具体的性权利。因此，规制性骚扰的法律体系从保护性自主权的角度来建构，这也是人权保护法律制度的一种完善。

我国除了宪法上给予保护以外，民法领域中最高人民法院通过司法解释确立了一般人格权，即人格尊严权，这在理论上实现了对性自主权的基本保护，但由于一般人格权的理论范畴较为宽泛，司法实务中更依靠法官合理使用自由裁量权，因为法官在专业素养、生活经验及主观感受等不同会对该理论的理解和把握标准不同，易导致仅适用一般人格权实现保护性自主权的功能被虚置。如法院审理工作场所性骚扰案时并未过多区分职场主义和权利主义性骚扰，而从我国性骚扰的生效判决来看，更侧重于保护个人私权利，实际上是采用权利主义的立场，这也是人们对短信性骚扰案件判决津津乐道之处。因此，性自主权完全有理由成为一项独立、具体的人格权，❷ 它是个人在遵守法律和公序良俗的前提下，自由表达自己的性意愿和自主决定是否实施性行为或以哪种方式实施性行为而不受他人强迫和干涉的权利。

---

❶ Stephen J. Schulhofer. Unwanted Sex: The Culture of Intimidation and the Failure of Law [M]. Harvard University Press, 1998: 133。

❷ 郭卫华. 论性自主权的界定及其司法保护 [J]. 法商研究, 2005 (1).

在第四章第三节中对性自主权有详细的阐述，笔者主张性骚扰侵犯的是性自主权的观点，即以人的性利益为内容的一项独立人格权，但目前我国的民法中并未明确规定性自主权，❶ 需在民事、刑事法律制度中完善规制反性骚扰的基本法律手段；民法方面，在人格权法中将性自主权列定为独立、具体的人格权，便于性骚扰规制时做到有法可依，同时，在侵权行为法中对应地确定其雇主的责任和惩罚赔偿金制度。

三、对《妇女权益保障法》进行立法解释

任何一部法律，都应该有明确对应的权利和义务关系，而其规定的义务必须是具有可诉性。《妇女权益保障法》是一部特别法，虽以"重在保障"为指导思想，但它是一部具有不可诉性的法律。规制性骚扰行为的实际意义不大，因为它对性骚扰的法律概念等基本内涵的规定不明确，而实施性骚扰行为侵犯女性权益者常常是其单位、主管部门或同事等，受害人很难在诉讼中依此法成功地主张自己的权利。

近年来，性骚扰案件逐渐成为民事审判中的热点问题，然而，面对种类复杂的性骚扰案件，司法实践常出现现有法律条文不具可操作性的情况。2005 年《妇女权益保障法》修正案中增加了禁止对妇女性骚扰以及有关救济途径的条文规定，这表明了国家对性骚扰行为的惩处态度，赋予受害妇女请求国家公权力保护的权利，明确了性骚扰行为的法律责任，特别是民事责任，这有利于创造两性和谐相处与共同发展的社会环境，推动社会文明进步，也为司法实务中依法保护性骚扰受害人权益与制裁侵害人提供了基本法律依据，并遏制了职场、公共场所及私人场所的性骚扰行为。在具体案件诉讼中，却发现该法的上述规定过于原则，缺乏可操作性。如没有

---

❶ 杨立新教授等在起草《中国民法典人格权法编专家建议稿》中提出要增设"禁止以任何方式对自然人实行性骚扰"的内容，但这一建议在全国人大法工委起草的民法典草案中被搁置，但此点给我们启示，性骚扰侵犯了民法中有关人格权方面的问题，而目前被媒体曝光的性骚扰、性侵害等行为不断增多，挑战着民众的眼球和受害者的人身权利，因此，正在完善人格权的相关立法过程中应全面考虑其内容，以防止法律一出台就滞后或空缺的问题。

对哪些行为构成性骚扰等基本内涵予以明确界定，诉讼中法官难以认定哪些具体行为构成性骚扰，而且性骚扰行为具有突发性、隐秘性等特点，现有的证据原则以及社会观念中仍存在对性骚扰案中女性受害人的责难，使得性骚扰诉讼常存在立案难、取证难、赔偿难等问题，实践中使性骚扰问题处于"灰色地带"。该法没有特别提及工作场所性骚扰的具体处理问题，而职场性骚扰最为常见，它直接关系到职场女性的人身权、劳动权等权益，司法实践中有许多性骚扰案件受害人由于所谓的"证据不足"而败诉或尽管胜诉，却难以获得精神损害赔偿。由于该法律原则性较强、可操作性差，使得多数受害人考虑到难以胜诉，选择隐忍而放弃用法律武器捍卫自身的人格尊严等权利。

因此，《妇女权益保障法》的现有法律规定，对性骚扰的规制如同一纸空文，据悉，全国妇联将加大源头参与力度，努力推动最高人民法院出台《妇女权益保障法》的配套司法解释，争取尽早将有关性骚扰的具体规定纳入其中。❶ 值得关注的是 2018 年 8 月 27 日，提交全国人大常委会审议的民法典人格权编草案规定，违背他人意愿的言语、行动或者利用从属关系等方式对他人实施性骚扰的，受害人可以依法请求行为人承担民事责任。

四、制定专门的《性骚扰防治法》

性骚扰是一种特殊侵权行为，它涉及个人隐私、社会善良风俗、劳动者权利、雇主责任等一系列复杂问题，我国研究性骚扰法律制度的起步较晚，现代社会女性已成为社会中完全独立自由的法律主体，当法律保障其物质权益的同时，必然要实现其精神权益的需求，因而制定专门的《性骚扰防治法》的立场正可表明当下社会主体正努力地追求平等和自由，这与社会发展的客观规律相符合。

（一）专门立法的必要性

从法律层面来看，需要重视性骚扰立法的重要性，加快立法步骤，同

---

❶ 孙晓梅. 不懈推进制止妇女受暴力侵犯的立法进程——第十一届全国人大关于制止妇女受暴力侵犯议案和建议评析［N］. 中国妇女报，2013-02-26（B01）.

时，防止现存的法律规范的限制，用判例带动性骚扰立法。尽管目前性骚扰防治立法尚未纳入我国立法计划，但笔者主张，目前我国仍应尽早推进并完善我国性骚扰立法。

1. 转变看待性骚扰问题的角度，弥补法律漏洞

过去人们认为性骚扰行为不是一种问题或者仅涉及道德层面问题，主要是归因于生理结构的不同、人们对其认识不够所致，随着社会发展，人类的文明以及女性权利意识增长，性骚扰更成为一种法律问题、社会问题。我国相关法律规范中虽然包含禁止性骚扰的立法理念与精神，如我国宪法、刑法、民法、妇女权益保障法、劳动法等尊重人格尊严的法律精神，但只能认为"禁止性骚扰"的立法已具备了重要的法律土壤。我国现有的《妇女权利保障法》与民法典草案的制定相结合会促进反性骚扰立法的步伐，也为性骚扰法律规制提供了机遇。因此，制定专门的《性骚扰防治法》可以弥补法律漏洞，使民众面对性骚扰问题时有法可依，也符合国际社会的潮流。

2. 从法律建构上思考如何改变性骚扰的社会现状

过去常常只要求女性改变其行为模式或自我期许等融入男性所创造的社会环境中，就能减少性骚扰行为的发生，如今对制定专门的《性骚扰防治法》的策略思考是，注重思考其法律制度的设计给予男女两性约束或保护自己的选择。《性骚扰防治法》强调重塑主流与教育功能，不仅要防止性骚扰行为，而且聚焦对受害者有更多的权利保护与救济，将其视为目标，希望通过制定专门立法可以减少遭受性骚扰的侵害者，也期盼相关社会团体或组织参与，一起实现并创造和谐平等的社会环境。

（二）应首先明确性骚扰的内涵

尽管性骚扰已正式确立在法律之中，但我国对性骚扰界定模糊不清，并无一个明确的界定，其"宣示"功能大于"防范"功能，而制定一部法律必须规定相关的基础性法律理论问题。尽管性骚扰的发生场域、表现类型呈多样性，法律规范不可能详尽现实生活中发生的所有性骚扰现象。但

制定性骚扰防治法的首要任务是明确性骚扰的概念，即哪些行为属于性骚扰，人们则更容易判断何种行为属于性骚扰范畴，才能在界定的范畴内制定相应的处罚细则，这有利于对性骚扰案件的判罚更具体化。本书第一章详尽阐述了国际社会或地区有关性骚扰的概念，并提出了对我国性骚扰概念的界定采用列举式和概括式相结合的方式，有助于应对社会发展中性骚扰出现的新情况。

（三）制定举证责任合理分担的规则

性骚扰案件中多存在权力与控制关系，且具有隐蔽性、私密性的特征，难以保留物证或直接证据，带给性骚扰受害者的多是精神伤害大于物质伤害，依照"谁主张，谁举证"的规则使得受害人无法通过普通的证明方式来列举，其举证责任行使十分艰难，因此，需确定和完善对性骚扰行为的自认规则、推定规则、证明责任及分配规则。

关于性骚扰举证责任方面，学界大体有两大争议：一个是认为性骚扰案件应适用"举证责任倒置"的规则，即鉴于享有资源的落差，举证责任应介入性别意识，降低受害方举证责任，特别是工作场所性骚扰侵犯受害人安全的工作环境和人格尊严，雇主有义务给雇员提供免受骚扰的安全环境，因而对比普通案件的证明责任，则性骚扰受害人应承担较少的举证责任；另一个则是更多学者认为采取"举证责任合理分担"原则更为可行。❶笔者主张适用后者，认为它更具公平性与现实性，因为若在性骚扰诉讼中适用举证责任倒置，即由被告举证来证明自己没有实施性骚扰行为，如果被告无力证明时，则要承担败诉后果，尽管此情形下可减轻受害人的举证责任，相反地却大大加重了被告的举证责任，从某种程度上说，由被告证明自己没有实施该行为的难度等同于受害人证明自己遭遇性骚扰行为的难度，这同样对被告显失公平。因此，比较可行的办法是按照一定方法和原则，让原、被告双方合理地对举证责任进行分配。当受害人有足以让法官

❶ 马冬玲.差距、挑战与对策——"反对工作场合性骚扰国际研讨会"综述 [J].妇女研究论丛，2005（3）.

相信可能发生性骚扰行为的证据时，则被告有须证明自己没有实施性骚扰行为的责任，如果举证不能，则承担败诉后果。

此外，举证责任合理分担问题涉及证据法领域，也是受害人能否真正获得救济手段的重要内容之一，因笔者无力对此问题过多阐述，期望相应领域的专家学者借鉴他国优秀经验作进一步研究、关注与探讨，以此科学地应对我国在规制性骚扰方面的证据问题。

（四）需立法明确雇主责任

1. 社会现实迫切需要国家立法明确雇主责任

2010 年 5 月，"妇女观察·中国"职场性骚扰课题组作了一份《职场性骚扰调查报告（ILO）》，其数据显示：23.9% 的被调查者曾目睹或听说本单位员工遭受过性骚扰，19.8% 的被调查者承认自己遭受过性骚扰。❶ 这组数据表明，工作场所性骚扰依然是个严重的社会问题。世界多数国家解决工作场所性骚扰问题时纳入雇主责任，以各企业经济单元为单位，建立起性骚扰的社会预防和防治机制，使受害人可选择相应机构去投诉，并能及时调查解决该纠纷，法官在司法判例中确立雇主法律责任范围的认定标准及免责抗辩，这使各国在引导推动公司设置内部申诉机制时有重要的法律依据，这些先进的立法经验都可为我国建构更完善的防治性骚扰法律体系作法制参考攻错之用。

如今，我国关于性骚扰问题的立法和司法判决的导向对我国的公司或企业等（特别是合资企业）的经济生活有了重大影响，如上海某不锈钢有限公司的一份劳动合同书中详细规定了防治性骚扰条款，这表明了公司抵制性骚扰行为的态度；南京市劳动部门备案的中外合资公司的劳动就业合同中载明反性骚扰的相关条款等，但据当时调查发现，40 多家公司中仅有一家中英合资的机械制造企业有类似规定，而多数的国有或集体企业中，

---

❶ 张立鹏. 增设防治职场性骚扰雇主责任［N］. 中国妇女报，2011-12-19（A03）.

劳动合同中鲜有规定类似防止性骚扰条款。❶ 2010年一项调查显示，42.8%的被调查者表示其所在单位未规定禁止性骚扰，26.9%的表示有此相关规定，其中表明本单位没有禁止性骚扰的规定的比例最高的是行政机关的工作人员，约占被调查者的70%，远高出排在第二位的事业单位28.7个百分点。❷ 一些私营企业老板知悉客户对雇员有性骚扰行为不仅不阻止，反而以解聘要挟员工迎合客户的口味。❸

2. 明确雇主对职场性骚扰有防治责任属于国际惯例

鉴于人权保障理念、消除就业歧视公约以及雇主应当为管理监督者的行为后果承担责任、有义务为雇员提供安全的劳动环境，公司应设置预防与治理措施的经验及承担的社会责任，明确雇主防治职场性骚扰的责任已成为国际惯例，这有助于保障雇员的人格尊严权、平等就业权和工作环境安全等权利。中华女子学院项目组对3 000名左右的调查对象进行有关性骚扰行为的问卷调查，结果表明，发生在工作场所的性骚扰比例最高，且性骚扰取证较困难，项目组建议在性骚扰立法规制中应确立和强化雇主的法律责任，以减少工作场所性骚扰的频繁发生。❹ 本书第一章将工作场所性骚扰分为交换性骚扰和敌意环境性骚扰两种，这两种不同特质的性骚扰其

❶ 职场女性遇性骚扰后维权困难 [EB/OL]. [2010-05-10]. http://www.legaldaily. com.cn/bm/content/2010-05/11/content_ 2136707.htm.

❷ 上海防止性骚扰条款写进劳动合同 [N]. 武汉晚报，2003-10-20.

❸ 林建军. 反对针对妇女歧视与暴力的跨学科研究 [M]. 北京：中国社会科学出版社，2010：271.

❹ 建议认为，这里的"雇主"并不特指单位的具体领导人，而是指行政机关或企事业等单位。雇主应制定企业内部切实可行的性骚扰防治的制度，明确哪些行为是被禁止的性骚扰行为；规定有效的举报途径或程序，并确立反报复措施，保护举报人员不受到报复打击；规定及时有效的调查程序。有关部门确认存在性骚扰行为，则必须给予实施者严厉的处理甚至开除，当雇主能证明企业内部规定了切实可行的性骚扰防治机制，而受害人无正当理由不利用此救济机制时，雇主可以免除赔偿责任。课题组还建议建构性骚扰防治的法律体系时，立法规定禁止以任何形式的、不受欢迎的具有性侵害成分的口头、非口头或身体接触等形式骚扰女性。受害女性有理由证明因她的拒绝将致使她在录用、晋级或获得职业培训机会等不利后果，则成立敌意工作环境性骚扰，企业应为她提供及时有效的控告程序与救济措施，对情节极其严重的性骚扰行为需依法追究其刑事责任。

雇主责任存在区别。

　　总体而言，该建议项中确立的雇主责任形态有三种：第一种是在交换性骚扰中，雇主承担无过错责任，即一种严格责任；因为该类性骚扰侵害人较多是企业的管理层，属于占有权力资源较多的一方，实施性骚扰行为则需要承担损害赔偿责任，而且雇主应为缺乏人事管理注意承担连带赔偿责任；第二种是在敌意环境性骚扰中，雇主承担过错责任原则；雇主有义务营造一个良好、无伤害的安全工作环境，则负有防治性骚扰的责任，如培训如何防治性骚扰、制定申诉程序等；第三种是补充责任，即若雇主很好地履行职责，一定程度上是可以预防发生该性骚扰行为，一旦违背其职责，雇主则应与性骚扰侵害者一起承担连带赔偿责任；如果雇主有理由证明在避免发生该行为时已经适用了管理措施，且原告无正当理由没有使用雇主提供的防止和矫正措施的，雇主可以免责。规定的这几种法律责任可以为雇主有效地预防性骚扰行为发挥至关重要的作用，当发生性骚扰行为后，雇主能尽快、及时地寻求合适的处理办法便于受害人得到及时救助，但如果受害人依此规定无法受偿时，法院可依其申请并参考雇主的经济情况并商量，可令雇主承担全部或一部分的损害赔偿，雇主仍有权对性骚扰侵权人进行追偿。

　　如前所述，雇主的法律责任由防治责任和损害赔偿责任构成，即用人单位有义务对职场性骚扰行为的发生采取防治措施，当获悉该行为发生后应立即采取有效的纠正及补救措施。制定明确且细化的雇主责任，要求企业设置性骚扰的内部投诉机制，还要提供给员工进行禁止性骚扰和遭受性骚扰后救济途径的培训机会。用人单位的员工较多，还应制定防治性骚扰的规章制度、申诉及惩戒办法，并在工作场所公示于众，如我国台湾地区法律规定用人单位有 30 人以上视为员工较多；雇主违反该职责则给予行政处罚，用人单位负责民事损害赔偿责任，应加大对性骚扰受害者的损害赔偿力度，明确雇用各方责任，保证法律得到有效执行。

（五）完善对性骚扰侵害者的法律责任，强化制裁力度

　　追究性骚扰实施者的法律责任，需从法律上加强制裁力度，强化对侵

害人的处罚力度，依情节不同，依法追究其民事、行政甚至刑事责任。《中国区域性妇女受暴力侵犯研究报告》中显示，中国民众主张严厉制裁性骚扰，超七成民众赞成给予性骚扰者以警告、拘留、劳动教养和行政处罚；针对有关部门及主要责任人拒绝处理性骚扰纠纷或对其处理不当的，多数民众主张其承担相应的法律责任。❶ 性骚扰行为实质是一种侵权行为，其侵害者必然要承担法律责任，目前我国相关法律规范中将性骚扰侵权的法律责任可以分为民事、行政和刑事责任三种。

（1）民事责任。目前我国的性骚扰侵权多以承担民事责任为主，在判定性骚扰侵权时，可将"造成严重后果"的标准改为"情节严重"更为合理，因为侵权责任的基本原则是"有损害就有赔偿"。民事责任主要有停止侵害、赔礼道歉、消除影响、损害赔偿几种，其中损害赔偿主要包括物质损害赔偿和精神损害赔偿两个方面。此点在前文已有详细阐述。

（2）行政责任。性骚扰侵权仅依靠民事责任不能得到有效遏制，可以行政责任为补充，如公共场所性骚扰多以《治安管理处罚法》中罚款甚至行政拘留对实施者进行处罚，对企业也可同等对待，如不采取任何防治措施而企业内反复发生性骚扰行为的，也可适用行政责任予以规制。

（3）刑事责任。一旦性骚扰行为情节严重，则可能构成刑法中的强制猥亵、侮辱妇女罪甚至是强奸罪，依法承担相应刑事责任。只有将民事、行政及刑事责任三种融合，才有利于全面规制性骚扰行为。

（4）增设惩罚性赔偿制度存有争议。关于实施性骚扰行为承担法律责任类型中存在较大争议的，主要集中于是否应增设惩罚性赔偿制度，主要有两种观点：一种观点认为肯定惩罚性赔偿制度，是对补偿性赔偿的有利补充，可积极、有效地遏制性骚扰行为，因为该赔偿金额较高，能监督企业内部尽快设置预防办法，有利于保障受害人的权益；另一种观点认为我国暂不适合纳入惩罚性赔偿制度，因为我国目前的法律制度在立法、司法等领域都没有阐述过何为惩罚性赔偿制度，若盲目设立该制度，会致使法

---

❶ 林建军. 反对针对妇女歧视与暴力的跨学科研究［M］. 北京：中国社会科学出版社，2010：260.

律适用上的混乱；如美国法律设立惩罚性赔偿制度也有较多争议，且制定该制度是因美国缺失精神损害赔偿制度的情况下出现并适用的。笔者主张第二种观点，因为目前我国法律规定有精神损害赔偿制度，司法实务中也发挥了一定赔偿功能，因而，我国现阶段无须再设立惩罚性赔偿制度。但是值得注意的是，我国媒体披露的性骚扰案件中判决赔偿受害人的精神损害数额多在 2 000 元左右，这并不是较为严厉的惩罚或惩戒性的赔偿，不足以威慑性骚扰侵害人。因而，诉讼中法院应考虑社会经济或文化等因素，不仅对侵犯者判处损害赔偿责任，也应对潜在的侵犯者以威慑力量，司法判决中应赔偿更多或数倍的赔偿金，以表明性骚扰确属于须有力打击谴责的行为。在我国今后的司法实践中适当提高性骚扰的精神损害赔偿金额，此积极的司法导向将更有效地保护受害人的权益。

第三节　反性骚扰的司法完善

我国关于规制性骚扰行为、维护女性权益的相关法律规范能否真正落实于司法实务，仍有待进一步的观察。尽管这些法案的通过与实施提供给女性以权利保护，然而如果缺失法律规范的有效落实将致使赋予的权利不能发挥真正的功效，这方面的问题主要包括事实认定（事实认定常常有利于男性）、举证责任（不会因女性弱势地位而有移转）、法律解释（无法全面考量社会现实面）、人际交往与女性权益（事件发生后有关机构是否介入调查及如何处理，会受制于其他因素的影响）、忽视女性经验（女性利益则无法有效转换成权益）等问题，各个领域可能有不同的呈现，仍有待女性主义法学的进一步厘清，但有关性骚扰规制的司法举措亟待更多。

一、设置女性法庭

多数性骚扰案件涉及女性的隐私或主观感受等问题，性骚扰案件的判决若由男性法官审理，他们常站在男性的立场或视角分析案情，而男女两性判断性骚扰行为的感知是有很大差别的。❶ 性骚扰案件具有隐私性、涉及当事人名誉或前途等特性，对此类案件的处理可设置特别法庭，如设立女性法庭审理关于涉及女性隐私等相关权益的案件。当然，女性法庭并不排除男法官的参与，如果参与审理此类案件的法官接受了有关性别理念的学习或培训，则可以更人性化、更公平正义地审理此类案件，如我国香港特别行政区一起著名的性骚扰案的胜诉，❷ 是由一名女法官作出的审理判决。

设置女性法庭目前在我国法院系统中较为常见，对解决民事纠纷，化解双方当事人矛盾起了积极有效的作用。如1999年7月陕西省成立首个设在农村的"女子法庭"；2012年，十堰市丹江口市三官殿人民法庭设立首个"女子法庭"，该庭审结各类案件177件，调解撤诉175件，调撤率达到98.8%，❸ 该女子法庭处理女性权益问题的案件时用女性特有的温和、细腻及亲和力的性格优势，能与受害者感同身受，女法官们侧重保护弱势女性群体的合法权益；安徽省安庆市大观区法院设置女性法庭，女法官们在多年审判实践经验的基础上，坚持"以法为本、以情感人、以理服人"的理念，工作中遵循以温馨调解为主的思路，并纳入妇联联合律师、心理咨询师、国际婚姻家庭高级指导师等妇女维权志愿者作为调解员参与到案件中，力求将社会各类矛盾制止在萌芽状态。❹ 女性法庭具有积极正面的司法审判经验，在审理性骚扰案件时则更能发挥其重要功能，但目前专门针对如性骚扰案件适用女性法庭的例子很少见。

我国尚没有健全的性骚扰防治的法律体系与社会机制，如果能从个案中逐渐认识并突破我国法律机制功能的局限，需要有性别视角的介入，法院作为重要的司法机构，女性法庭的法官需具有一定的社会性别意识，综

---

❶ 见本书第三章第四节有关"性骚扰的社会化建构"的内容分析。

❷ Yuen Sha Sha v. Tse Chi Pan, 1999, I H. K. C. 731.

❸ 十堰首个"女子法庭"案件调撤率达98.8% [EB/OL]. [2012-07-16]. http：//www. legaldaily. com. cn/index/content/2012-07/16/content_ 3711333. htm？node＝20908.

❹ 女子法庭展巾帼风采 [EB/OL]. [2011-06-30]. http：//www. dgqrmfy. gov. cn.

合考虑性骚扰诉讼与女性在整个社会权力结构中的弱势地位，切实为现实中性骚扰受害女性提供司法救济。性骚扰法律规制中完善其司法措施设置女性法庭，并与保护实体权利的程序规范相配合，才能更有效遏制性骚扰行为。

二、举证责任的分配

1. 法官应公平分配原、被告的证明责任

如前所述，《性骚扰防治法》应制定举证责任合理分担的规则，在庭审中当原告提供了能证明被告人实施性骚扰行为，且被告对其中主张否认或反驳的，应当提供相应证据。法官在审理此类案件时，应积极地行使诉讼指挥权，必要时要求当事人转移其举证责任。若受害者对主要事实承担了举证责任，则转移举证责任至行为实施者进行反证，即原告出示了较为可信的证据，法院可要求被告提供证据进行辩驳，而被告未能提供反驳证据时，法官即可认定性骚扰事实基本存在。工作场所性骚扰案件中用人单位要证明已采取合理的预防和禁止办法，否则要承担连带法律责任，不能以不知悉发生性骚扰为由作为抗辩事由。法院在庭审中要综合权衡当事人所提供的证据，如果直接证据少于间接证据，或没有直接证据的，在判定相关证据链条时能在很大程度上确定存在该法律事实，则法官应认定性骚扰事实的存在。

判断相关证据链需审判人员有较丰富的日常生活经验、法律常识和逻辑推理能力，依照法定程序综合审查、判断证据。一般而言，性骚扰诉讼案中受害人常处于劣势而难以行使举证能力，如果弱势受害人提供了可采信证据，法院就应作出有利于受害人的判断，对弱势受害人给予一定程度的倾斜保护。但是为避免恶意诉讼，防止被告受到无端的指控，在案件审理时，法官应注重判断相应事实情况，如原、被告曾经是否有亲密关系；原、被告自身的品德操守；原告是否对被告有挑逗或诱惑行为；原告对性骚扰的行为是否有抗拒行为；原告有无出于报复或高额赔偿的动机而恶意诉讼等事实。

鉴于性骚扰行为特有的突发性、隐蔽性致难以保存证据，以及工作场所性骚扰中女性的弱势地位，当今信息网络发达的时代，如未经对方当事人同意，私自获取的录音、录像等视听资料或电子证据等；当事人雇用他人秘密获取的有关性骚扰事实的证据；当事人在取证程序、手段或证据形式等方面存在某些缺陷，但未严重侵害他人合法权益，也未违反法律禁止性规定等，关于证据方式是否合法问题上，法院可适当放宽对瑕疵证据的采信。

2. 人民法院可依申请调查取证

性骚扰案件常具有隐私性、突发性和权力不对等性的特点，这无疑加重了受害人独立取证的难度，因此，法院可据当事人的申请依职权调查收集证据则更有利于保障当事人的权益，也为受害人提供法律上的帮助。如北京首例性骚扰案中，因证人畏惧权势不敢出面作证，最终导致案件败诉，如果该案中，法院依受害人的申请调查取证，原告则可能不会因证据不足承担败诉的结果。我国《最高人民法院关于民事诉讼证据的若干规定》中第17条规定符合下列条件之一的，当事人及其诉讼代理人可以申请人民法院调查收集证据：（1）申请调查收集的证据属于国家有关部门保存并须人民法院依职权调取的档案材料；（2）涉及国家秘密、商业秘密、个人隐私的材料；（3）当事人及其诉讼代理人确因客观原因不能自行收集的其他证据。基于此规定，法律也可赋予性骚扰案件的受害人依该条第3款规定申请法院调查取证，切实保障当事人的权益。

3. 法院应注重对诉讼参与人的保密与保护

法院在审理性骚扰案件时，应注重对原告及证人等诉讼参与人的相关信息进行保密和保护，不对社会及新闻媒体公开诉讼参与人的身份资料，且性骚扰案件中的证人与当事人之间具有某种利害关系，因而，法院在调查中应注意保护双方当事人的隐私等合法权利，如收集证人证言时尽量秘密进行；证人的身份采取相应的保密措施，以保证他们不会因参与诉讼而遭受被告的打击报复，不至于对目前生活产生有任何不利影响，只有这样，法院才能顺利调查事实。此外，人民法院判断证人证言时应权衡考虑证人与当事人之间的利害关系、证人感知案件事实的可能性与判断的客观性、证人的品格等情形，只有在全面充分地考量案件相关事实的基础上，才能作出最接近事实的判断，有效地保护双方当事人的合法权益。

三、完善相应的诉讼制度

为预防和遏止性骚扰事件的再次发生，人民法院在性骚扰案件审判完毕后，可根据当事人的申请或主动依职权向该用人单位或部门提出相应的司法建议，如建议其改善工作环境，规定合理的预防措施，设置调查投诉机制，预防和制止性骚扰事件的再次发生；要求用人单位对侵害人进行批评教育，情况严重的，还应给予适当的处分和处理；因拒绝性骚扰的受害人遭遇被解雇、被迫辞职或者撤职、降级等不公平对待的，人民法院可以要求有关单位予以恢复原职。如有关单位或部门拒绝接受司法建议，情节严重的，人民法院可以要求其上级机关或者工商行政管理部门对其进行监督处理。

借鉴境外相关的先进经验，许多国家和地区专设平等机会委员会处理性骚扰案件，它有权裁判、调解和提供法律咨询，必要时对性骚扰受害者提供援助，如韩国专设性别平等部，并赋予其准司法权调查性别歧视案件以及制定相关的矫正途径。我国没有设立平等机会委员会，尽管社会中有维护妇女权益的相关组织或团体，由于法律规定其职能范围的不明确以及有限的执法权限，致使它们在权限或执行效力上发挥着有限的作用，我国可赋予女性组织相应的职权，如妇联等负责宣传女性防止性骚扰行为的相关法律知识，运用法律手段监督与督促社区中的性骚扰行为，给予受害人法律上的引导与援助，必要时提供协助起诉或调查的帮助等。在申诉及调查程序中，还可以让政府、企业和工会三方联动，国家因公权力介入这类事端中，制定相关人员如雇主或主管负责人应采取的因应措施等也都不失为可行之策，同时，在各县市政府中设置性骚扰防治委员会来实际处理有关争议的调查、调解及移送有关机关等事宜。

第四节　性骚扰规制中相关当事人的因应之道

性骚扰法律规制在我国起步较晚，相关法律规范中法律责任的承担不明确使得性骚扰事件出现保障不力的问题，前文从立法、司法完善的角度分析建构反性骚扰的法律体系。然而，遏制性骚扰行为属于一项社会综合治理的工程，需要全社会的共同努力，才能构建反性骚扰的社会网络，奠定维护女性权益的坚实基础。本节将从三类主体来说明相关当事人在性骚扰规制中应采取的因应措施。需要注意的是，这些主体需采取的措施或注意事项有重复交叉之处，因此，交叉运用的情形难以避免。

一、雇主与雇员应采取的措施

1. 雇主所应采取的措施

用人单位内部规定性骚扰防治制度要有明确的法律规范作为支撑，但在工作场所性骚扰的事先防范及事后处理问题上，雇主发挥着至关重要的作用。总体来说，雇主防治性骚扰行为可采取下列措施。

（1）公示一份书面的禁止工作场所性骚扰行为的通告，并让所有雇员都能知道，明令禁止在工作场所任何形态的性骚扰行为，并强调企业绝不姑息性骚扰行为的态度与立场。

（2）注重管理监督者在应对性骚扰投诉时的培训或学习，让他们成为熟练处理该事件的专业人员，并能提高警惕，发现职场内不恰当的言行应及时报告相关部门或雇主尽早预防；同时，也要注意并防范这类管理人员自身实施性骚扰，以避免承担连带法律责任。此外，对雇员也应加强相关的培训或知识讲座，避免遭受其伤害，而且能了解面对此事时应如何选择救济途径。

（3）从前述的性骚扰诉讼案件来看，受害人大多是寻求不到其他解决途径时，最终选择提起诉讼。职场性骚扰多来自同事或上级的骚扰，受害人碍于面子等原因不愿诉求法院或不愿扩大事态，当骚扰者却无意停止侵害行为时，受害人向所在单位领导寻求帮助也是一种解决途径，如向单位的行政、党委、工会、纪检监察机构进行投诉等，特别是侵害人的权力受到制约时才有可能会停止性骚扰行为。因而，用人单位内部制定一套正式且完整的申诉程序尤为重要，以便让遭受性骚扰侵害的雇员直接运用此内部申诉渠道，如果遭受主管等侵犯，则应另设替代性申诉途径。调查此事件时应遵循及时、客观及保密的方式，尤其注重程序公平与保障当事人隐私，避免当事人遭到二度伤害或有被控诽谤或侵害名誉诉讼的风险。

（4）雇主应对调查结果采取及时、有效的行动，如确实发生性骚扰行为，则应及时给予受害者补偿，并防止此事件的再度发生或有打击报复的情形；且依情节的轻重给予侵害者不同程度的惩戒处分，但对诬陷或要挟报复的情形也应明确加以处理。同时，企、事业单位可定期举办相关的培训讲座，或在雇员手册或通讯上常提醒注意。一旦发生性骚扰行为，尽早采取有效的纠正及补救措施，而不得以沉默或隐忍等消极态度去面对，并告知雇员充分运用所在单位建构的申诉渠道及防治办法来保障自己的人身安全等权益，并协助其他性骚扰事件的受害者。

2. 雇员所应采取的措施

至于受雇者本身的因应之道对防止发生性骚扰行为也至关重要，如平时则应注意衣着或行为举止的适度合宜，不给潜在骚扰者可乘之机（如单独相处、共同餐饮等）；在公、私事交往中要有明确的男女正常交往界限。当遭受性骚扰侵害时，应向骚扰者表达直接拒绝的态度及立场，要求或呵斥骚扰者立即停止，拒绝方式可以当面用言辞或行为表示抗议，也可以简单书面告诉，不能选择逃避或漠视的方式，因为这样只会使性骚扰事件更加恶化。若受害者打算提出正式申诉或甚至采取诉讼方式，则可注意收集证据，如详细记录每次骚扰行为或向其他同事或离职者收集相关证据；向用人单位或工会组织提出申诉，也可向女性组织等公益社团寻求援助，由专业人员提供咨询服务，情节特别严重时应采取法律行动捍卫自己的权利。

二、教育主管机关所应采取的措施

尽管我国法律在应对性骚扰问题时制定了相关规范，实务中面对校园性骚扰问题时法律发挥的功效却非常有限，因而，在校园中积极倡导性别平等教育、在学校教育体制内制定性骚扰的申诉机制已迫在眉睫。教育部门三大主体是学生群体、教师和行政管理人员，在防治校园性骚扰事件的能力上，校方是最有能力、角色最重要的主体。总体而言，为减少发生性骚扰行为的概率，这三大主体在防止性骚扰行为时应采取积极主动的预防办法，将性骚扰受害人的伤害降低至最低限度。

1. 学校所应采取的措施

学校应发表书面的声明，明令禁止在校内实施任何形式的性骚扰或侵犯他人人格尊严的行为，并表明绝不姑息该行为的坚决态度，对教师与学生制定不同的行为准则作为遵守标准；设立正式的申诉制度以便师生员工面对不同性骚扰行为选择相应的解决办法，让所有师生均能知晓此类申诉制度；专门机构在调查时应遵循迅速、客观及完整的方式，特别是程序上做到公正、公平及保护当事人的隐私，防止受害人受到再次伤害，或事后遭遇被控诬谤或妨害名誉等诉讼的风险；经调查对处理结果应采取合适的措施，如性骚扰事实确实存在则应及时给予受害人以补偿，要防止再度发生该行为或遭打击报复情形，依情节轻重对实施者给予不同等级惩戒处分，若有诬陷等情形则应明确处理。注重相关负责人的相关专业知识，可以保证校园性骚扰案件得到专业的处理，并能保持警惕性以便尽早观察并制止校园不适当言行；同时，为避免承担连带法律责任，也应防止此类人员自身实施该行为。如教育主管机关可采取联合各学校举办相关培训或知识讲座等措施，加深相关负责人员对该问题的把握。学校内部应设立申诉机构及程序便于学生维权，还应多宣传两性平权理念，在基础教育过程中加强两性尊重平等的思想，避免发生校园性骚扰事件。

2. 教师及相关行政人员所应采取的措施

教师自身应遵守专业伦理，禁止实施校园性骚扰等其他不当行为，还应积极主动参加校方举办的防治活动，宣导禁止性骚扰的观念使其成为全校性规范的共识。如主动参加到校方制定相关政策或制度的过程中，为其献计献策；参与校方组织的相关培训讲座或课程，加深对此事件的了解与认识；协助申诉程序的调查，提供有效的线索或处理办法等。关于校方行政人员层面，他们常作为处理性骚扰行为的第一线调查人员，应对各类相应法律规范熟练应用，解决此类投诉案件时应作出合理满意并公正公平的处理结果。

3. 学生所应采取的措施

学校应为学生普及预防性骚扰的有关知识，如平常的衣着言行举止要适宜，避免给潜在骚扰者任何可乘之机（如单独相处、共同餐饮或给予小惠等）；学业与私人交往之间有明确的分界线。当遭遇性骚扰侵害时，应当面用言行以示抗议或简单书面告诉的方式，如向侵害人表明直接拒绝的态度，或要求立即停止骚扰行为，并寻求积极的帮助。不能选择逃避或漠视，这会使侵害行为变得更为恶化。情况严重时，应向学校内部的申诉渠道提出控诉，或寻求其他公益组织的援助，由相关专业人员提供咨询服务。在情况特别严重的情况下，应该采取必要的法律行动，可记录下每次骚扰行为发生的情形，便于举证，还应向其他同学或离校者搜集相关证据。

三、社会应提供的其他救济措施

关于性骚扰的防治，除了法律规制的手段外，仍属于社会综合治理的领域。只有全社会共同行动，才能创设较为完善的社会网络，为维护女性权益奠定坚实基础。

1. 加强社会监督机制

尊重和保护女性，是全社会的共同责任，社会各界在规制性骚扰方面需给予多方的支援。如个体组织、权力机关、女性团体等对性骚扰作出监督和防范行动，也可以起到防治性骚扰的作用。如郑州 DV 拍客闪志强运用多年练就的隐蔽拍摄技术，历时 5 个月跟踪拍摄、抓获骚扰女性的色狼，拍到了 4 名实施性骚扰犯罪的男子，当场在群众协助下将他们抓获，并制作成《大胆色狼公共场所性骚扰多名女孩》的视频，网上点击量 27 万余次。❶ 此外，公安机关需以事实为根据、以法律为准绳，及时合理地解决有关性骚扰纠纷，为受害者提起诉讼提供有力证据；人民政府对各部门加强监督管理职能，提高公职人员的职业素养和职业道德，防止权色交易、以权谋私；妇联、社会团体或女性组织要充分发挥维护女性权益保障的作用，提供法律援助，还可以选择非诉讼等求助方式，安抚遭受性骚扰受害人的心理创伤。

2. 提升男女交往道德水准和女性的防范意识与能力

男女平等理念的基础是遵循男女两性的交往道德，也是社会主义精神文明的要求。传统的男尊女卑及封建思想使男性漠视、歧视女性，甚至将女性视为可随意玩弄或挑逗的对象，给两性不平等现象埋下隐患。随着社会多元化的发展，现代职业区隔的现象已逐渐消除，原本男性主导的职业，如部队、警察、法官、律师及建筑业等领域也出现了大量女性的身影，而以往以女性员工为多数的职业，如护理、中小学教师、餐饮业及金融服务业等，男性也逐渐加入此工作领域。在这种情形下，提升男女交往道德水准，寻求两性和谐相处可以说具有重要性。因此，需要全社会谨记男女平等精神，树立男女平等的意识，提升男女交往中文明和健康的行为方式，维护女性性自主权或人格尊严。

不可否认的是，受害者本身不适当行为也会诱发性骚扰行为，如公共场所避免穿着过于暴露的衣服。❷ 因而，要减少该行为发生概率，也需不断提高女性自身文化、道德和法律修养，通过勤劳与才干赢得社会的尊重与信赖，确立正确的人生观、价值观与荣辱意识，不受金钱和权势诱惑，用稳重文明的行为方式处理社会人际交往。如在公交车或地铁等比较拥挤的场所，一旦发现有人紧贴自己时，要巧妙躲避，不给对方可乘之机；对

---

❶ 拍客专拍公共场所骚扰女孩色狼 [EB/OL]. [2012-06-01]. http://www.jlonline.com/news/zonghexinwen/2012-05-31/72444.html.

❷ 王歌雅. 中国现代婚姻家庭立法研究 [M]. 哈尔滨：黑龙江人民出版社，2004：378.

方实施性骚扰后，可用手机拍下证据，向周围群众求助或报警；到达目的地后，还要注意观察有没有人跟踪，如果发现骚扰者尾随其后，则要提高警惕试图摆脱并报警，以免对方作出更严重的犯罪行为。因此，当遭遇性骚扰时，要学会运用法律武器维护自身的合法权益。

3. 营造性骚扰防治的社会氛围

现实社会生活中，受害者面对性骚扰常选择消极躲避或保持沉默，旁观者对此行为也视而不见，甚至会容忍性骚扰行为，认为它是行为人偶尔的冲动。这些态度，不但不利于禁止性骚扰行为，而且会纵容、姑息性骚扰。2014年，24岁的四川女孩肖美丽徒步2 200公里，历时5个月，走过5个省市，向50多个县市递交了150份防性侵信息公开申请，还将她与朋友联合签名的《关于建立防治校园性侵机制，防止二次伤害的建议》的建议信寄给当地的政府、教育局和公安局，并申请校园性侵信息公开。❶ 尽管一路上遭到质疑和冷嘲热讽，但她坚持认为，自己可以通过实际行动，引起公众重视防治校园性侵害以及保障性侵受害者。前文所述的在公交车上受骚扰的事例中，受害女孩小飞为了怕父母担心，回家后没敢将此事告诉父母，可当她再次乘车回家时，又遭到那名男子的骚扰，她立刻吓得向周围乘客求助，但竟然没有任何人上前帮忙，后来她的家人将此事反映给了该公交车车队。车队工作人员表示，他们会立即调查此事，可能是当时车上乘务员没有听到小飞的求助，否则肯定会上前相助的，他希望公交车上的乘客如果碰到类似情况能出言喝止。对于这种答复，女孩的家人表示无可奈何，情急之下，只好找到记者欲帮女儿讨个说法。❷ 因而，性骚扰规制必须由全社会参与，共同营造一种坚决遏制的社会氛围，树立"性骚扰即违法行为"的法律意识，将其置于社会舆论和法律制度的监督和制约之下。

---

❶ 24岁女子徒步2 200公里反性侵一路征集签名［EB/OL］.［2014-03-08］. http://news.shangdu.com/401/20140308/13_ 5882756.shtml.

❷ 15岁少女公交车上遭性骚扰 求助乘客无人理［EB/OL］.［2015-09-19］. http：//news. sohu. com/20050919/n226999545. shtml.

如前所述，现实生活中，女性仍是遭遇性骚扰侵害的多数主体，因而在应对此问题时，许多国家推行了许多好的方法避免其发生。如在给女性留出安全空间问题上出台一些办法。日本是世界各国最早设置女性专用车厢的国家，因为日本地铁上性骚扰情况严重，女性专用车厢正是为了减少性骚扰而设置。日本于2000年京王电铁公司将列车最后一节车厢设置为女性专用车厢，2001年开始正式运营深夜女性专车，2005年日本国土交通部在全国推行女性专用车厢服务，随后日本旅客铁道、民营铁路都提供此服务。❶ 此后，开罗、墨西哥城和里约热内卢等城市都已开通了女性乘客专用的交通工具，如地铁、巴士等，以便减少性骚扰行为的发生。

值得称赞的是，我国的一些城市地铁运营中已开始推行设置女性专用车厢，在此方面的公共投入资本逐年增加，如北京、广东、上海、武汉等地的地铁设有"女性专属车厢"。尽管实施后的效果还没有达到令人满意的程度。❷ 但这种设立导向仍有价值。它不是目的，而是一种手段，通过这个手段增强了民众尊重女性的意识，发挥了民族的礼让和谦让的传统美德。

总之，尽管地铁部门有义务维护乘客安全与公共安全，但单靠地铁运营部门也确实无力完全承担这样的责任，因此，现实中需要全社会共同营造禁止性骚扰的社会氛围，提供防范性骚扰的各种条件。比如依靠现代科技手段，在公共场所装设足够的监控录像设施不失为可行之策。在此问题上，立法机构和相关政府主管部门在出台规则与标准时，应将其作为一个硬性规定或标准来予以考核。

---

❶ 女性车厢，试试何妨？［EB/OL］.［2009-07-05］. http：//blog. sina. com. cn/s/blog_ 4a0bf0dc0100eau5. html.

❷ 如武汉地铁2号线设有全国首个女性专用候车区，但笔者乘坐时其女性专用候车区几乎全是男性，各地网友表示各城市设置的女性专用车厢内也几乎全是男乘客。但要做到完全意义上的女性候车专区，还需要社会民众的自觉遵守。详见：武汉地铁2号线女性专用车厢挤满男乘客，被指摆设［N/OL］. 荆楚网电子报，2013-03-23, http：//news. cnhubei. com/xw/zt/whdt/201303/t2513916. shtml.

结　语

性骚扰事关两性平权问题，它源于性别歧视法规或平权法律规范的性骚扰条款，慢慢发展出一套独特的关注性骚扰行为本身的规范与理论，先进国家的性骚扰防治法可以说已经颇具规模，性骚扰法律规范的内容正在朝向性骚扰的行为规范本身而非性别歧视或两性平权方向发展。在理论界及实务界的视域下，性骚扰其实与性别歧视问题还有一些差距，性骚扰法规的规范内容也因此有逐渐与性别歧视或两性平权相关法规分道扬镳的趋势。性骚扰条款虽源于两性工作平等法规，但如前所述，性骚扰行为未必是性别歧视行为，性骚扰问题更适宜定位为人身安全问题而非两性平权问题，且性骚扰法规不应该仅限定于工作场所及教育场所，对于工作及教育场所以外的场所发生的性骚扰事件也应适度加以规范。因此，笔者主张，我国的反性骚扰领域应增设或完善相关规定，制定我国专门的《性骚扰防治法》。当然，没有一个成熟、完整的性骚扰防治法律体系，仅靠现存的法律法规，其收效甚微。因此，通过完备的性骚扰防治法律体系，对公民人身权给予全面规定，是保障公民尤其是妇女人身权，促进男女平等的基本法律保障。

性骚扰不但对受害人本身、雇主、事业单位以及整个社会产生负面影响，也与当前社会平等理念直接抵触。尽管性骚扰防治法的制定，可能有矫枉过正及社会现有资源无法合理配置的弊端，但它能处理一些现有法律无法适时充分解决的争端。况且在联合国"性别主流化"运动高唱之时，我国向国际社会展示追求各领域性别平等属正面形象。虽然可以预见会遭遇诸多阻力，甚至会影响各领域各类性别角色的良性互动，但透过此法在各场域所发挥的功效，我国将会由目前男性主导的社会逐渐向男女真正平权的社会有所发展，使各类性别的人在各领域内和谐共处各展所长，并趋向性别真正平等的未来。

同时，对女性权利的保障应当从不歧视和发展其权利两个角度出发来达到社会公平目的。我们也应充分认识到，在性骚扰的规制中，法律的作用是有一定限度的。只有将法律与其他机制相结合，才可能充分实现其价值。这些机制包括社会风俗、民众观念、国家政治体制和政策目标等。综观世界各国立法，很难找出一部在该领域内容完善的法典以成为各国立法的典范，因此，我国在未来性骚扰法律规制上需要认真调研，慎重选择。特别是我国的理论工作者，应该紧密地与实务界联合起来，认真探索、总结处理各类性骚扰案件的规律与经验，为我国出台相对完善的性骚扰防治法律规范，定会助益良多。

参考文献

一、中文著作类

[1] 鲍晓兰. 西方女性主义研究评介 [M]. 北京：生活·读书·新知三联书店，1995.

[2] 陈苇. 中国婚姻家庭法立法研究 [M]. 北京：群众出版社，2000.

[3] 费孝通. 乡土中国 生育制度 [M]. 南京：江苏文艺出版社，2007.

[4] 范季海. 批判法学 [M]. 北京：法律出版社，2008.

[5] 高中. 后现代法学思潮 [M]. 北京：法律出版社，2004.

[6] 郭夏娟. 为正义而辩——女性主义与罗尔斯 [M]. 北京：人民出版社，2004.

[7] 郭卫华. 性自主权研究——兼论对性侵犯之受害人的法律保护 [M]. 北京：中国政法大学出版社，2006.

[8] 郭卫华. 性骚扰的法律调控 [G] //民商法论丛（第27卷）. 香港：香港金桥文化出版有限公司，2002.

[9] 管斌. 美国反性骚扰的规制沿革及启示 [G] //劳动法评论（第一卷），北京：中国人民大学出版社，2005.

[10] 胡晓红. 走向自由和谐的两性关系 [M]. 长春：吉林人民出版社，2005.

[11] 黄列，陈明侠. 性别与法律研究概论 [M]. 北京：中国社会科学出版社，2009.

[12] 纪康保. 对性骚扰说"不"——最新性骚扰研究报告 [M]. 北京：中国盲文出版社，2003.

[13] 蒋美华. 20世纪中国女性角色变迁 [M]. 天津：天津人民出版社，2008.

[14] 李银河. 妇女：最漫长的革命 [M]. 北京：生活·读书·新知三联书店，1997.

[15] 李银河. 女性权力的崛起 [M]. 北京：中国社会科学出版社，1997.

[16] 李银河. 性的问题·福柯与性 [M]. 北京：文化艺术出版社，2003.

[17] 李银河. 女性主义 [M]. 济南：山东人民出版社，2005.

[18] 李明舜. 妇女权益法律保障研究 [M]. 北京: 国家行政学院出版社, 2003.

[19] 李小江. 女性/性别的学术问题 [M]. 山东: 山东人民出版社, 2005.

[20] 李小江. 女人读书——女性/性别研究代表作导读 [M]. 南京: 江苏人民出版社, 2006.

[21] 李锡鹤. 人身权理论的若干问题 [M] //民法典·人格权法重大疑难问题研究. 北京: 中国法制出版社, 2007.

[22] 林建军. 反对针对妇女歧视与暴力的跨学科研究 [M]. 北京: 中国社会科学出版社, 2010.

[23] 刘达临. 中国婚姻家庭变迁 [M]. 北京: 中国社会出版社, 1998.

[24] 祁建. 性骚扰: 话题与现实 [M]. 北京: 知识出版社, 2001.

[25] 邱仁宗. 女性主义哲学与公共政策 [M]. 北京: 中国社会科学出版社, 2004.

[26] 上海市妇女联合会, 上海社会科学院编. 上海妇女 60 年发展报告 [M]. 上海: 上海社会科学院出版社, 2010.

[27] 沈奕菲. 被建构的女性: 当代社会性别理论 [M]. 上海: 上海人民出版社, 2005.

[28] 孙文恺. 法律的性别分析 [M]. 北京: 法律出版社, 2009.

[29] 唐灿. 走向法治——工作场所性骚扰的调查与研究 [M]. 北京: 中国人民公安大学出版社, 2012.

[30] 谭琳. 1995~2005 年: 中国性别平等与妇女发展报告 [M]. 北京: 社会科学文献出版社, 2006 .

[31] 谭琳, 周颜玲. 全球背景下的性别平等与社会转型 [M]. 北京: 社会科学文献出版社, 2011.

[32] 谭琳, 杜洁. 性别平等的法律与政策 [M]. 北京: 中国社会科学出版社, 2008.

[33] 谭琳, 孟宪范. 他们眼中的性别问题——妇女/性别研究的多学科视野 [M]. 北京: 社会科学文献出版社, 2009.

[34] 田平安, 骆东平. 论性骚扰案件的证明标准 [M] //诉讼法理论与实践: 司法理念与三大诉讼法修改. 北京: 北京大学出版社, 2006.

[35] 王政. 女性的崛起——当代美国的女权运动 [M]. 北京: 当代中国出版社, 1995.

[36] 王政, 杜芳琴. 社会性别研究选译 [M]. 北京: 生活·读书·新知三联书店, 1998.

［37］王逢振.性别政治［M］.天津：天津社会科学院出版社，2001.

［38］王荣华.性别与家庭调研报告［M］.上海：上海社会科学院出版社，2008.

［39］吴小英.科学：文化与性别——女性主义的论释［M］.北京：中国社会科学出版社，2000.

［40］吴小英.家庭与性别评论［M］.北京：社会科学文献出版社，2011.

［41］孟宪范.转型社会中的中国妇女［M］.北京：中国社会科学出版社，2004.

［42］徐显明.人权研究（第一卷）［M］.山东：山东人民出版社，2002.

［43］香港妇女基督徒协会.两性平等教育资料［R］.1993.

［44］肖巧平.社会性别视野下的法律——女性与法律［M］.北京：中国传媒大学出版社，2006.

［45］夏吟兰.呵护与守望［M］.北京：中国妇女出版社，2008.

［46］易菲.职场梦魇——性骚扰法律制度与判例研究［M］.北京：中国法制出版社，2008.

［47］郑丹丹.中国城市家庭夫妻权力研究［M］.武汉：华中科技大学出版社，2004.

［48］张妙清，叶汉明，郭佩蓝.性别学与妇女研究［M］.香港：香港中文大学出版社，1995.

［49］张文显.二十世纪西方方法哲学思潮研究［M］.北京：法律出版社，2006.

［50］张绍明.反击性骚扰［M］.北京：中国检察出版社，2003.

［51］张广利，杨明光.后现代女权理论与女性发展［M］.天津：天津人民出版社，2005.

［52］张广兴.社会发展中的人身权利［M］//夏勇.走向权利的时代：中国公民权利发展研究.北京：中国政法大学出版社，2000.

［53］张永英.妇女权益保障法的修改与完善［M］//中国妇女研究十年.北京：社会科学文献出版社，2005.

［54］张李玺.角色期望的错位——婚姻冲突与两性关系［M］.北京：中国社会科学出版社，2006.

［55］朱景文.当代西方后现代法学［M］.北京：中国人民大学出版社，2000.

［56］朱景文.对西方法律传统的挑战——美国批判法律研究运动［M］.桂林：广西师范大学出版社，2004.

［57］周安平.性别与法律——性别平等的法律进路［M］.北京：法律出版社，2007.

［58］高凤仙.家庭暴力防治法规专论［M］.台北：五南图书出版公司，2004.

［59］高凤仙.性暴力防治法规——性侵害、性骚扰及性交易相关问题［M］.台北：新学林出版股份有限公司，2006.

［60］焦兴铠.性骚扰争议新论［M］.台北：元照出版有限公司，2002.

［61］焦兴铠.向工作场所性骚扰问题宣战［M］.台北：元照出版有限公司，2002.

［62］［奥］迈克尔·米特洛尔，雷因哈德·西德尔.欧洲家庭史——中世纪至今的父权制到伙伴关系［M］.赵世玲，译.北京：华夏出版社，1986.

［63］［澳］玛格丽特·桑顿.不和谐与不信任——法律职业中的女性［M］.信春鹰，王莉，译.北京：法律出版社，2001.

［64］［英］克莉丝·维登.女性主义实践与后结构主义理论［M］.白晓虹，译.台北：桂冠图书股份有限公司，1994.

［65］［英］安东尼·吉登斯.民族——国家与暴力［M］.胡宗泽，赵刀涛，译.北京：生活·读书·新知三联书店，1998.

［66］［英］安德鲁·甘布尔.自由的铁笼——哈耶克传［M］.王晓冬，朱之江，译.南京：江苏人民出版社，2002.

［67］［英］韦恩·莫里森.法理学——从古希腊到后现代［M］.李桂林，等译.武汉：武汉大学出版社，2003.

［68］［英］约翰·斯图尔特·穆勒.妇女的屈从地位［M］.汪溪，译.北京：商务印书馆，1995.

［69］［英］伊丽莎白·泰勒.拉康与后女性主义［M］.王文华，译.北京：北京大学出版社，2005.

［70］［英］劳埃德.法理学［M］.许章润，译.北京：法律出版社，2007.

［71］［法］米歇尔·福柯.性经验史［M］.佘碧平，译.上海：上海人民出版社，2002.

［72］［法］西蒙娜·德·波伏娃.第二性［M］.陶铁柱，译.北京：中国书籍出版社，1998.

［73］［法］安德烈·比尔基埃.家庭史（第3卷）［M］.袁树仁，等译.北京：生活·读书·新知三联书店，1998.

［74］［德］乌尔里希·贝克.风险社会［M］.何博闻，译.南京：译林出版社，2004.

［75］［加］丽贝卡·J.库克.妇女的人权——国家和国际的视角［M］.黄列，译.北京：中国社会科学出版社，2001.

［76］［加］巴巴拉·阿内尔.政治学与女性主义［M］.郭夏娟，译.北京：东方出版

社，2005.

[77] ［美］理查德·A.波斯纳.道德与法律理论的疑问 ［M］.苏力，译.北京：中国政法大学出版社，2001.

[78] ［美］理查德·A.波斯纳.性与理性 ［M］.苏力，译.北京：中国政法大学出版社，2002.

[79] ［美］理查德·A.波斯纳.法理学问题 ［M］.苏力，译.北京：中国政法大学出版社，1994.

[80] ［美］理查德·A.波斯纳.法律的经济分析（上） ［M］.蒋兆康，译.北京：中国大百科全书出版社，1997.

[81] ［美］约翰·罗尔斯.正义论 ［M］.何怀宏，等译.北京：中国社会科学出版社，1988.

[82] ［美］凯特·米利特.性政治 ［M］.宋文伟，译.南京：江苏人民出版社，2000.

[83] ［美］贝尔·胡克斯.女权主义理论：从边缘到中心 ［M］.晓征，平林，译.南京：江苏人民出版社，2001.

[84] ［美］卡罗尔·吉利根.不同的声音——心理学理论与妇女发展 ［M］.肖巍，译.北京：中央编译出版社，1999.

[85] ［美］约瑟芬·多诺万.女权主义的知识分子传统 ［M］.赵育春，译.南京：江苏人民出版社，2003.

[86] ［美］克瑞斯丁·斯维斯特.女性主义与后现代国际关系 ［M］.杭州：浙江人民出版社，2003.

[87] ［美］罗斯玛丽·帕特南·童.女性主义思潮导论 ［M］.艾晓明，译.武汉：华中师范大学出版社，2002.

[88] ［美］E.博登海默.法理学：法律哲学与法律方法 ［M］.邓正来，译.北京：中国政法大学出版社，2004.

[89] ［美］道格拉斯·凯尔特，斯蒂文·贝斯特.后现代理论——批判性的质疑 ［M］.张志斌，译.北京：中央编译出版社，2004.

[90] ［美］甘斯勒.洛伊斯的故事：一个改变美国性骚扰立法的里程碑案件 ［M］.纪建文，译.北京：法律出版社，2004.

[91] ［美］凯思林·内维尔.内幕：职场权力滥用与性骚扰 ［M］.董煜韬，译.北京：中央编译出版社，2004.

[92] ［美］大卫·D.弗里德曼.经济学语境下的法律规则 ［M］.杨欣欣，译.北京：

法律出版社，2004.

[93]［美］凯瑟琳·麦金农.言词而已［M］.王笑红，译.桂林：广西师范大学出版社，2005.

[94]［美］玛丽·沃斯通克拉夫特.女权辩［M］.谭洁，黄晓红，译.广州：广东经济出版社，2005.

[95]［美］麦克尼尔.新社会契约论［M］.雷喜宁，潘勤，译.北京：中国政法大学出版社，2004.

[96]［美］琳达·米尔斯.错的是我们，不是我——家暴的动力关系［M］.黄煌文，译.台北：商周出版，2004.

[97]［美］玛丽琳·J.波克塞.当妇女提问时［M］.余宁平，译.天津：天津人民出版社，2006.

[98]［美］麦克拉肯.女权主义理论读本［M］.艾晓明，译.桂林：广西师范大学出版社，2007.

[99]［美］凯瑟琳·A.麦金农.迈向女性主义的国家理论［M］.曲广娣，译.北京：中国政法大学出版社，2007.

[100]［美］白维廉，潘绥铭，等.当代中国人的性行为与性关系［M］.北京：社会科学文献出版社，2004.

[101]［美］凯利·D.阿斯金，多箩安·M.科尼格.妇女与国际人权法（第一卷）［M］.黄列，朱晓青，译.北京：生活·读书·新知三联书店，2007.

[102]［美］史蒂文·卢克斯.权力：一种激进的观点［M］.彭斌，译.南京：江苏人民出版社，2008.

[103]［美］戴维·凯瑞斯.法律中的政治——一个进步性批评［M］.信春鹰，译.北京：中国政法大学出版社，2008.

[104]［美］莉丝·沃格尔.马克思主义与女性受压迫：趋向统一的理论［M］.虞晖，译.北京：高等教育出版社，2009.

[105]［美］阿莉森·贾格尔.女权主义政治与人的本质［M］.孟鑫，译.北京：高等教育出版社，2009.

[106]［美］朱迪斯·贝尔.女性的法律生活：构建一种女性主义法学［M］.熊湘怡，译.北京：北京大学出版社，2010.

[107]南莲·哈斯贝尔等.拒绝骚扰——亚太地区反对工作场所性骚扰行动［M］.唐灿，等译.长沙：湖南大学出版社，2003.

二、中文论文类

[1] 崔克立.性骚扰取证,适宜"举证责任倒置"[N].检察日报,2005-07-03.

[2] 崔克立.反职场性骚扰中雇主责任的确立[J].妇女研究论丛,2006(8).

[3] 曹艳春,刘秀芬.职场性骚扰雇主责任归责原则研究[J].燕山大学学报,2008(4).

[4] 曹艳春.职场性骚扰雇主责任的法经济学分析[J].当代法学,2008(5).

[5] 曹艳春,刘秀芬.职场性骚扰案件的证明责任研究——兼从推定角度谈举证责任分担[J].法学杂志,2009(6).

[6] 曹智.女性主义和女性主义法学之定位[J].云南大学学报,2011(3).

[7] 陈丽平.性骚扰案件,应减轻原告的举证责任[N].中国妇女报,2008-04-22(4).

[8] 陈丽平.性骚扰案件"同类不同果"现象亟待终结[N].法制日报,2008-04-09(8).

[9] 顾敏康.性骚扰的民事责任初探[J].时代法学,2004(3).

[10]"工作场所中的性骚扰研究"课题组.工作场所中的性骚扰:多重权利和身份关系的不平等——对20个案例的调查和分析[J].妇女研究论丛,2009(6).

[11] 耿殿磊.性骚扰概念的产生和流变——国际视角的分析[J].妇女研究论丛,2010(1).

[12] 耿殿磊.美国的性骚扰概念及其发展[J].河北法学,2010(4).

[13] 胡田野.美国性骚扰法律制度及其借鉴意义[J].河北法学,2004(6).

[14] 胡建国.女性阶级位置与阶级意识的获得——中国社会分层体系的性别建构[J].人文杂志,2010(6).

[15] 韩良良.女权主义视角下的妇女权益保障[J].郑州大学学报(哲学社会科学版),2010(6).

[16] 郭慧敏,于慧君."禁止性骚扰"法律成本的性别分配[J].妇女研究论丛,2006(5).

[17] 环建芬.雇主责任的归责原则和雇佣活动的适用范围辨析[J].政治与法律,2007(1).

[18] 黄晓华,谭丽琳.性骚扰诉讼立案难取证难赔偿难[N].海南日报,2007-03-15(3).

[19] 蒋梅.性骚扰立法的比较研究——兼论中国反性骚扰法之设计 [J].环球法律评论，2006（4）.

[20] 江伟，苏文卿.性骚扰民事诉讼特别规制研究 [J].河北法学，2009（5）.

[21] 吕世伦，范季海.美国女权主义法学述论 [J].法律科学，1998（1）.

[22] 卢映洁.德国工作场所性骚扰法制简介 [J].中正法学集刊，2004（14）.

[23] 李银河.后现代女权主义思潮研究 [J].哲学研究，1996（5）.

[24] 李银河，张弘.女权主义被妖魔化了 [J].博览群书，2010（3）.

[25] 李明舜.新中国成立以来的妇女权益立法保障 [J].人权，2010（2）.

[26] 李静.关于我国性骚扰法律规制研究的文献综述 [J].财经政法资讯，2010（1）.

[27] 刘明辉.反性骚扰尝试"搭车"立法 [N].中国妇女报，2006-08-22（7）.

[28] 刘明辉.论防治职场性骚扰的义务主体 [J].妇女研究论丛，2006（8）.

[29] 刘小楠.从二分视角到多元世界——论美国女权主义法学的发展趋势 [J].法治论丛，2005（1）.

[30] 刘小楠.美国女权主义法学：从中心到边缘 [J].河北法学，2005（8）.

[31] 刘小楠.美国女权主义法学平等与差异观研究 [J].法制与社会发展，2005（3）.

[32] 刘小楠.东西方女性法哲学比较研究 [J].法治论丛，2006（3）.

[33] 罗昆.直面性骚扰：救济难、认定难、举证难 [N].人民法院报，2009-03-24（5）.

[34] 林建军.性骚扰的法律界定 [J].法学杂志，2007（5）.

[35] 林建军.中国妇女法的未来走向 [J].中华女子学院学报，2008（4）.

[36] 潘泽泉，杨莉瑰.女性研究范式重建、知识建构逻辑与中国经验——社会性别视角下的女性发展研究 [J].广东社会科学，2010（5）.

[37] 靳文静.性骚扰法律概念的比较探析 [J].比较法研究，2008（1）.

[38] 孙文恺.美国女性主义法学的法律观及其局限性 [J].学习与探索，2003（12）.

[39] 桑本谦.法律控制的成本分析——以对通奸和黄色短信的法律控制为例 [J].现代法学，2007（6）.

[40] 唐灿.性骚扰：城市外来女民工的双重身份与歧视 [J].社会学研究，1996（4）.

[41] 唐灿.工作环境中的性骚扰及其控制措施 [J].妇女研究论丛，2001（5）.

[42] 田平安，骆东平.论性骚扰案件的举证责任分配 [J].广东社会科学，2006（6）.

[43] 田思路.日本职场性骚扰的法律规制 [J].日本研究，2010（2）.

[44] 王晶.性别不平等根源的多重视角透视 [J].中华女子学院学报，2004（3）.

［45］王恒涛. 性骚扰立法研究［J］. 环球法律评论，2006（5）.

［46］王雪梅. 社会性别视角下的性骚扰定义浅析［J］. 妇女研究论丛，2006（9）.

［47］王如玄，李晏榕. 认识"性骚扰"——从性骚扰防治法、两性工作平等法与性别平等教育法谈起［J］. 检察新论，2009（1）.

［48］问清泓. 反性骚扰立法研究——以劳动法为新视野［J］. 华中师范大学学报，2007（1）.

［49］张立新. 职场性骚扰受害妇女的法律救济［J］. 妇女研究论丛，2006（6）.

［50］徐学. 从性别政治到性欲政治［J］. 台湾研究集刊，2009（4）.

［51］肖文渊. 从后现代法学看法律的性别正义［J］. 法学研究，2011（4）.

［52］杨立新，马桦. 性骚扰行为的侵权责任形态分析［J］. 法学杂志，2005（6）.

［53］易菲. 美国职场性骚扰法律制度及对中国之启示［J］. 昆明理工大学学报，2007（11）.

［54］易菲. 职场性骚扰法律制度中的雇主责任［J］. 妇女研究论丛，2006（8）.

［55］易菲. 性骚扰法律制度的基础：以雇主责任为核心［J］. 云南大学学报，2005（5）.

［56］岳丽. 后现代女性主义法学反思［J］. 法制与社会发展，2010（4）.

［57］赵明. 女权主义法学的性别平等观对中国立法的启示［J］. 妇女研究论丛，2009（3）.

［58］沈宗灵. 女权主义法学述评［J］. 中国法学，1995（3）.

［59］张璐. 全球女权主义：关于女权主义的全球想象［J］. 妇女研究论丛，2010（2）.

［60］郑爱青. 欧盟及其主要成员国反性骚扰立法的主要内容［J］. 妇女研究论丛，2006（8）.

［61］高凤仙. 性骚扰防治法之立法问题探究［J］. 万国法律，1999（6）.

［62］黄维幸. 宰制女性法学方法的功过（上）［J］. 月旦法学杂志，2012（2）.

［63］黄维幸. 宰制女性法学方法的功过（下）［J］. 月旦法学杂志，2012（3）.

［64］王晓丹. 台湾的性别与法律研究［J］. 法令月刊，2007（4）.

［65］余慧君. 各国工作场所性骚扰之法律规范［J］. 法学丛刊，2002（168）.

三、英文论著类

［1］Farley，L. Sexual Shakedown：The Sexual Harassment of Women On the Job［M］. New York：McGraw-Hill，1978.

　　〔2〕Catharine A. Mackinnon. Sexual harassment of Working Women: A Case of Sex Discrimination〔M〕. New Haven: Yale University Press, 1979.

　　〔3〕Katharine T. Bartlett. Feminist Legal Methods〔J〕. Haravard Law Revie, February 1990 (4): 103.

　　〔4〕May Kathryn Lunch. The Equal Employment Opportunity Commission: Comments on the Agency and Its Role in Employment Discrimination Law〔J〕. GA. J. INT'L & COMP, 1990 (20): 89.

　　〔5〕Victoria A. Carter. Working on Dignity: EC Initiatives on Sexual Harassment in the Workplace〔J〕. INT'L L. &BUS., 1992 (12).

　　〔6〕Darryll M. Halcomb Lewis. Sexual Harassment Under Workers' Compensation Law〔J〕. LAB. L. J., 1993 (44).

　　〔7〕Elizabeth Wasserman. Workplace Harassment: Hot Button Issue of 90s〔N〕. SAN JOSE MERCURY NEWS, 1996-03-01.

　　〔8〕Deborah N. McFarland. Beyond Sex Discrimination: A Proposal for Federal Sexual Harassment Legislation〔J〕. Fordham Law Review, 1996 (65).

　　〔9〕Gabrielle S. Friedman, James Q. Whitman. The European Transformation of Harassment Law : Discrimination Versus Dignity〔J〕. Columbia Journal of European Law, 2003 (10).

　　〔10〕A. C. Saguy. What is sexual Harassment? From Capital Hill to the Sorbonne〔M〕. Berkeley: University of Califomia Press, 2003.

　　〔11〕A. C. Saguy. French and American Lawyers Define Sexual Harassment in MacKinnon and Siegal, Directions in Sexual Harassment Law〔M〕. New Haven: Yale University Press, 2004.

　　〔12〕Mackinnon, C. Siegel, R. Directions in Sexual Harassment Law〔M〕. Yale Univ. Press, 2004.

　　〔13〕Foote, W. E. , Goodman－Delahunty. Evaluating sexual harassment: Psychological, socialand legal consideration sinforensic examinations〔M〕. Washington DC: American Psychological Association, 2005.

　　〔14〕Michael T. Zugelder, Paul J. Champagne, Steven D Maurer. An Affirmative Defense to Sexual Harassment by Managers and Supervisors : Analyzing Employer Liability and Protecting Employee Rights in the United States〔J〕. Employ Respons Rights Journal, 2006, 18 (2).

　　〔15〕Kimberly Fairchild. Context Effects on Women's Perceptions of Stranger Harassment

［J］. Sexuality and Culture, 2010, 14 (3).

［16］ Denissen, Amy M. Crossing the Line: How Women in the Building Trades Interpret and Respond to Sexual Conduct at Work, Journal of Contemporary Ethnography, 2010, 39 (3).

［17］ Mackinnon, C. Siegel, R. Directionsin Sexual Harassment Law ［M］. Yale Univ. Press, 2004.

后　记

憧憬了多少回，终于要写此后记以言心声，然而，内心忐忑无法平静。本书是根据我 2014 年 5 月通过答辩的博士毕业论文修改而成，这是我多年前的构思和梦想，也是我的圆梦之旅。人欲行之高远，必先学会感恩！2014 年毕业迄今，我一直任教于湖北文理学院，工作的压力、科研的烦恼、家庭的琐事、二孩的养育，接踵而至，浮躁之心难以沉静，很感激众多师长、同窗、同事、朋友、家人的激励，能让我一直坚持下去。呈现在读者面前的这部著作，或许有着种种瑕疵，但的确耗费了很多心力。我也试图传递出新的东西，并不成熟，但我希望走得更远。

父爱如山，母爱如水。首先，要感谢我的父母，含辛茹苦、无私奉献、坚持"知识改变命运"的信念给我创造每一个接受良好教育的机会。时至今日，父母依然引以为傲，觉得一切付出都是值得的。唯有好好工作与幸福生活，才能回报父母之恩情。

师恩浩荡，教泽流芳。其次，要感谢我的博士生导师张德淼教授。他的宽容与鼓励是学生难以忘怀的；他儒雅睿智的谈吐，如慈父一般的指导与关心，让我信心笃定。

一路前行，感恩于心。再次，要感谢湖北文理学院政法学院的领导和同事，张樊教授、何晓红教授、夏国锋博士对本书的出版给予了细致热情的鼓励和帮助，所有这些都铭记于心；感谢我的同学许娟教授和刘祎博士、阮丽娟博士在本书形成阶段给予了很多的帮助与指导，时光匆匆，友谊绵长。

风雨同舟，一生相伴。最后，还要感谢生命中特别的你们。感谢我的先生，他有着丰富的司法审判经验，本书也凝聚了他的智慧，感谢在我失望落寞时安慰疏导我，在我欣喜收获时鼓励支持我，是我得以顺利完成专著的力量之源，二十年的相知相守，恩爱两不疑；乖巧独立的女儿让我苦闷的写作日子里增添了许多的欢乐；活泼机灵的儿子让我们的幸福生活锦上添花！

路漫漫其修远兮，吾将上下而求索。尽管我为完成本书付出了很多心血和努力，但受限于自己的能力与水平，对"性骚扰的法律规制研究"这一具有探索性与挑战性的命题，我的研究仍有很多不足之处，在此诚挚希望各位专家学者提出宝贵的修改意见，从而使得该研究更臻完善。"学然后知不足"，专著的出版仅仅是踏入学术研究门槛的第一步，学术之旅才刚刚开始。我以"生命不息，奋斗不止"自励！

2018 年夏于学府花园